U0886124

IRELAND

A HISTORY

[英]罗伯特·基 著

潘兴明 译

独立之路

爱尔兰史

Robert Kee

中国出版集团

東方出版中心

图书在版编目(CIP)数据

独立之路：爱尔兰史 /（英）罗伯特・基著；潘兴明译. —上海：东方出版中心，2019.7

（新知史）

ISBN 978-7-5473-1502-6

Ⅰ. ①独… Ⅱ. ①罗… ②潘… Ⅲ. ①爱尔兰-历史 Ⅳ. ①K562

中国版本图书馆 CIP 数据核字(2019)第 133353 号

上海市版权局著作权合同登记：图字 09-2019-589 号

Ireland: A History by Robert Kee
Copyright © 1980 By Robert Kee
This edition arranged with ROGERS, COLERIDGE & WHITE LTD(RCW)
through Big Apple Tuttle-Mori Agency, Inc., Labuan, Malaysia.
Simplified Chinese edition copyright © 2009 Orient Publishing Center
All rights reserved

独立之路：爱尔兰史

出版发行：东方出版中心
地　　址：上海市仙霞路 345 号
电　　话：(021)62417400
邮政编码：200336
印　　刷：山东鸿君杰文化发展有限公司
开　　本：890mm×1240mm　1/32
字　　数：322 千字
印　　张：13
版　　次：2019 年 7 月第 1 版第 1 次印刷
ISBN 978-7-5473-1502-6
定　　价：58.00 元

版权所有　侵权必究

如图书有印装质量问题，请寄回本社出版部调换或电话 021-62597596 联系。

修订版序言

20世纪80年代初，英国广播公司(BBC)的一部电视系列片开始首播。在很大程度上，本书就是由该电视系列片改编而来。当时，爱尔兰共和军(IRA)在20世纪后半期的军事行动已经历时近10年之久。本书初撰之时，这些"纷争"持续了这么长时间却仍毫无结果，反而造成2 000余人丧生，受伤的人则更多，爱尔兰的经济也受到了毫无意义的损害，这一切都似乎令人难以置信。

但是，杀戮和毁灭还将持续一倍以上的时间，共绵延了25年之久，仍然没有解决任何问题，只是又葬送了1 000余人的性命，并造成了同样后果严重的伤害。

到那个时候，爱尔兰共和军似乎比以往任何时候都偏离了自我宣称的意识形态目标：结束英国对北爱尔兰的统治。英国安全部队也似乎较以往任何时候都缺乏彻底遏制爱尔兰共和军的能力。

接着在1993年12月15日，《唐宁街宣言》公布于众。该《宣言》由当时英国的保守党政府(首相约翰·梅杰)和爱尔兰共和国的联合政府(总理阿尔伯特·雷诺兹，其执政党具有特别强烈的共和传统)共同签署，其中勾勒了爱尔兰和北爱尔兰双方的共和派(无论是否信仰暴力)坐到一起，通过民主途径寻求解决历史问题的基本原则。

正如在前几版中强调的那样，就其定义而言，“电视展现的历史”从内容和形式上都受到电视这种表现形式的限制。因为历史进程不仅被武断地截为一些节目段落(英国广播公司分为13集)，而且还要想办法避免观众关机，或者起身去泡一杯茶从而失去叙事的线索。所以解说词的节奏与正常的书籍迥异。于是，历史长河中的高潮迭起，悬念环生，同时却将史学论证与记事束之高阁；对许多精彩异常的史实细节大加删减，但对另一些细节却作了名不副实的夸大渲染。而且，每星期节目播放有间隙，使它可以分集独立进行，也在很大程度上摆脱了其他史学研究中无法规避的十分繁琐的编年史实。换言之，用一种史学以外的学科取而代之。当然，这并不是说史学不能同时在电视与书籍两个方面都尽可能地一展身手，但学术态度严谨的历史学家却对“尽可能”之类的表述不以为然。

然而，有一点，对于那些对爱尔兰历史一无所知的读者来说，这将是十分有益之事。一方面，电视将史实变得简单易懂。另一方面，本书的读者的处境比电视观众又更胜一筹。读者能够同时得到电视和书籍两方面所能提供的精品。如果想要获得连续完整的历史知识，读者可以从本书中获得。因为读者可能会在收看电视时受到暂时的打扰而错过一些片段，书籍正好能起到补缺和备查的作用。与此同时，本书内容也可供读者“跳着来读”。

比如说，第四章记述两个民族的出现，其中一个将会打出爱尔兰民族主义的旗号。这一章包含4个主题，在传统的历史书籍中，每个主题都可自成一章。这些主题是：天主教民族的独立发展；新教民族的确立；1798年灾难性暴动中两者联合的失败；以及丹尼尔·奥康内尔领导天主教民族最终获得了政治地位。但在本书中，这4个主题融为一体。

但是，本书也有细微的缺陷。罗伯特·埃米特短暂的暴动，由于其传奇性而得到描述。但另外一些更为有趣的历史细节却不得不忍痛割爱：1798年法国军队在基拉拉湾的干预以及厄尔斯特发生的暴动。

在第五章中，有助于中肯评判大饥荒的社会和经济根源的必要细节材料并未收录。而且，那些可以使人更将心比心地理解英国政府的无情的史料也弃之不用，这样对这个政府的态度就常常显得过于严苛。可对于电视而言，至关重要的是充分揭示英国政府对爱尔兰统治的可怕后果，以及对今天的民众记忆的影响（并不局限于美国民众）。本书对于英国财政部官员查尔斯·屈威廉的评价，学者们肯定会认为不够公正。但从电视节目的角度来看，存在着比公正评价屈威廉更为重要的考虑。

这些就是基于所播放的电视系列片撰写各个章节时，笔者不得不自由发挥的几处地方。

在这个新版中，作者注意保持电视系列片播放时的那种叙事风格。这部片子在20世纪80年代初《耶稣受难节协议》（《贝尔法斯特协定》）达成及之后的一段时间内播放完毕。在之后的岁月里，有利的和不利的事件仍然接踵而至，环境已经发生了变化。

至于那些想要填补整个史实中的某些缺漏之处的读者，本书也在末尾处简略列出了可参阅的书单。

本人十分感激那些对电视节目提供帮助的人士，最主要的是英国广播公司和该电视系列片的执行制片人杰里米·艾萨克斯（Jeremy Isaacs）。艾萨克斯先生十分睿智、任劳任怨，而且自从他因成就显赫而受封爵士以来，大力推动了4频道的建台工作。

在那些长期以来帮助策划和制作节目的人士中，本人要特别感谢詹尼·巴勒克拉夫、约翰·伯德、詹尼·克罗珀、迪尔德丽、西门·哈蒙德、莫林·哈德曼、皮特·哈里斯、琼·里奇、基思·朗、路易斯·麦克莱恩、约翰·莱内拉、保罗·莱普雷、罗伊·沙曼、迈克尔·沃尔德曼、已故的戈登·沃特金斯、维姬·韦格-普罗瑟、已故的布莱恩·韦纳姆、威尔·怀亚特。正是这样的人士将英国广播公司建设成为世界上最佳的广播机构。在本书新版的出版过程中，时代-华纳图书公司的史蒂夫·吉斯(Steve Guise)提供了宝贵的帮助，特表谢意。

罗伯特·基

2003 年

目　录

历史事件纪年表

第二章

约 8000 年前	人类最初经由陆桥从苏格兰来到爱尔兰
前约 3000 年	新石器人来到爱尔兰，建造了纽格莱奇
前约 100 年	盖尔人来到爱尔兰
432 年	圣帕特里克来到爱尔兰，使奉行异教的盖尔人国王皈依基督教
7－8 世纪	盖尔-基督教的黄金时代：《杜若经》、阿德圣餐杯、《凯尔经》
795 年	第一批北欧人或维京人（有时称为“丹麦人”）抵达都柏林近海的兰贝岛
1014 年	至尊国王布莱恩·博鲁在克隆塔夫战役中击败北欧人及其盟友后被杀身亡
1170 年	诺曼人到达韦克斯福德郡的巴金本，彭布鲁克伯爵（“强弩”）的先头部队应德莫特·麦克默罗邀请来到爱尔兰
1170 年	“强弩”本人来到爱尔兰
1171 年	“强弩”成为伦斯特邦王

	亨利二世来到爱尔兰
1366 年	《基尔肯尼法》旨在防止诺曼人及其后的定居者变得“比爱尔兰人还要爱尔兰人”
1496 年	克朗戈伍斯的“佩尔”边界
1507 年	亨利八世登基
1515 年	爱尔兰陷入无政府状态
1534 年	基尔代尔叛乱
1558 年	伊丽莎白一世登基，国家最终完成宗教改革，但未能在爱尔兰推广
1562 年起	伊丽莎白一世在爱尔兰的多次战争
1595 年	蒂龙伯爵休·奥尼尔的叛乱
1598 年	奥尼尔在厄尔斯特的耶洛福德获得大胜
1601 年	芒乔伊在金塞尔战役中击败奥尼尔和奥唐奈以及西班牙人
1603 年	詹姆士一世登基
	蒂龙伯爵休·奥尼尔投降
	英国法律在爱尔兰特别是厄尔斯特推行

第三章

1606 年	苏格兰人通过私下交易到阿兹半岛定居
1607 年	蒂龙伯爵休·奥尼尔和泰尔康奈尔伯爵罗里·奥唐奈逃亡（“伯爵逃亡”）
1608 年起	德里（伦敦城）殖民，其他被没收郡计划殖民，部分得到实施
1641 年	盖尔天主教徒大暴动，要求归还土地，后来原有的英国天主教徒也加入进来，天主教徒拥有爱尔兰土

	地的 59%
1649 年	克伦威尔来到爱尔兰，攻占德罗赫达和韦克斯福德等地
1650 年	天主教地主被放逐到康诺特
1660 年	查理二世登基
1685 年	詹姆士二世登基
1688 年	詹姆士二世在英国被废黜
	德里城大门对詹姆士的军队关闭
	天主教徒拥有爱尔兰土地的 22%
1689 年	德里被围困和解围
1690 年	威廉（奥伦治的威廉三世）在卡里克弗格斯城堡登陆，在博因战役中击败詹姆士二世
1691 年	天主教徒在奥格里姆被击败。在利默里克投降

第四章

1695 年	天主教徒拥有爱尔兰土地的 14%
	针对天主教徒的第一部刑惩法颁布
1698 年	威廉·莫利诺的小册子反对英国为爱尔兰制定法律
1714 年	天主教徒拥有爱尔兰土地的 7%
1720 年	乔纳森·斯威夫特任都柏林圣帕特里克大教堂教长，撰写小册子“彻底排斥……从英国来的一切”
1775 年	亨利·格拉顿任“爱国”党的领袖
1782 年	爱尔兰议会从英国那里赢得了立法独立
1796 年	搭载沃尔夫·托恩的法国舰队驶抵班特里湾
1796－1798 年	联合爱尔兰人协会策划暴动
1798 年	3 月，联合爱尔兰人协会的领导成员在伦斯特被捕

	5月，爱德华·菲茨杰拉德勋爵被捕、去世
	中部发生零星暴动
	6月，韦克斯福德暴动
	维尼格山战役
	11月，沃尔夫·托恩去世
1800年	《合并法案》通过（1801年1月1日生效）
1803年	罗伯特·埃米特暴动，埃米特被审判和处决
1823年	丹尼尔·奥康内尔的天主教协会成立
1828年	奥康内尔在克莱尔郡的选举中获胜
1829年	《天主教解放法案》获通过
1837年	维多利亚女王登基
1840年	奥康内尔的废除英爱合并协会成立
1842年	托马斯·戴维斯等人创办《民族报》
1843年	奥康内尔召开“巨型会议”，要求废除英爱合并
	8月，塔拉“巨型会议”召开
	10月，克隆塔夫“巨型会议”被禁止举行

第五章

1845年	马铃薯病害
	大饥荒开始（1845－1849）
	查尔斯·屈威廉任财政部首席次官
	英国首相罗伯特·皮尔爵士进口美国玉米
1846年	4月，屈威廉首次开仓销售美国玉米，但在夏季停止销售，因为“整个国家的人口”都涌到粮仓
	废除《谷物法》
	袭击运粮车

	7 月，约翰·罗素勋爵取代皮尔任首相
	8 月，公共工程开工，但对好年景的预期导致工程很快下马
	马铃薯绝收
	公共工程重新上马
	10 月，出现第一例饿死者报告
1847 年	政府粥棚首次发放免费定量粮食
	热病在爱尔兰全境爆发
	屈威廉结束《粥棚法》实施，退休、获授爵位，撰写《大饥荒史》
	地方税费用于解救大饥荒
	爱尔兰只得任由其“听天由命”
1848 － 1849 年	大饥荒中最糟糕的年头

第六章

1848 年	蒂珀雷里郡巴林加里村的“麦科马克寡妇家菜园之战”
	威廉·史密斯·奥布莱恩（青年爱尔兰领袖）被捕
	詹姆斯·斯蒂芬斯逃亡法国
1856 年	詹姆斯·斯蒂芬斯从法国返回，徒步走遍爱尔兰
1858 年	詹姆斯·斯蒂芬斯创建了爱尔兰共和兄弟会的前身
	芬尼亚兄弟会在美国创建
1861 年	特伦斯·贝柳·马克马努斯的葬礼
	美国内战爆发
1861 － 1865 年	斯蒂芬斯、约翰·德沃伊和其他人宣誓成为“组织”成员

1863 年	《爱尔兰人报》创办
1865 年	美国内战结束
	《爱尔兰人报》编辑部人员被捕
	斯蒂芬斯被捕和从里奇蒙德监狱越狱
1866 年	斯蒂芬斯号召暴动，后又取消，被美国芬尼亚兄弟会罢免
	美国内战退伍军人担任“爱尔兰共和国代理总执政官”，与其他人从纽约来到爱尔兰
1867 年	2 月，切斯特城堡的袭击流产
	3 月，爱尔兰的芬尼亚暴动
	9 月，在曼彻斯特的警车上，营救凯利
	11 月，艾伦、拉金和奥布莱恩被处决
	12 月，克勒肯维尔区发生爆炸

第七章

1869 年	格莱斯顿首相取消新教会在爱尔兰的地位
1870 年	格莱斯顿的第一部《土地法》
1875 年	查尔斯·斯图尔特·帕内尔当选代表米斯郡的英国议会议员
1879 年	饥荒的威胁导致爱尔兰发生驱离佃农现象
	在迈克尔·达维特的推动下，爱尔兰土地同盟成立
1879－1882 年	土地战争
1880 年	帕内尔开始爱慕奥谢夫人
1881 年	格莱斯顿的第二部《土地法》
	帕内尔被囚于基尔梅汉姆监狱
1882 年	帕内尔与奥谢夫人的第一个孩子夭折

	《基尔梅汉姆条约》与帕内尔的获释
	凤凰公园谋杀案
1886 年	第一个版本《爱尔兰自治议案》在下院受挫
	自由党分裂
1887 年	《泰晤士报》刊登伪造的帕内尔信件
1889 年	（记者皮戈特）伪造信件行为曝光
1890 年	11 月，帕内尔离婚案开始审理 *
	12 月，下院第十五号委员会房间会议罢免了帕内尔的爱尔兰议会党团领袖职务
1891 年	帕内尔在爱尔兰连续 3 场补选中败北
	10 月，帕内尔去世

第八章

1893 年	第二个版本《爱尔兰自治议案》获下院通过，但被上院否决
	盖尔同盟成立
1899 年	亚瑟·格里菲斯创办《联合爱尔兰报》
1903 年	《土地购置法》（《温德姆法》）
1906 年	自由党在大选中获得大胜，不需要为爱尔兰议会党团提出《爱尔兰自治议案》
1909 年	《土地购置法》
1910 年	两次大选，保守党与自由党几乎平分秋色，爱尔兰党团左右平衡
1911 年	《议会法》废除了上院的立法否决权

* 原文如此，应为奥谢离婚案——译者注

1912 年 第三个版本《爱尔兰自治议案》获得下院通过
厄尔斯特签署《庄严盟约》
1913 年 1 月，厄尔斯特志愿军成立
11 月，爱尔兰市民军和爱尔兰民族志愿军成立
1914 年 3 月，卡勒“兵变”
4 月，拉恩港军火走私
7 月，霍思军火走私
“单身汉走道”事件
8 月，第一次世界大战爆发
9 月，《爱尔兰自治法》载入《法律全书》
爱尔兰共和军决定暴动

第九章

1916 年 都柏林复活节起义
5 月 3－12 日处决暴动者
圣诞节，第一批被关押的暴动者获释，包括迈克尔·柯林斯

第十章

1917 年 7 月，所有被关押的暴动者获释
德瓦莱拉在东克莱尔选区当选
1918 年 11 月，第一次世界大战结束
12 月，新芬党在英国大选中击败爱尔兰议会党团
1919 年 1 月，爱尔兰议会在都柏林召开，未遭查禁
丹·布林在索洛海德贝格谋杀皇家爱尔兰警察部队中信奉天主教的警察

	柯林斯组织消灭警察的行动
1920 年	3 月，皇家爱尔兰警察的“黑棕部队”由英国抵达爱尔兰
	7 月，皇家爱尔兰警察辅警部队抵达
	11 月，凯文·巴里被执行绞刑（是直到 1921 年 6 月被英国处死的 24 人中的第一人）
	“流血星期日”
	基尔迈克尔伏击
	12 月，辅警部队放火焚烧科克市中心
1921 年	5 月，爱尔兰共和军在焚烧海关大楼时遇挫
	7 月，国王在贝尔法斯特出席北爱尔兰议会开幕仪式，詹姆斯·克雷格爵士任北爱尔兰首席部长
	停战
	12 月，《英爱条约》

第十一章

1922 年	4 月，法院大厦被反对《英爱条约》的爱尔兰共和军占据
	6 月，支持《英爱条约》的党派在爱尔兰大选中获胜
	自由邦军队进攻法院大厦
	内战爆发
	8 月，亚瑟·格里菲斯和迈克尔·柯林斯去世
	威廉·科斯格雷夫任行政委员会主席
	11 月，自由邦在都柏林处决第一个反对《英爱条约》的爱尔兰共和军成员。接着，又处决厄斯金·奇尔德斯、罗里·奥康纳、利亚姆·梅洛斯等。到

1923 年 5 月，自由邦共处决 77 人

第十二章

1923 年	爱尔兰内战结束
	爱尔兰共和军“放下武器”
1926 年	德瓦莱拉创建共和党
1927 年	爱尔兰大选
	凯文·奥希金斯被暗杀
	德瓦莱拉及其共和党以变通方式履行宣誓，进入爱尔兰议会就座
1932 年	爱尔兰大选，共和党获胜
	爱尔兰共和军在押人员获释
	就土地年费问题，与英国展开“经济战争”
1937 年	《爱尔兰宪法》
1938 年	与英国达成协议：结束经济战争；英国放弃在“条约”港口的陆海军特权
1939 年	爱尔兰共和军在英国进行炸弹战
	9 月，第二次世界大战爆发
	爱尔兰保持中立
	12 月，爱尔兰共和军在麦格因堡（Magazine Fort）、都柏林凤凰公园发动袭击
1945 年	5 月，第二次世界大战结束
	丘吉尔与德瓦莱拉的广播讲话
	7 月，英国工党政府上台执政至 1951 年
1948 年	爱尔兰大选：共和党失败，德瓦莱拉在 16 年后第一次失去执政权

1949 年　英国承认爱尔兰共和国，但保证对北爱尔兰提供支持

第十三—十六章

1956－1962 年　爱尔兰共和军在北爱尔兰发动袭击

1965 年　奥尼尔-勒马斯会谈

1967 年　北爱尔兰民权协会成立

1968 年　8 月，第一次民权进军

10 月，内政部长威廉·克雷格禁止举行德里民权进军，进军照常进行，被警察野蛮驱散

11 月，奥尼尔宣布改革

1969 年　1 月，人民民主组织发动从贝尔法斯特到德里的进军

1 月 4 日，进军队伍在本托雷特桥遇袭

4 月，奥尼尔辞职，奇切斯特·克拉克继任首席部长

8 月，B 特种部队在德里和贝尔法斯特失控

8 月 14 日，英军开进德里

10 月，贝尔法斯特新教徒骚乱，反对亨特委员会（Hunt Commission）关于皇家厄尔斯特警察的报告

1970 年　都柏林武器案审判

1971 年　2 月，爱尔兰共和军在贝尔法斯特第一次击毙一名英军士兵

奇切斯特·克拉克辞职，福克纳继任首席部长

8 月，福克纳的拘押令获英国政府批准，拘捕 342 人

12 月，拘捕 1 572 人

1972 年　1 月 30 日，德里发生“流血星期日”

3 月，英国实行直接统治，斯托蒙特政府被中止行使权力

1973 年	12 月，《桑宁代尔协议》：分享权力的立法会议产生
1974 年	5 月，厄尔斯特工人罢工迫使福克纳下台、立法会议关闭
	重新实行直接统治
1975 年	北爱尔兰立宪会议选举
1976 年	立宪会议解散
	罗伊·梅森任北爱尔兰事务大臣
1979 年	汉弗莱·阿特金斯任北爱尔兰事务大臣
1980 年	豪伊—撒切尔都柏林峰会
1981 年	吉姆·普赖尔任北爱尔兰事务大臣
1982 年	立法会议选举，新芬党（临时派）在 78 个席位中获得 5 个席位
1985 年	汤姆·金任北爱尔兰事务大臣
1986 年	立法会议解散
1989 年	皮特·布鲁克任北爱尔兰事务大臣
1992 年	帕特里克·梅休任北爱尔兰事务大臣
1993 年	《唐宁街宣言》

第十七—十八章

1994 年	8 月，爱尔兰共和军宣布停火
	10 月，忠诚派武装宣布停火
	英国政府与新芬党第一次正式接触
1995 年	特林布尔接替莫利诺担任北爱尔兰统一党领袖
	11 月，克林顿访问贝尔法斯特和都柏林
1996 年	2 月，爱尔兰共和军在金丝雀码头引爆炸弹（爱尔兰共和军停火结束）

	6月，在米切尔参议员主持下，所有各方（新芬党除外）参加的和平进程谈判启动
1997年	5月，工党（领袖是布莱尔）在英国大选中获胜
	莫·莫勒姆任北爱尔兰事务大臣
	6月，共和党（领袖是伯蒂·埃亨）在爱尔兰大选中获胜
	9月，新芬党参加和平进程
1998年	3月，米切尔确定了复活节截止期
	4月10日，《耶稣受难节协议》签署
	5月，《协议》获得公民投票批准
	6月，北爱尔兰立法会议选举
	7月，立法会议首次会议召开，但尚未移交权力
	8月，“真爱尔兰共和军”在奥马引爆炸弹
	10月，特林布尔称：如不解除武装，北爱尔兰统一党就无法与新芬党在行政机关中共事
1999年	10月，皮特·曼德尔森任北爱尔兰事务大臣
	11月，立法会议的部长级行政机关成立
	12月2日，立法会议获得移交权力
2000年	2月11日，曼德尔森暂停移交权力的实施
	5月29日，移交权力恢复实施
2001年	1月24日，约翰·里德任北爱尔兰事务大臣
	8月11日，暂停移交权力的实施（次日恢复）
	9月27日，暂停移交权力的实施（次日恢复）
2002年	10月14日，暂停移交权力的实施

第一章　危险的争论

20 世纪 60 年代后期，北爱尔兰的纷争出现时，世界上的大多数人都感到震惊不已，此后也一直有人对这场纷争的出现感到迷惑不解。其主要原因在于，大多数人并不是爱尔兰居民，不了解历史的前因，他们以为 60 年代后期的事件是纷争的开端。然而，北爱尔兰在此后的 25 年里所经受的暴力和苦难，只不过是很早以前就开始的一个老故事中最新的情节而已。

有人认为探讨爱尔兰历史是一件危险之事，因为考察历史上的纷争，有可能加重现实中的纷争。不过，爱尔兰历史学家 A. G. 里奇早在 100 多年以前就对持有此类看法的人作出了答复：

> ……知晓真相绝不是危险的，无知才是。政治阴谋家总是以断章取义的历史去影响人们的情感，用肆意歪曲的历史来误导公众。

北爱尔兰并不缺乏政治阴谋家、受他们影响的公众以及被歪曲的历史。本书正是要展示真实的历史。

但是，对于这种酿成了可怕现实的历史想要进行拨乱反正时，人们应当从哪里入手呢？假如从英国政府的所在地——伦敦入手，而不是从爱尔兰本身入手，事情只会弄得更糟。这样做的原因是在过去的 800 多年时间里，伦敦一直在强调自己对爱尔兰举足轻重。人们完全可以将这个问题过于简单化，声称这就是爱尔兰问题产生的根源。无疑，这就是英国面临的爱尔兰问题的原因。英国政府对爱尔兰的过度关切，使得它陷入国内历史上持续最久的难题。

将近4个世纪之前，在1598年12月1日，英国女王伊丽莎白一世抱怨道：尽管她将大笔金钱花在“最近爱尔兰的危险纷争上……但是我们得到的仅仅是新近遭受的损失和灾难……”她继续说道：“我们绝不能听任我国的臣民再受到那些邪恶的叛乱者的欺压……”

两个世纪之后，在1799年1月23日，当时的英国首相威廉·皮特受到爱尔兰问题的困扰，在下院发表讲话时说：

> 爱尔兰已经是邪灵附体。这种邪灵深深扎根于这个地区自身——包括今日居民的品德、举止和习惯，以及智力的缺乏（他们的无知）、宗教特点和敌意之中。这种敌意催生偏见，并让迷信扎根和泛滥。

1846年6月12日，当时任首相的罗伯特·皮尔爵士在下院发表演讲，其措辞在今天仍然耳熟能详：

> 女王陛下的政府十分惊愕地发现爱尔兰有四五个郡……已经连续几年发生极为严重和危险的暴行，危及人们的生命和财产安全。同时，政府了解到居住在这几个郡的居民效忠于君主，但没有获得他们期望获得的权利——受到国家法律和机构的保护。女王陛下的政府还发现不仅居民的生命处于危险之中、他们的行动自由受到极凶残的暴行的钳制，而且法治陷入瘫痪，罪证无法采集，谋杀暴行泛滥，而杀人犯却难觅其踪……

威廉·尤尔特·格莱斯顿首相尤为关注爱尔兰问题，不知疲倦地加以

左上图：伊丽莎白一世：“……那些邪恶的叛乱者。”

右上图：威廉·皮特：“……邪灵附体。”

左中图：罗伯特·皮尔：“……谋杀暴行泛滥。”

右中图：威廉·格莱斯顿：“……爱尔兰是本院的祸根所在。”

左下图：劳合-乔治：“……扼住了杀人犯的喉咙！”

右下图：玛格丽特·撒切尔：……防弹衣，南阿马。

对克勒肯维尔案的惩罚。

克勒肯维尔：造成的伤亡与1974年伯明翰爆炸案相当。

爱德华七世在都柏林：又一次对皇室的欢迎仪式。

维多利亚女王在都柏林：共和的声音很难听到。

爱尔兰共和军在伦敦制造的爆炸案不断的世纪：艾雷·尼夫在威斯敏斯特被炸身亡。

应对。1893 年 4 月 4 日，在去世前不久，他对下院大声疾呼："我们要说的是：爱尔兰是本院的祸根所在，对本院有效履行职责造成极大的阻碍……爱尔兰从未让人宽心。"

86 年之后，爱尔兰问题确实击中了威斯敏斯特宫[1]。1979 年 3 月 30 日，爱尔兰共和军在反对党（保守党）北爱尔兰事务发言人艾雷·尼夫的汽车底下放置炸弹，将他炸死。在格莱斯顿时代，爱尔兰共和军的炸弹重创下院大厅。这是 100 多年之前，以爱尔兰共和事业的名义引爆的多枚炸弹之一。

影响最大的炸弹爆炸事件也许是 1867 年发生在伦敦克勒肯维尔区（Clerkenwell）的那一次，爆炸地点就在今天的一所成人教育学院。这座建筑原先是维多利亚时期的一所学校，但更早之前是一座维多利亚时期的旧式监狱。1867 年年末，这座监狱的在押囚犯中包括芬尼亚运动领导人理查德·奥沙利文·伯克。芬尼亚运动是当时的爱尔兰共和运动，已经在鼓动创建一支爱尔兰共和军。

伯克的同伙试图炸掉监狱的一段外墙，将他营救出来。但监狱当局事前知晓了密谋计划，营救行动失败。但爆炸不仅在外墙上炸了一个大洞，而且也炸毁了数座房屋，所造成的伤亡与 1974 年爱尔兰共和军制造的伯明翰爆炸案不相上下。（在伯明翰，21 人被炸死；在克勒肯维尔，12 人被炸死，许多人被炸成伤残。）

克勒肯维尔爆炸案后，一个名叫迈克尔·巴雷特的爱尔兰人被处以绞刑。本书还将记述更多处决爱尔兰人的案件——单在作者有生之年就已听闻，超过一百人被处决。不过，在某种意义上迈克尔·巴雷特与众不同。其原因在于，当时克勒肯维尔爆炸案和爱尔兰共和军的其他行动，"第一次让英国人以一种前所未有的方式认识到爱尔兰纷

[1] Palace of Westminster，即英国的国会大厦。——译者注

争的非常的重要性”。这是出自格莱斯顿首相的肺腑之言。

确凿无疑的是，这使得格莱斯顿本人开始改革爱尔兰的土地制度，该制度是当时爱尔兰人主要的苦难之源。最终，他甚至促使他的党——自由党开始致力于促成爱尔兰在英国君主治下实行自治，即“爱尔兰自治”。尽管格莱斯顿无法让英国议会首肯“爱尔兰自治”，但英国两大政党之一继续将爱尔兰自治作为其政纲，再加上土地改革的实行，终于使得爱尔兰在世纪之交时出现了比历史上任何时候都更加平静的局势。

1900 年，维多利亚女王视察都柏林，大批民众拥上街头欢迎女王来到爱尔兰首府，共和派的声音却很难听到。对英国君主的效忠，在女王之子——爱德华七世 1903 年视察都柏林时也得到了类似的验证。双方关系上的低潮似乎一去不复返了。1914 年，英国卷入有史以来规模最大的战争，绝大多数爱尔兰人站在英国一边。数以万计的爱尔兰人，不论来自南方或北方、是天主教徒或新教徒都自愿加入英军。

突然之间，在不到两年之后的 1916 年复活节，一小部分爱尔兰人拿起武器，公然发动反对英国政府的共和暴动。不到一个星期，都柏林市中心沦为一片废墟。

4 年之后，整个爱尔兰陷入动荡之中，其规模达到一个多世纪以来的最高峰。“高压统治”强力推行，而爱尔兰人长期以来正是用这个词来称呼英国政府不时中止正常法律实施的行径。双方在街上大开杀戒，一方是被称为“黑棕部队”① 的英国辅警部队，另一方是爱尔兰共和军。

如同以往历任英国首相一样，大卫·劳合-乔治决心应对爱尔兰

① 又译：“爱尔兰王室警吏团”。——译者注

问题。1920 年 11 月，他十分夸张地宣称："我们已经扼住了杀人犯的喉咙!"一年之后，劳合-乔治与这些所谓的杀人犯的领袖达成一项协议。这位领袖就是来自科克郡的爱尔兰共和派人士迈克尔·柯林斯。仅仅在几个月之前，他的脑袋被悬赏 1 万英镑（相当于今天的近 10 万英镑）。

所以，某些人认为过于细致地考察爱尔兰历史是一件危险之事，其原因不言自明。克勒肯维尔爆炸案有助于改变英国政府政策；1920 年的暴动则直接改变了英国政府政策；今天的爱尔兰共和军一直指望能通过暴力改变英国政府政策。对于过去历史的考察，也许会被说成是对爱尔兰共和军的一种鼓励。但历史已经对他们起到了鼓励作用。本书将解释其内在过程。

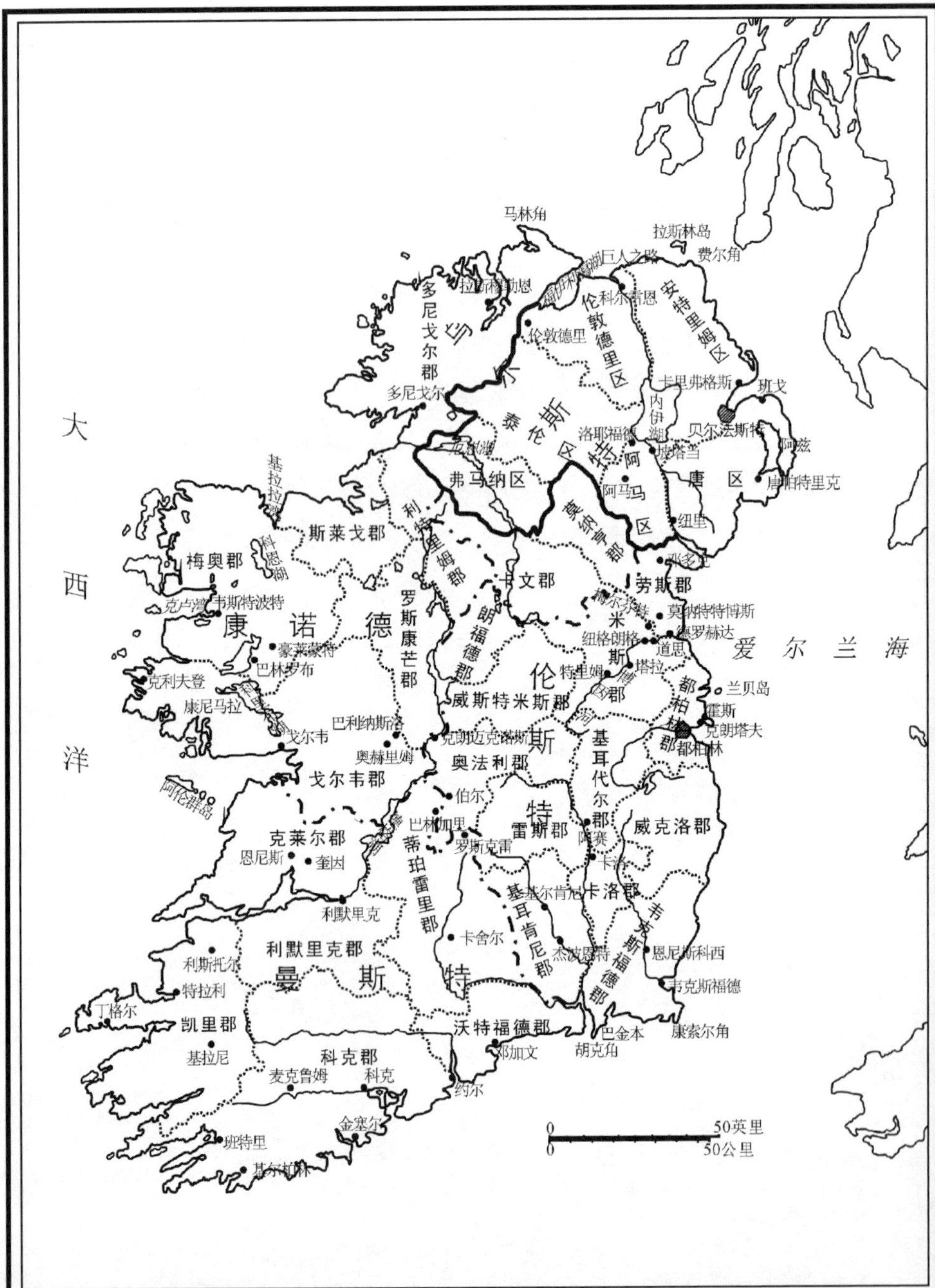
大西洋
爱尔兰海
马林角
拉斯林岛
费尔角
巨人之路
多尼戈尔郡
多尼戈尔
伦敦德里
伦敦德里区
安特里姆区
卡里弗格斯
班戈
贝尔法斯特
内伊湖
泰伦区
弗马纳区
阿马区
阿马
纽里
唐区
斯莱戈郡
梅奥郡
韦斯特波特
克利夫登
康尼马拉
巴林罗布
戈尔韦
戈尔韦郡
阿伦群岛
罗斯康芒郡
巴利纳斯洛
奥赫里姆
利特里姆郡
卡文郡
莫纳亨郡
劳斯郡
敦多克
德罗赫达
道恩
塔拉
朗福德郡
威斯特米斯郡
奥法利郡
克朗迈克诺斯
伯尔
巴林加里
罗斯克雷
雷斯郡
基耳代尔郡
都柏林郡
都柏林
兰贝岛
霍斯
克朗塔夫
威克洛郡
卡洛郡
卡洛
基尔肯尼
基耳肯尼郡
韦克斯福德郡
恩尼斯科西
韦克斯福德
康索尔角
巴金本
胡克角
沃特福德郡
邓加文
约尔
科克郡
科克
麦克鲁姆
金塞尔
班特里
克莱尔郡
恩尼斯
奎因
利默里克
利默里克郡
卡舍尔
蒂珀雷里郡
杰波因特
凯里郡
丁格尔
特拉利
利斯托尔
基拉尼
阿尔斯特
康诺德
伦斯特
曼斯特
0
50英里
0
50公里

第二章　国家光复?

现代爱尔兰历史始于 1921 年 12 月 6 日。根据英国政府与时任爱尔兰共和军领袖的迈克尔·柯林斯等人签署的“条约”，爱尔兰分为两个统治区域的基础由此得到奠定：一个是新成立的爱尔兰“自由邦”，包括爱尔兰 32 个郡中的 26 个；其余的 6 个构成另一个被称为“北爱尔兰”的区域，拥有一个获得授权的独立议会，但其主权仍属于威斯敏斯特的英国政府。

一个简单的地理上的事实能够表明：这个对爱尔兰问题的解决办法远非干净利索和符合逻辑之举。根据《英爱条约》，爱尔兰最北的地方——多尼戈尔郡马林角并不位于北爱尔兰境内，而是属于一般所称的南爱尔兰。与历史相比，爱尔兰地理也许是更为可靠的讲述起点。

假如来到马林角眺望大海，人们的视线会越过巨人岬（该地如今的正式归属为北爱尔兰）和拉斯林岛，落到菲尔角之上。天气晴朗时，人们可以看到仅仅 13 英里之外的英国海岸。约 8 000 年前，最早的爱尔兰居民是渡过海峡来到这里的。地图可以清楚地显示地理对于历史的意义：地理上的相邻性使得英国不可能对爱尔兰视若无睹。

无论如何移动地图的视角，欧洲大陆东北海岸外的这两个大岛中较小的一个，看上去很难逃出较大的一个的怀抱。对于爱尔兰而言，它无法摆脱背景中的不可分离的母性（或母亲）形象——“不列颠老妇人”（Grand Old Dame Britannia）（这是第一次世界大战时期爱尔兰一首反对征兵制歌曲中对英国的称呼），一位因专注于自身利益而妨

爱尔兰身份与基督教会之间的“特殊关系”。位于斯莱戈郡印尼什墨雷的公元6世纪修道院。

碍到爱尔兰寻求自己的身份的老妇人。

然而，如果人们的视线从爱尔兰海岸移向中心地区，那么那位贪婪的母亲的形象就较易被撇在一旁。伦敦对这里关注了800年，而在那之前人类已在爱尔兰生活了约8 000年。

最早的有关人类生活在爱尔兰的确凿证据在博因河流域出土，其确凿性确实毋庸置疑：道思、诺思和纽格莱奇等地一连串规模巨大的连通陵墓以及众多的卫星状分布的其他墓穴。其修造期约在公元前3000年，修造者是那些由不列颠渡过海峡而来的、最早一批居民的正处新石器时期的后人。这些墓室里安葬的是他们的部落王国邦王——简单的农业社会的统治者，这些农业社会已经清楚地带有文明的印记。墓室内壁的装饰性雕刻完成于铁器时代之前。人们可以将这些雕刻称为爱尔兰人留下的最早的个人签名。在外面，爱尔兰早期更加精美艺术的示例，可以在地面环绕巨大坟冢的石块上找到。

这些人本身就是入侵者，之后还有一批又一批的入侵者接踵而至。他们由不列颠岛渡海而来，横跨不列颠岛和欧洲大陆或直接来自法兰西和西班牙，制造出了更加精美的装饰品：青铜时期和凯尔特铁器时期的珠宝饰物、项圈、项链和耳环；铁器时期的充满装饰的武器——爱尔兰出产的展现文明印记的装饰品。

最后一批入侵者——盖尔人在耶稣诞生之前不久来到爱尔兰，他们为这个岛屿打上了最明显和最持久的“爱尔兰”印记。直到距今150年之前，盖尔语仍是爱尔兰大多数居民所使用的语言。

公元5世纪，罗马人最终离开不列颠岛，此前，这种异教形态的盖尔-爱尔兰印记在相当长一段时期内就成了爱尔兰唯一的身份特征。尽管罗马人在不列颠岛待了400年，但没有一个罗马官员踏上爱尔兰的土地。罗马社会组织形式，即中央集权式统治也从未在盖尔-爱尔兰社会实行过。这个社会始终如此：由大大小小的、独立的部落王国构成，依靠农业为生，为了牲畜和土地相互袭掠和交战，并为此目的组成不稳定的联盟。

今天，爱尔兰中部塔拉山上巨大深广的环状堡垒，标示出了早年盖尔人异教的至尊国王（High King）的王府所在地。这些至尊国王逐渐开始自称是“整个爱尔兰的统治者”，但他们并不是现代意义上的中央集权统治者，并没有制定法律的权力。事实上，这些至尊国王花费很多时间和精力捍卫其半神圣的象征性头衔，为此不断与其他国王以及自己治下总是在不断攻伐的各部落酋长斗争。

但是，虽然存在不同部落而且它们相互攻伐，但这里的人们共享同一种语言、法律（古爱尔兰法）、口头诗歌和音乐传统以及由古代神话传说改编而成的历史。而且，他们用自己的语言书写时，都会把自己写成“爱尔兰人”。当现代的中央集权式国家尚不存在之时，当不列颠社会至少在某种程度上受到罗马人的影响之时，爱尔兰的确可称得上拥有其个性化的文化统一体，足可称为一种国家形态。但它将面临许多冲击。

首先，基督教将盖尔社会的传统异教典仪赶出塔拉山，最终赶出爱尔兰全境。其中起到辅助作用的是一名自封为罗马-不列颠传教士、后来被追封为圣帕特里克的教士。今天，一座于19世纪建造的粗糙的圣帕特里克塑像竖立在塔拉山上。这不仅标志着基督教战胜异教，而且还有着更为深刻的含义，特别是对爱尔兰而言：基督教与盖尔社会的成功融合。

盖尔社会的一个显著特征是其适应性。在基督教的框架之中，盖尔文化以前所未有的规模兴盛起来。反过来，基督教像欧洲的灯塔，在罗马帝国崩溃之后的黑暗时代照亮了盖尔人的爱尔兰。自那以后，爱尔兰身份与基督教会之间一直保持着尤为紧密的关系。

“……爱尔兰人留下的最早的个人签名”，米斯郡纽格莱奇的连通陵墓。

塔拉——盖尔人异教至尊国王的大本营。

盖尔爱尔兰遭受的第一次冲击：圣帕特里克。但最终实现的是“成功融合”。

对于这个爱尔兰社会而言，这是新的巨大冲击。劳斯郡的莫那斯特博伊斯用于瞭望维京人的圆形塔楼。

爱尔兰修道院（比如在克朗麦克诺伊斯和莫那斯特博伊斯的）为盖尔黄金时代提供了条件。修道院首次将已经十分古老的爱尔兰社会的详情，用文字载入史册。修道院创作了一批文学艺术精品：《杜若经》（*Book of Durrow*，《福音书》7世纪的抄本）；8世纪初的阿德圣餐杯（Ardagh chalice）；8世纪末的杰作《凯尔经》（*Book of Kells*，也是《福音书》抄本）。爱尔兰人从这些修道院前往欧洲各地，重建和加固其他修道院。

然后，突然在公元795年的一天，爱尔兰社会受到了又一次巨大

“……船体颀长、雕刻精美和船首翘起的敞舱船……满载暴烈、可怕的陌生武士，从海上驶来……”一位目击者刻下了维京人的敞舱船。

“……为了追求他们自己的利益……他们在各地修筑堡垒……”莱伊什郡（此处所用 Leix 为 Laois 的旧时拼法）达纳马斯的诺曼堡垒。

冲击。数千艘船体颀长、雕刻精美和船首翘起的敞舱船中的第一艘，从遥远的海上抵达了都柏林海岸以外的兰贝岛，船上满载暴烈、可怕的陌生武士。这是北欧人入侵爱尔兰的开端。爱尔兰人一般把这些入侵者称为“丹麦人”，实际上他们主要来自挪威。这些人因杀戮、纵火和洗劫而载入爱尔兰史册，所做的就是恐吓和劫掠盖尔人的家园和修道院。一个多世纪之后，一位爱尔兰编年史学家仍在记载：“潮水般涌来了数不清的船只和舰队，芒斯特的所有海陆口岸都挤满了丹麦人和海盗……”

对于入侵，爱尔兰并没有组织起全民族的抵抗。诚然，在1014年，克莱尔郡的一个名叫布莱恩·博鲁的邦王在克隆塔夫击败了一支庞大的军队，其中包括一部分驻扎在都柏林的北欧人。博鲁此前经过征战，打败了其他爱尔兰人的首领，获得了至尊国王的地位。不过，博鲁在克隆塔夫击败的军队中也包括来自伦斯特的爱尔兰人，其他实力强大的爱尔兰邦王则袖手旁观，企图在交战结束时坐收渔利。

今天在爱尔兰许多地方仍然可以看到的圆形塔楼，是集钟楼与避难所为一体的建筑物，修道士用此来躲避战乱，但北欧人不断攻下这些塔楼。塔楼的入口远高于地面，在听到高处钟楼发出的示警钟声之后，避难者迅速由梯子进入塔楼，随后就把梯子抽上去。虽然时至今日这里已是如此宁静，塔楼之下当时必定发生过多次残酷的杀戮。

北欧人，即维京人很快就成为爱尔兰人的一部分。他们在海岸上建立了第一批爱尔兰城镇，如阿克洛和韦克斯福德，融入盖尔邦王的混战，最重要的是，与盖尔人通婚，自己也成为爱尔兰人。作为新爱尔兰人，他们将会感受下一次巨大冲击：

> 在巴金本的港湾，
> 爱尔兰人先败后胜。

正是在韦克斯福德郡西南角的巴金本，一小股诺曼人于1170年5月1日由威尔士航行到这里。在这个长满了金雀花和树莓的海角，修筑了规模很大的堡垒要塞。即使在8个世纪后的今天，这些堡垒要塞经过长期风吹雨打依然颇为壮观。要塞封住了海角的狭窄处，诺曼人将它用作桥头堡。这座桥头堡在爱尔兰历史中的意义将会得到验证。它将开启长达8个世纪的冲突，而且这场冲突至今仍未结束。

这些诺曼入侵者不是英国国王手下的军人，但隶属于英国国王手下的一个伯爵——被称为“强弩”的彭布鲁克伯爵。他们受到伦斯特的爱尔兰邦王德莫特·麦克默罗的邀请，来到这里帮助他打仗，以夺取至尊国王的宝座。“强弩”当然需要得到回报。麦克默罗据说由于在喧闹的交战中过度喊叫而嗓音沙哑，他看中的是诺曼人高超的军事技术——爱尔兰人闻所未闻的装备和兵种，即重甲骑士、弓箭手（当时爱尔兰只是使用投石器作战）。

不久之后，“强弩”本人和他装备先进的军队渡海而来，亲自来取提供援兵的酬赏。他带来了更多的骑士和弓箭手，一年之内就为麦克默罗攻陷都柏林，娶了这位邦王的女儿，并在麦克默罗去世后成为伦斯特邦王。

就在此时，英国国王亨利二世进行干预，主要目的不是制服爱尔兰人，而是制服“强弩”。“强弩”明显有僭越作为国王属臣的野心。英国统治者就这样开始关注爱尔兰。同时也要征服爱尔兰，这个目的其实完全是在不知不觉间确立的。

在“强弩”之后，北欧入侵者强势进犯爱尔兰，对盖尔社会造成了灾难性的后果。入侵者与某些爱尔兰首领结盟，从其他爱尔兰首领那里夺取土地和牲畜，修筑堡垒以保护其战利品。拥有优越的军事技术的诺曼人推进到爱尔兰全境，只有厄尔斯特的西部和中部例外。

“蛮族之国必须先以战争破之，然后才能实施良政。”（约翰·德里克的同时代木刻画）

盖尔首领向伊丽莎白一世的英国驻爱大臣投降。盖尔爱尔兰就此灭亡。（约翰·德里克的同时代木刻画）

虽然这些诺曼人效忠于爱尔兰海另一边的最高领主——英国国王，但他们在爱尔兰只为自己的利益征战，在爱尔兰各地修筑壁垒。诺曼人要得到的是土地和财富，对于强者而言（诺曼人就是强者）这只是举手之劳。当时的爱尔兰文学作品中充满了哀伤的笔调，控诉陌生的入侵者的残暴行径。不过，诺曼人与他们所效忠的英国国王相隔遥远，因此他们变为盖尔传统政治体系的一部分，凭借自己的已成为景观的壁垒，周旋于各部落相互交战的无政府状态之中。这些诺曼人与爱尔兰人通婚，放弃自己的诺曼式法语，改说爱尔兰语，采用爱尔兰生活方式和法律制度，其中许多人变得“比爱尔兰人还要爱尔兰人”。

英国国王采取了许多措施来阻止这种同化进程。1366 年在基尔肯尼（Kilkenny）召开的爱尔兰议会是爱尔兰的早期议会之一。该议会通过法案，禁止“在爱尔兰出生的英国人”穿着爱尔兰服装、蓄留爱尔兰发式、说爱尔兰语和使用爱尔兰法律。但这些立法的效力都很短暂。这些人都成为所谓的“退化的英国人”。那些受到其最高领主——英国国王信任的实力强大的北欧-爱尔兰伯爵，代表英国国王在爱尔兰的利益，但他们正在成为独立的势力。国王的政府势力范围龟缩到都柏林周围方圆数百英里的被称为“佩尔”的地区。其影响力下降，自我封闭，处于守势。

在都柏林以西约 20 英里的克朗戈伍斯，15 世纪时，佩尔的一部分仍然可以看到。沿着此时剩下约 4 英尺高的墙垛边上的林地散步，是一件很令人心旷神怡之事。墙垛建在双道壕沟之间，标明边界的位置。今天，短语“在佩尔之外”（beyond the Pale）仍然用于描述无法应对或控制的人。盖尔爱尔兰人和盖尔化的英国人是其最初的样板。英国君主的法令在佩尔以西地区没有效力。不到 50 年之后，佩尔的边界离都柏林更近。先前在克朗戈伍斯的佩尔属地，已成为“法治区域以西”的地带。但到这个时候，英国统治王朝已经更替，新的王朝——都铎王朝抱持着现代的中央集权制政府理念，决心要终止爱尔兰盛行的无政府状态。

我们之所以知道在诺曼人入侵4个半世纪之后，在亨利八世登基之时爱尔兰的确切状况，这是因为我们有1515年政府公文的记载：

> 60多个称作地区的郡居住着国王的爱尔兰之敌……60多个首领统治这些郡，一些首领自称为邦王，一些首领自称为亲王，另一些首领自称为大公。他们靠刀剑维持生计，不听命于任何其他同代之人……这些首领自行决定战和之事……爱尔兰还有30名英国首领，以相同的爱尔兰方式行事……他们在没有得到英国国王批准的情况下，自行决定战和之事……

1534年，亨利八世决定终止这种状况。这一年，爱尔兰的无政府状态达到了尤为严重的地步，因为基尔代尔伯爵（Earl of Kildare）所属的菲茨杰拉德家族（House of Fitzgerald）公然发动反对英国君主的叛乱，而该家族本是英国王权在爱尔兰的代表。亨利以书面形式作出重大改变：爱尔兰所有土地，不论由盖尔爱尔兰人拥有或是由盖尔化英国人拥有，都将上交英国国王再行授予，以此确保英国国王对土地的绝对控制权。亨利的女儿——伊丽莎白一世以极为严厉的措施，最终落实了这项改变。

对于从英格兰过来的“老英国人”而言，土地所有权的变更，在理论上并没有什么新颖之处，通常只是为了重新确认与最高领主——国王的关系，国王希望这种关系将会一直存在下去。新颖之处在于这种关系通过亲自授予的方式大大强化。对于盖尔人首领来说，此举在理论上和在实践中都是极为重大的改变。现在他们拥有土地不再根据古老的盖尔法律和传统，而是按照英国国王的法律和善意，这要求他们以良好的表现作为回报。

起初，爱尔兰首领们没有看到个中的危险。也许，他们认为英国新政府会像往届一样效率低下。不久，他们就沮丧地发现这个想法站不住脚。他们自身的习俗将成为英国政府采取严厉手段的托词："爱尔兰人像畜生一样的生活，"当时一位英国观察家这样写道，"……他们的习俗和举止比已知世界的任何地方都更加不文明、不洁净和不开化。"同时代的木刻艺术家约翰·德里克展示了爱尔兰诸首领采纳伊丽莎白时代的家规和服饰的情况，也反映了他们感到在其他方面低于伊丽莎白时代标准的痛苦心情。

坚决使爱尔兰服从英国法律的决心，因推行文明举措的使命感而更为加强：

> 婚姻法（一位官员写道）十分必要，应当责令国王陛下颁布的法律尚未实施的边远和蛮荒地方的所有总督加以推行……直到人们都接受文明为止。

伊丽莎白一世本人定下了基本规则：

> 朕以为当时机到来时，尔等当以法律手段劝诱、说服原始、野蛮之民族接受文明教化，而非诉诸暴力或杀戮；然情况必要之时，尔等则务必倾之全力，降伏那些不可理喻之辈……

女王派驻爱尔兰的驻爱大臣①均为在英国任命的英国人，不再任

① 驻爱大臣（Lord Deputy），英国君主派驻爱尔兰的最高官员，代表自己实施统治。该官职在1690年起改称为总督（Lord Lieutenant of Ireland）。——译者注

用原先那些诺曼-英国背景的爱尔兰领主，这些人在过去经常自以为是，不听调遣。女王的军队也主要由来自英国的本土士兵组成，而不是由爱尔兰领主的家丁组成。"在必要时"，军队用前所未有的残暴手段打击原先已在爱尔兰的英国人和盖尔爱尔兰人。

那些原先已在爱尔兰的英国人发动了6次以上的暴动，反抗伊丽莎白女王的新秩序，其中有几次与盖尔爱尔兰人结盟。同时，尽管作为传统的战时联盟的一部分，有些盖尔首领也站在伊丽莎白女王军队一边作战，其他盖尔首领则同样以坚强的决心反抗英国的新秩序。在这里，普通的盖尔爱尔兰人受到的惩罚最为沉重。这些新来的伊丽莎白手下的英国人，将爱尔兰及其本土居民视作需要征服和教化的对象。这与同一个世纪里西班牙征服者对南美洲的看法相同。两者采取的行动也如出一辙。

亨利·悉尼爵士是伊丽莎白女王在爱尔兰的驻爱大臣之一，他于1576年致函枢密院，称：

> 本人致函尊敬的各位并非根据一般的法律和军法，开列那些自我抵达后捐躯的每一个臣仆的名字……但我向你们确认：他们的人数十分众多，其中一些是军中豪杰，另一些人则总是战战兢兢……他们在进军各处时倒下了，他们死得其所……

至于另一位驻爱大臣——汉弗莱·吉尔伯特爵士，根据同时代的人的描述：

> 他的做法是将所有死者（爱尔兰人）的头颅砍下来，带到他夜里宿营的地方，摆放在通往他入住帐篷的路上。这样，每一个无论何事到他帐篷来的人都会经过用头颅排成的巷道，他的目的

历史给今天的北爱尔兰留下的暴力遗产。

塔拉山上的圣帕特里克雕像。

克朗麦克诺伊斯修道院的十字架：与基督教会的“特殊关系”。

《凯尔经》(8世纪末)，盖尔文化以前所未有的规模兴盛起来。

左上图："强弩"，彭布鲁克伯爵。将军事技术提供给麦克默罗，以寻求回报。

左下图：德莫特·麦克默罗，伦斯特邦王。"由于在喧闹的交战中喊叫而嗓音沙哑……"

右上图和右下图："退化的英国人"。盖尔化的诺曼人已经失控。

是加以恐吓——制造最痛苦的死亡感觉。确实，当人们看到被杀的父亲、兄弟、孩子、亲戚和朋友的头颅就摆在他们面前地上的时候，他们会感到非常恐惧……

在伊丽莎白手下的一些官员看来，这样的做法已属过分之举。前都铎家族代理人詹姆斯·克罗夫特爵士谴责“这些不称职的军官和士兵，不分军民，格杀勿论，甚至包括从未拿过武器的耕夫。而且不论年纪大小，从摇篮里的婴儿到垂暮老者一概不能幸免……”

诗人埃德蒙·斯潘塞目击了芒斯特的作战情形，这样描述了那里的爱尔兰人：

> 他们的处境是如此的悲惨，即使是铁石心肠之人也会感到痛心。从树林、峡谷的各个角落，他们蜷伏着用手爬行，因为他们的双腿已经无法承受他们的体重。他们看上去如同行尸走肉，听上去如同鬼魂在坟墓里嘤嘤啜泣……

但伊丽莎白手下的官吏却并没有这种良心上的不安。莱塞斯特伯爵(Earl of Leicester) 在16世纪70年代宣称：“……温和的战事是在文明人和行伍之人之间进行，而对野蛮之人和那些乡下的暴民，只有使用武力和威吓手段，将他们赶尽杀绝。”约翰·戴维斯爵士宣称：“蛮族之邦必须先以战争破之，然后才能实施良政。”

这是当时的共识，在实践中还很管用。到伊丽莎白女王在位末期，爱尔兰第一次处于英国政府的有效统治之下。但当时还有另一种共识：爱尔兰的共识。在伊丽莎白时代，爱尔兰人对居统治地位的英国人的仇恨已经铸成，并将深深地植根于爱尔兰人的意识之中。

其他未来事件（实际上就是我们所处的现在）的基础在这个时候都已经奠定。首先，现代爱尔兰民族早期浅淡的痕迹，（以回溯的视角）可以从与“老”英国人和盖尔爱尔兰人的新的紧密联系中看出端倪。他们已经共有盖尔血脉和文化，此时在与英国政府新的、残酷无情的干预共同抗争的过程中，他们更紧密地团结在一起。此后一个世纪的共同对抗，将完成这种融合。

其次，爱尔兰宗教改革的失败，推动了这种融合。宗教改革使英国成为新教之国，英国君主成为教会至高无上的首领，但未在爱尔兰生效。造成这种情况最显而易见的原因是自然环境：同样的原因加剧了英国在爱尔兰碰到的所有问题。对散居在爱尔兰各地的约 100 万人口来说，通讯联系极为困难，而且爱尔兰有一半土地满是沼泽和灌木丛，几乎没有任何道路相通。即使英国政府没有放弃实施法律和传播宗教教义的努力，爱尔兰的教会在很大程度上由于爱尔兰语言的屏障而无法接近，况且该教会对路德教义毫无兴趣。

结果，爱尔兰在统治和政府层面上接纳了经过宗教改革的新教，但实际上除了政府所在地都柏林及其周边地区以外，新教名存实亡。伊丽莎白女王还出于政治原因，没有急于在爱尔兰强制推行新教。当时存在的一个危险是：女王难于驾驭的爱尔兰臣民，也许会在宗教教义方面向诸如西班牙这样的欧洲天主教强国求助，而西班牙很愿意借道爱尔兰抄英国的后路。伊丽莎白也不愿意损害那些准备向她表示效忠的爱尔兰人，不愿因宗教教义问题而将他们推向对立面。

盖尔爱尔兰人和“老”英国人通过保持天主教信仰，而与新来的信奉新教的英国官员和移民进一步划清了界限。

最后一位在岛内反对英国政府干预的盖尔爱尔兰首领，是一位富

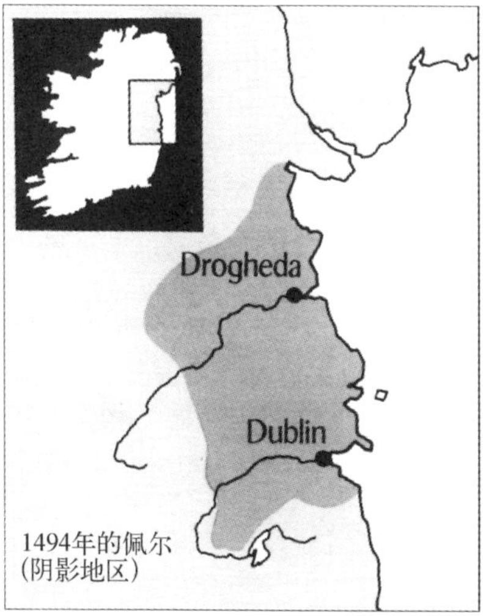

1494年的佩尔
(阴影地区)

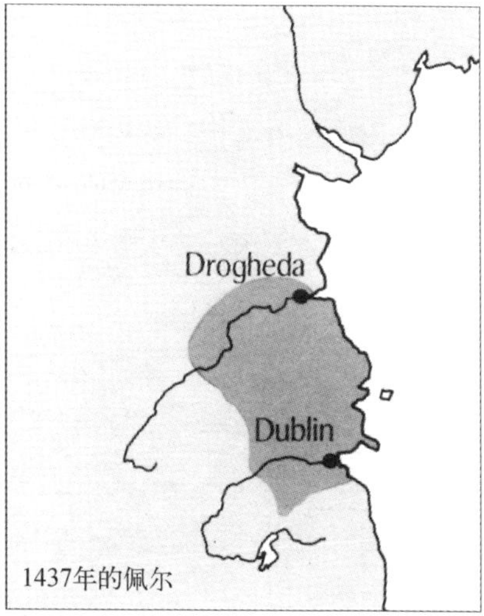

1437年的佩尔

休·奥尼尔，蒂龙伯爵。“蒂龙的盖尔自我战胜了伊丽莎白自我。”

有魅力和十分复杂的人物——休·奥尼尔，来自厄尔斯特荒原。伊丽莎白女王曾封他为蒂龙伯爵。当时英国的统治已经扩展到爱尔兰的所有 4 个省，但在厄尔斯特最为薄弱，伊丽莎白女王急于确保厄尔斯特对英国统治的支持，从休·奥尼尔孩提时代开始就在他与其他奥尼尔家族成员的争执中提供帮助。他甚至在英国生活了 8 年，由能够进入女王宫廷的英国重要人物抚养成人。在某种意义上，奥尼尔在他的血液中流淌着对女王的忠诚。但在他血液中流淌的还有一种传承自奥尼尔家族的情感。这个家族在几个世纪之前就曾是爱尔兰的至尊国王。奥尼尔治下的厄尔斯特与先辈们治下的厄尔斯特几乎一模一样，他想要维持这种状况。实际上，他两者都要：既要女王的恩宠，也要在自己需要时摆脱女王的统治。想以这种方式与伊丽莎白这样的君主打交道，显然难以得逞。

最后，蒂龙那亲盖尔的自我战胜了亲伊丽莎白的自我。他与在厄尔斯特的强大邻居奥唐奈结成联盟，下定决心要作出最后的努力捍卫盖尔社会方式的独立性。尽管蒂龙先前为伊丽莎白女王作战，与英军在芒斯特镇压举行暴动的“老”英国人，但此时他在自己的厄尔斯特，率军反抗伊丽莎白女王。

在他的厄尔斯特王国的南部边界，位于阿马（Armagh）以南几英里的名叫耶洛福德的地方，蒂龙于 1598 年最接近于取得胜利。在这里，一支英军由阿马出发，试图解救布莱特沃特河上处于孤立状态的英军壁垒，蒂龙大败了这支英军。蒂龙在耶洛福德战役的胜利（很凑巧的是，蒂龙打败的英军司令是他的亲戚），给在爱尔兰的英国新政府以重大的打击。用一位同时代人的话说，就是“撼动在爱尔兰的英国政府，直到它摇摇欲坠”。

但是，蒂龙是出于自己的意愿为爱尔兰的生活方式而战。如果认为他是在现代民族意义上为爱尔兰而战，那么就是犯了年代上的错误。爱尔兰政治民族主义直到后来才形成。

1601 年 9 月，一支庞大的西班牙舰队驶向爱尔兰，去支援蒂龙和他的同盟者奥唐奈。舰队在金塞尔港下锚，但蒂龙和奥唐奈却在爱尔兰另一端的厄尔斯特——蒂龙的家乡。为应对这个威胁，新任英国驻爱大臣、信奉新教的芒乔伊立即向南进军，在金塞尔将西班牙军队包围起来，发起攻击。此时，蒂龙和奥唐奈也向南进军，敏捷地避开了前来拦截的英军，随后在金塞尔向芒乔伊展开围攻战。

就在金塞尔城外，1601 年的圣诞节前夜，盖尔爱尔兰人的最后一次战役打响了。但是，当蒂龙的军队向芒乔伊发起进攻时，战场是一片开阔地，与他们擅长作战的耶洛福德附近的沼泽地和灌木丛相差太远。芒乔伊的军队击溃了蒂龙的队伍，后者散乱地向北方逃亡。就这样，古老的盖尔爱尔兰终于走向了灭亡。

蒂龙长时间卑躬屈膝地跪在芒乔伊面前，然后被带到都柏林城堡，最终向女王和与他交战的怒气冲冲的众多英国人正式投降，得到了宽恕。3 个世纪之后，都柏林城堡将会被身着爱尔兰军服的爱尔兰军队攻占，一面新的爱尔兰旗帜在城堡上升起，取代英国国旗。相隔 300 年的这两个事件之间的真正联系何在？蒂龙与 19 世纪 60 年代用炸弹袭击克勒肯维尔监狱的爱尔兰芬尼亚运动分子之间有何联系？与现在的爱尔兰共和军又有何联系？

当现代爱尔兰民族主义在 19 世纪最初显现的时候，许多非官方的国歌在爱尔兰出现，而官方国歌是《上帝拯救女王》。其中一首经常在政治集会结束时和其他爱尔兰人聚会场合一同演唱，歌词是：

国家光复

国家光复，
爱尔兰长久为省
国家光复。

但从实际意义上讲，爱尔兰过去的这种“国家”与现在的国家到底有多少关联？如果爱尔兰东北部数郡人数众多的一群少数派完全不想要这样的“国家光复”，那么又如何呢？

多尼戈尔郡拉斯穆伦的伯爵逃亡。北爱尔兰的现代历史由此拉开帷幕。(托马斯·瑞恩画作)

第三章　决不投降!

每年 7 月 12 日，贝尔法斯特的新教公民都会带着一流乐队、高举旗帜，举行盛装游行，庆祝奥伦治的威廉于 1690 年取得的博因战役的胜利。游行伴随着狂欢，就像他们自己刚刚赢得胜利一样。在某种意义上，他们确实赢得了胜利。从 1690 年起，他们就一直是胜利者。

也许，一个陌生人会问：为什么有这么多男人头戴硬圆顶礼帽？与博因战役时不同，硬圆顶礼帽已经不是今天普通人戴的帽子。得到的回答是：头戴硬圆顶礼帽是专门为了同时庆祝两场胜利。一场是 1690 年的博因战役大捷，一场是在 1914 年第一次世界大战之前取得的胜利。这些游行者的祖父和曾祖父们头戴硬圆顶礼帽，像今天这样举行游行，以阻止当时的英国政府以“地方自治”的形式，使统一的爱尔兰有条件地独立。

但这个回答又引出其他的问题：这些人的祖先在 300 多年之前就来到了爱尔兰，那么他们为何不愿接受爱尔兰国家独立？他们为什么如此强烈地坚持置身于爱尔兰“国家”之外？要回答以上问题，我们需要回溯到博因战役以前的年代。

在爱尔兰北部有个名叫拉夫斯维利的狭长海湾，景色优美。温馨的海滨小镇——拉斯穆伦就坐落在海湾的西侧。它的位置比贝尔法斯特还要偏北，但不属于官方划定的“北爱尔兰”。事实上，小镇在今天的爱尔兰共和国境内，共和国海军的一艘护卫舰有时会停泊在小码头，共和国国旗迎风飘扬。但就是在这个地方，现代北爱尔兰的正史翻开了第一页。

1607年9月4日，一艘挂着法国国旗的船只在拉斯穆伦港内停泊了几天之后，起锚开航。船上的两位乘客是自愿前往欧洲流亡的最后两位重要的盖尔天主教首领：蒂龙伯爵休·奥尼尔和泰尔康奈尔伯爵罗里·奥唐奈（休·奥唐奈的继承人）。他们曾试图阻止英国对爱尔兰实施统治。

这一“伯爵逃亡”事件令英国官员猝不及防。在1603年向英国君主投降并得到宽恕之后，蒂龙被允许保有在厄尔斯特的土地所有权。此举令许多与这个叛徒血战多时的英军官兵感到愤愤不平。那么，蒂龙为什么像这样突然离去呢？

在本质上，蒂龙沮丧地发现除了徒有虚名之外，他不再是自己在厄尔斯特家园的主人。他不断受到英国官员的骚扰，他们不仅根据投降的条款确认英国法律权利在他领地内的有效实施，而且还惩罚他的天主教宗教信仰，根据英国法律对他信奉天主教的行为开出罚单。此外，在蒂龙获得宽恕之后，有人企图在他的领地内得到好处，但未能成功。于是他们谎称蒂龙与西班牙人密谋造反，这让他担心自己的生命安全受到威胁。等到这一切令蒂龙无法再忍受下去，他只得离开。他的反叛企图似乎一下子得到了证实，所以他和泰尔康奈尔伯爵的土地均被英国君主没收。

于是多尼戈尔、蒂龙、德里、阿马四郡（伯爵的领地），加上卡文、弗马纳两郡，成为有计划安置来自英格兰和苏格兰移民的地方，由他们进行垦殖。这就是所谓的“厄尔斯特殖民”，由英国政府在1608－1610年间在制图板上策划完成。

在爱尔兰建立移民垦殖殖民地计划有特别的目的，即为了稳固英国政府的统治。这不是什么新招。在信奉天主教的腓力（Philip）和玛丽（Mary）统治期间，英国政府就在16世纪50年代作了最初的殖民尝试：将莱伊什郡和奥法利郡重新命名为国王郡和女王郡。16 世纪 60 年代和 16 世纪 80 年代，英国在芒斯特的西南部又做了两次尝试。16 世纪 70 年代，英国政府在厄尔斯特进行了两次小规模的尝试。但所有这些殖民计划都以失败告终。原因是缺乏人力资源和资本投入，或被暴动者赶走。这些暴动者此前被剥夺土地，为英国殖民者腾出空间。

1610 年殖民的不同之处有两个方面：规模庞大和有计划地避免以前的失误，比如伦敦城的公司就提供了资本。

在德里市中心大教堂附近的一条宁静的小街上，有一扇漆成紫色的门。门上有一块铜牌，刻有一行文字："尊贵的爱尔兰协会"，就好像有一位显赫的人士在这里居住。

这座房屋现在仍然是 1610 年成立的"爱尔兰协会"的所在地。协会成立时，其会员包括伦敦城及其管理公司的官员和职员，其职责是对逃亡伯爵被没收土地进行殖民（或当时所认为的"开化"）。爱尔兰协会将这座城市名称由德里（Derry）改为伦敦德里（Londonderry）。

伦敦城拥有庞大的资本资源，所承担的职责不仅要拓殖德里市，而且包括整个郡。爱尔兰协会的作用与弗吉尼亚协会（Virginia Society）的作用相似，后者的职责是拓殖（开化）美洲。土地被分配给了伦敦城属下公司：布料商、盐商、鱼商、男性服饰用品商等专业公司。目前在伦敦德里郡，仍然有布料商镇和盐商镇。这项计划，至少在制图板上，将德里郡的几乎所有土地都分给了伦敦城公司和来自英格兰和苏格兰的移民，但不准他们使用爱尔兰佃农。全郡的一小部分土地（约为 5%）用于分配给退伍军人，可使用爱尔兰佃农。其余约 10%的土地分给所有土地的原占有者——土著爱尔兰人，他们需向英国君主交租，租率为移民的一倍。此时，土著爱尔兰人被正式限制在山区较为贫瘠的土地上。

在其他被没收的郡，经办殖民事务的机构和人员成分更复杂，但土地分配原则则大致相同。在这里，爱尔兰人同样得到的是较为贫瘠的土地，但他们和退伍军人得到的土地比例更大一些，后者可以使用爱尔兰佃农。

制图板规划所涉及的人力布局很少能准确兑现。伦敦城公司和其他经办殖民的机构和人员，无视新的规章，允许土著爱尔兰人留在原有土地上，继续成为移民的劳工或让他们作为缴纳地租的佃农。英国殖民者向这些佃农征收高额地租，而不需要像吸引海峡对岸的移民前来时那样，先要进行资本投入。

但移民确实来了。到 1622 年，移民人数约为 13 000 人，英格兰人和苏格兰人各半。因此，殖民的主要政治目的从一开始就受到削弱。对被没收土地的郡实行彻底殖民的机会就这样失去了。当地居民也未能完全被“教化”，纳入英国新教文化模式的范畴。

结果，信奉天主教的盖尔爱尔兰人，虽然占有的土地比起初分给他们的要多很多，但他们仍然怨气冲天，因为他们认为这些土地本来就属于自己。而新教徒的人数较少，也不像起初预想的那样占有支配地位，因而缺乏安全感，感到好像置身于被敌人围攻的要塞之中，完全没有自己是新家园主人的感觉。他们每天都生活在爱尔兰人之中，剥夺了爱尔兰人的土地和农场，所以安全成了紧要之事。而新教徒窗外的树林和沼泽地滋生的任何困扰，都会损害安全。

真正卓有成效的对厄尔斯特的殖民却是由另一些人完成的。一些人数不多的、自行组织起来的苏格兰新教徒几年前在厄尔斯特东海岸的阿兹半岛创建了殖民地。这里与苏格兰隔海相望。在宗教改革前的几个世纪里，苏格兰人已经渡过北方海峡，来到爱尔兰的这个地区定居，渐渐就与当地盖尔爱尔兰人打成一片。就在 1610 年殖民之前的

1606年，两个苏格兰新教冒险家——蒙哥马利（Montgomery）和汉密尔顿（Hamilton）与当地盖尔人的首领达成了一笔交易，创建了一个民间的殖民地。厄尔斯特东部的这个新教殖民地很快兴盛起来，并在这个世纪的剩余年代以及此后的时光里成为苏格兰的个体移民群集到北爱尔兰的桥头堡。他们由贝尔法斯特镇向外扩展，遍布安特里姆（Antrim）和唐（Down）两个地区。他们甚至扩展到厄尔斯特以外，填补了政府在西部殖民所留下的空白区域。今天北爱尔兰新教徒和天主教徒的地理分布，仍然清楚地反映了在过去300多年两者自成一体移民的后果。

厄尔斯特东部移民点建设的成功，意味着这里的大多数移民是苏格兰人，而不是英格兰人。更重要的是，他们是长老会教徒，而不是英国国教教徒。当他们最初来到这里时，被英国国教教会认定为非国教徒而受到处罚。据记载，唐郡有超过500人在一个星期日下午渡海到苏格兰的斯特兰拉尔参加领取圣餐仪式。这种做法今天已司空见惯，但在当时，爱尔兰实施的英国法律禁止这种宗教仪式。尽管长老会教徒现在不再会被当作非国教徒而受到处罚，这种独立精神的心理传统顽强地延续下来，成为一种政治力量。长老会教徒在物质上和精神上按照自己的喜好行事的信念，在此后300多年的爱尔兰历史中得到保留，成为影响当今局势的要素之一。

就这样，英格兰和苏格兰新教徒的殖民地在厄尔斯特逐渐得到建立，并占据了支配地位。厄尔斯特曾经是爱尔兰盖尔化程度最高和天主教势力最强大的省份，此时却混居着具有不同宗教信仰和利益的人口。他们通常比邻而居，以至于同一个城镇的不同街区被分别命名为“苏格兰街区”和“爱尔兰街区”。

从一开始，新移民心中就存有恐惧，但这种恐惧心理与当地居民的恐惧心理不同。当地人由劳工和佃农组成，对新移民感到恐惧。而新移民都知道两位伯爵手下的约 5 000 名刀斧手仍然愤愤不平，潜伏在沼泽地和薄雾之中。1641 年 9 月 23 日，新教徒长期以来的恐惧变为现实：一场大规模的盖尔爱尔兰天主教徒暴动开始了。尽管暴动者大声宣称忠于英国君主，但他们迅猛出击，要夺回他们的土地。

暴动针对爱尔兰各地所有新建的殖民地，但由于厄尔斯特的新殖民地最大，所以那里受到的打击也最为沉重。其中后果最为惨烈的是暴动中发生的那些暴行，或更确切地说是报告中记载的暴行。比如说，奥伦治的人们在 7 月 12 日贝尔法斯特游行中打出的众多旗帜中，有一面就生动地描述了 1641 年 11 月寒冷的一天，在波塔当桥上发生的一切。

根据当时一份确凿的证明材料，那一天有约 100 名信奉新教的男人、妇女和儿童被从家中抓走，洗劫一空，剥去身上的大部分衣物，赶到那座桥上。随后，他们被推挤越过栏杆掉下河，或扔下河。一些人淹死，另一些人游到岸边被用枪击毙或猛击头部而死。有些爱尔兰人甚至驾船用桨击打在水中挣扎的人们。据说几个月之后一个女鬼从河水中升起，她腰部以上全裸，皮肤极白，披头散发，"她的双眼闪闪发光，高喊'报仇！报仇！'"

波塔当暴行的具体细节和被杀的确切人数也许很难弄清楚，但当时另有大量证据精确地记述了 1641 年针对新教徒的暴动中发生的这桩暴行和其他暴行，因此这些暴行本身毋庸置疑。

这些证据收录在都柏林三一学院的 32 卷的卷宗内，通常是在事后不久从亲身经历过这些事件的当事人那里收集到的。证人是新教徒，需向皇家委员会委员宣誓，并提供证言。阿马的伊丽莎白·普莱斯的案例极为生动，她的 5 个孩子被从她身边抢走，在波塔当的那座桥上被推下河：

> 至于这位宣誓证人和留在家中的许多其他人，都受到了各种各样的折磨……这位证人三次被吊起来，要她说出钱藏在何处，然后被放下来，将脚掌放在热油里炸，放到火上烤，而且被用鞭子抽打……
>
> 许多其他新教徒，主要是妇女儿童，被抓走。暴徒们用干草叉、双刃短剑和长剑刺戳和砍剁他们的身体各处：头部、胸部、面部、胳膊、双手等，并不直接将他们杀死，而是听任他们在血泊中打滚，直到衰竭和饥饿而死。

阿马郡芬南恩的新教教区长罗伯特·马克斯韦尔宣誓作证："暴徒们将许多英国新教徒活埋，还津津有味地听新教徒自掘沟坑时的求饶。"教区长还宣誓作证说：暴徒将他的兄弟詹姆斯·马克斯韦尔

> 从床上拉起来，他们正值暴怒狂热之中……残忍地将他砍死……他的妻子格里泽尔·马克斯韦尔正在生孩子，婴儿只生出来一半，暴徒们将她剥光，赶入布莱克沃特河淹死。他们还残酷折磨同一个教区的另一名妇女，其残酷程度一点也不亚于他们折磨沃特森先生。暴徒将他臀部的肉割下来，放到火上烧烤……

同样的暴行还有许多许多。

不过，不少宣誓证词只是来自道听途说，夸张和不实之词在所难免。尽管有些人是在事件发生后几个星期之内宣誓作证，但还有些人是在事件发生许多年后才宣誓作证，因此其真实性令人怀疑。有些证人指出爱尔兰暴动的统领，特别是罗·奥尼尔——那位著名的休·奥尼尔的侄子对待被抓者相当人道和体贴。罗·奥尼尔于 1642 年从西班牙返回，负责指挥暴动武装。那些暴行基本上似乎是无纪律的产

物，而不是政策的结果。尽人皆知的那32卷证据中，有许多并不涉及厄尔斯特，而是涉及按厄尔斯特殖民模式进行殖民的其他郡。暴动者在朗福德、利特里姆、克莱尔、梅奥、韦克斯福德、基尔肯尼、威克洛和其他郡举事，反对英国的进一步殖民。一些证据甚至表明，政府军犯下了针对爱尔兰人的暴行。

但中心结论必然是这样：在1641年厄尔斯特针对英格兰和苏格兰移民的暴动早期，此地发生了大量暴行。尽管遇害者的人数经常被夸大（一位新教历史学家将新教遇害者的人数确定为15万人以上，比当时爱尔兰所有的人口还要多），但综合各种证据，历史学家倾向于认为新教男人、妇女、儿童遇害者人数约为12 000人，遇害的原因或是被杀害，或是因在1641年暴动早期被洗劫一空而冻饿而亡。

关键在于，关于暴行的夸大版本对形成北爱尔兰人后来的态度的作用，与现实状况一样举足轻重。北爱尔兰新教徒的历史潜意识认为，那种漫无节制的恐惧在他们身上重演的可能性一直存在。必须记住这一点：当1641年暴动发生时，混居在一起的居民中，爱尔兰天主教徒的人数大大多于新教徒的人数。今天北爱尔兰新教徒的态度仍然基于这样的事实：他们在整个爱尔兰居少数地位，而不是基于另一个事实，即他们现在在北爱尔兰居多数地位。

除了暴行及其在厄尔斯特的影响之外，1641年暴动对爱尔兰事态的演变具有更深远的作用。盖尔爱尔兰人起事的原因，是为了天主教事业和夺回落入新移民之手的土地。但是，爱尔兰的“老”英国移民与盖尔爱尔兰人一样，也是天主教徒。随着英国议会中清教的影响越来越大，议会正在走向与国王的内战，同时也变得越来越狂热地反天主教。这样，爱尔兰的所有天主教徒，包括盖尔天主教徒和“老”英国人在内，也越来越担心他们的宗教信仰会使自己在土地权利上受到歧视。换句话说，爱尔兰的两大天主教集团，在利益上越来越趋向一致，共同发动了暴动。这个起初不稳定的联盟到后来变得十分重要，形成了自我保护的能力。

这个新社会集团的早期特征在1641年发生的一起事件中得到了显示。这个事件发生在以都柏林为中心的英国政府大本营——佩尔地区的原堡垒之一，基尔代尔郡的克朗戈伍斯城堡。这座建筑一直保存完好，今天是一所天主教男子公立学校的所在地，英国文化与天主教热诚在这里处于适宜的和谐状态。但在1641年，城堡的主人是一个名叫詹姆斯·尤斯塔斯的英国天主教徒，他的家庭已经与盖尔人通婚，为了天主教和爱尔兰拿起长剑，对抗在爱尔兰的英国政府。据记载，这里发生了新教徒犯下的暴行。城堡内的妇女儿童被杀害，守卫在投降时被绞死。尤斯塔斯的母亲已经90岁高龄，将城堡密室的钥匙藏在口中，她因此被击碎了下巴而身亡。

不论其原先的种族归属，这些可怕的事件缓慢地将爱尔兰人打造成两个民族：一个是天主教民族，另一个是新教民族。而有一个大大推动了这个进程的人，将在这个十年的末期来到爱尔兰。他就是：奥利弗·克伦威尔。

在此时，克伦威尔已经在英格兰取得了反对国王查理一世的内战的胜利，但在爱尔兰仍然存在着强大的与天主教暴动者结盟的王党军队。1649年8月，克伦威尔渡海而来。

“克伦威尔来了，”一位亲身经历者写道，“就像一道闪电掠过大地。”克伦威尔首先进攻了德罗赫达，因此使得这个小镇的名字载入了爱尔兰史册，成为英国在爱尔兰“残暴行径”的典型案例。

但是，克伦威尔在德罗赫达的残暴行径，不能被简单地视为爱尔兰民族神话中的一宗残忍的反爱尔兰种族主义事件。当地的防御由一名英国天主教徒亚瑟·阿斯顿爵士指挥，其他指挥官大多是英国军官，均为在内战的上一个阶段与克伦威尔交战的王党分子。

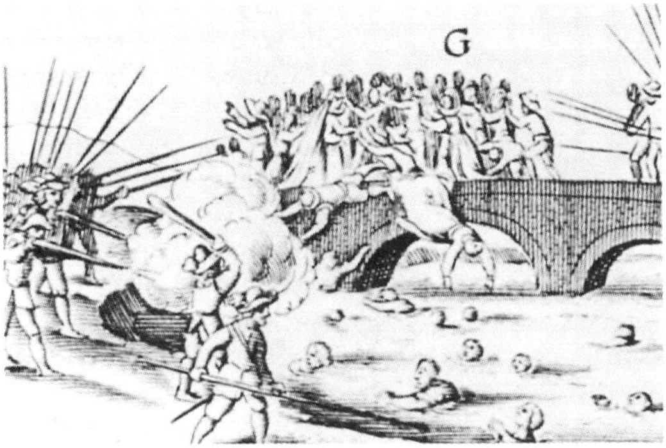

盖尔爱尔兰人的暴动：波塔当桥。北爱尔兰新教徒潜意识中的恐惧。

德罗赫达——英国在爱尔兰“残暴行径”的代名词。但克伦威尔的进攻目标是由英国指挥官统领的军队。

克伦威尔带来了围攻城池用的大炮，其火力胜过当时爱尔兰的任何大炮。克伦威尔的大炮用300发炮弹在城墙上炸出来一个豁口。但是，在发动首次冲锋试图攻占豁口的时候，他的军队遭受重大伤亡，被赶了回来。这个挫折使克伦威尔勃然大怒，当军队攻入城内的时候，他就以自己的惯用方式行事。

"给行动加点火候，"克伦威尔随后这样写道，"我不准许赦免城里任何拿武器的人。"尽管这项命令在理论上只针对守军，但更有可能的是，连妇女儿童都不能幸免。克伦威尔本人之后也承认：所有教士都没有活下来。

手持刀剑发起攻击，克伦威尔和他的士兵将守军驱赶到一座名叫米尔芒特的高塔内。由于被围困起来无法脱身，守军指挥官和军官出来投降，但随即被用刀剑处死。但这种说法是对亚瑟·阿斯顿被处死方式的一种粉饰，因为他被用他的木质假下肢击打而死。守军中的有些士兵逃过河去，在城里不同地方躲藏起来。其中一处地方是圣彼得教堂的高塔，被克伦威尔用火烧塌，从火里逃出来者全被捕杀。至于在另一座高塔中约120名投降的守军，克伦威尔记述道："军官均被棒击头部，士兵中每逢第十人就予以处决，余者用船运到巴巴多斯……我认为我们用刀剑杀了总共约2 000人。"为了消除任何有可能产生的懊悔或罪恶感觉，克伦威尔声称这一切都是为了上帝："因此，上帝当然应当独享全部荣耀。"

克伦威尔以一种矛盾的方式，将他在德罗赫达为上帝所作之事，视为对1641年暴动中暴行的复仇。但德罗赫达居民并未参加1641年暴动，这座城镇一直在英国控制的佩尔范围之内。尽管守军中的一些爱尔兰士兵也许犯下了暴行，但那些英国军官却不可能与此有任何牵连。

无论如何，克伦威尔在内战中指挥的最后一场残酷无情的战役，

1689 年德里围城战役。詹姆士二世的军队只有迫击炮，而被围困者的食物只是狗、老鼠和蜡烛。

1689 年增援德里。“……福伊尔河上的英军船队长时间缺乏冲破浮木档栅的勇气……”

对爱尔兰未来的历史造成了灾难性的影响。英国政府一旦在爱尔兰取胜，就会将所有爱尔兰天主教徒作为巴比伦妓女①的追求者，踩在脚下。

议会军从德罗赫达出发，向南穿越爱尔兰，一路捷报频传。一些投降的守军得到宽恕，甚至得到荣誉，但韦克斯福德的遭遇比德罗赫达更惨。该城在进行投降谈判时，被克伦威尔的大军攻下。议会军官兵在城内杀气腾腾、四处奔走，杀了至少 2 000 人，据说其中 200 名妇女儿童在市场里被杀。

在拿下韦克斯福德之后，议会军的作战很快结束。此时，克伦威尔对战败的拥有土地的爱尔兰天主教徒采取了极为严厉的措施：香农河（Shannon）以东的所有天主教徒原有的土地，均分配给议会军的官兵和向他的作战提供资助的投机商。那些被剥夺土地的天主教徒，均迁移到香农以西的、更为贫瘠的康诺特省。随着对爱尔兰天主教地主施以最后的羞辱——他们被放逐到自己国家的荒凉角落，那里有西部景色宜人的沙地——后来被称为“克伦威尔诅咒”的惩罚终告完成。

迁移到西部的只有地主、其家人和家臣侍从。其余居民，如天主教地主的佃农和劳工都留了下来，转而为新来的新教移民效劳。但向康诺特的迁移是对所有爱尔兰人的一种羞辱。“克伦威尔诅咒”在他们的身上都打上了烙印。

天主教徒拥有土地的百分比，在发动大暴动时已减少到 59%，而在克伦威尔变更土地所有权之后又下降到只有 22%。后来，天主教徒在重大事件中又屡受羞辱，拥有土地的百分比在 1695 年再减少到 14%，到 1714 年只剩下 7%。

---

① 贬指罗马天主教教皇。——译者注

1660年，查理二世复辟，取代了克伦威尔派的统治。爱尔兰天主教徒也希望他会恢复他们以往的地位。但他极为老谋深算，不愿得罪支持自己登基的新教徒。只是到了查理二世信奉天主教的弟弟詹姆士二世继位时，爱尔兰天主教徒才真正感到他们时来运转的时刻到来了。詹姆士国王在爱尔兰的政府机关中任命天主教徒担任高级官员，由天主教徒占多数的爱尔兰议会通过法案，取消克伦威尔的土地分配方案。但在这个法案得到实施之前，英国和爱尔兰暂时分成了两个王国。

假如人们打开爱尔兰地图，从右向左查看南北分界线，会发现其一端就在伦敦德里的城郊。在将近300年时间里，这座城市是爱尔兰新教徒坚决对抗任何对他们生活方式产生威胁的象征。只要爱尔兰的生活继续由遥远过去的象征所左右，伦敦德里就仍然是其中不可或缺的一个象征。

1688年，就在这座城市，民众从城墙上的告示得知：信奉新教的奥伦治的威廉已经取代信奉天主教的詹姆士二世成为英国国王，落在爱尔兰头上的危机行将结束。危机的第一阶段每年都在这些重大事件的周年纪念日上重新演示。每年的12月7日，伦敦德里的新教徒肩披奥伦治兄弟会绶带，携带其他纪念用具，集会纪念1688年的这一天，该城13名少年学徒采取行动，为奥伦治的威廉拯救了爱尔兰。

事件的经过如下：1688年秋，一个说法在城里流传，称忠于詹姆士二世和反对奥伦治的威廉的天主教徒，准备如同1641年那样对新教徒下手，于是城里的气氛紧张起来。此外，一则消息突然传到伦敦德里：一支新的驻军就要以詹姆士国王的名义进驻该城，取代原先的驻军，而新的驻军是安特里姆勋爵（Lord Antrim）的天主教红腿鹬团（Redshanks）。

虽然市民仍然不得不承认詹姆士是合法国王，但有人指出：在有关屠杀的谣传还在耳边回荡之际，由天主教军队来驻防该城是疯狂之举。另一些人在震惊之余，认为将皇家军队挡在皇家军队驻地之外是不可思议之事。持后一种立场的有伦敦德里新教主教和其他新教头面人物，当然长老会教徒通常对当局保持独立，因此对此事的关注度较低。

不过，该城的正式决定是以惯常的方式接纳这支驻军。突然之间，13 名少年学徒左右了事态的发展，他们在 1688 年 12 月 7 日夺取了伦敦德里城门的钥匙，坚定地将詹姆士国王的军队——安特里姆勋爵的天主教红腿鹬团关在城门之外。

詹姆士的军队对这座城市的围攻直到此后的 1689 年 4 月才开始，战斗起初并不激烈，两个月后才进行了为期 6 个星期的全面激烈交火。詹姆士本人亲自来到城墙跟前，并未调防的新教军队指挥官罗伯特·伦迪中校主张将城市交给詹姆士，但市民接管了他的指挥权。伦迪被迫假扮成普通士兵，肩背一捆烧火的木料逃走。今天伦迪这个名字仍在北爱尔兰被用来指对新教事业不够坚定的新教徒。

在围城战役于 4 月开始后，英国国王威廉派船只运送援军前来解围。但援军抵达福伊尔河后，认为无法抵挡得住对方火力而胆怯地撤离。5 月，更多的船只载运补给物质从英国来到福伊尔河。围城军队在河上设置了一道浮木档栅加以拦阻。援军指挥官认为这样的设防过于令人生畏，足以阻挡他的挺进。

与此同时，城里有 3 万新教徒，包括不少从周围乡村来的居民，都备受饥饿的折磨。本来他们也会成为火炮轰击的目标，但攻城军队只有一门发射 24 磅炮弹的大炮能够对城墙造成破坏。不过，攻城军队有不少迫击炮，击中、损坏了城里的房屋。这座人口拥挤的城市食物匮乏，多雨的夏天又带来了更多的疾病，生活极度困苦。

狗、猫、蜡烛和皮革很快就被人们吃光了。有一个远近皆知的轶闻，说是德里一个长得很胖的市民不得不躲在家里，因为他发现邻居的眼光露出虎视眈眈的意味。当时在这个城市，这可不是什么笑话，好几千人死于饥饿和疾病。但这是一场奇怪的围攻，只在城墙外发生了一两场小小的冲突，唯有一次真正的攻城，但被击退。事实上，围城军队人数居于劣势，训练很差，装备不良。詹姆士的许多士兵手里的武器只是原始的长矛，即没有铁制矛尖的尖木棍。5 月，城里的非作战人员（共有 10 000 人）先后有两次被允许离开。他们得到了詹姆士的宽恕，然后就离去了。

一次，攻城指挥官想出了一个拿下城池的主意：从附近乡村抓来数千名新教徒，驱赶到城墙前的开阔地上，通知守城者：让这些人忍渴挨饿，直到他们投降为止。城里的市民针锋相对，在城墙上竖起绞架，让攻城军队看得清清楚楚，宣布除非释放城下不幸的民众，否则就将绞死天主教战俘。詹姆士二世的指挥官认为上策是将新教徒释放，不过他曾想到至少要让守城者接纳这些人，增加城里挨饿的人数。詹姆士本人并不赞成采用残酷的手段。

伦敦德里大教堂入口处的架子上仍然放置着一枚在 1689 年射入城内的圆形铁制“炸弹”。炸弹的顶部有一个小洞，里面没有炸药，而有一封敦促居民投降的信函。但此信在后来的历史中具有足够的爆炸性，因为守城军民给予的最终回答是“绝不投降”！从此，这个回答成为北爱尔兰新教徒的口号。

1689 年 7 月 28 日，福伊尔河里的英国船只最终鼓起勇气，冲破了浮木档栅。冒着詹姆士二世军队的炮火，英军以巨大的勇气，最终成功突破敌军防御，抵达城墙下面的码头，送来了万分急需的补给品。对伦敦德里的围攻就此结束。

除了“绝不投降”这句口号之外，这次著名的围城战役留下的是极为重要的记忆，至少是留存在新教徒的潜意识之中。这是一种对驶抵福伊尔河英军船队的记忆：英军船队要么放弃德里城，任其听天由命；要么长时间缺乏冲破浮木档栅的勇气。实际上，如果不是英国援军的到达，德里城本来会投降；而且当时城里的一些人已经在进行投降谈判。但后来官方允许留存的历史记载中该城没有投降，此外就是北爱尔兰新教徒意识到：他们需要英国的救援与依靠自己同样重要。在这个意义上，尽管德里围城战役发生在3个世纪之前，它在今天仍在延续。

这场围城战役最终导致了詹姆士二世的彻底失败。1690年，奥伦治的威廉在卡里克弗格斯城堡（Carrickfergus Castle）登陆，取得博伊恩和奥格里姆大捷。1691年，在"老"英国人-盖尔天主教指挥官帕特里克·萨斯菲尔德的率领下，爱尔兰所有天主教军队都在利默里克（Limerick）投降。萨斯菲尔德本人和他的数千名部下被允许流亡，加入路易十四的军队，后被称为"野鹅"。这为新教打败天主教、橙色胜过绿色①奠定了基础。这些仍然存在于今天的北爱尔兰新教徒的记忆之中，因为这是他们认为不可缺少的记忆。

如果你问一个在工余时间在贝尔法斯特街道的墙上描绘精美流行的威廉三世（即奥伦治的威廉）画像的新教工人，他这样做的原因和威廉三世对他有何意义，那么他将会这样答道：威廉三世拯救了像他这样的人，使他们免遭天主教徒的奴役。如果你问他谁是天主教徒，他的回答是：那是些需要得到帮助来加以防范，以免遭其奴役的人；是1641年暴动中的施暴者；是伦敦德里的大门必须向其关闭的人。事实上，正如后来3个多世纪里的重要事件所显示的那样，爱尔兰的大多数人都反对他们。这位新教工人认为有必要继续对其保持警惕。这件事就是这么复杂，同时也是这么简单。

---

① 橙色是奥伦治（Orange）家族和新教的象征颜色，绿色是爱尔兰和天主教的象征颜色。——译者注

最早的爱尔兰民族主义者——全副武装的新教志愿军。

第四章　两个民族?

1979年9月29日，教皇约翰·保罗二世在都柏林凤凰公园发表演讲说："自本宗教信仰之始，爱尔兰就一直与罗马教会休戚相关。"在同一个地点，他在稍晚时候说："在爱尔兰的星期日上午，所有目睹大批参加弥撒的人都不会怀疑爱尔兰对弥撒的热忱。"

无论如何，作为爱尔兰特性主体的罗马天主教，构成了其民族身份不可分割的一部分。教皇本人显然也认定其不可分割性。1937年，共和派拟定的爱尔兰《宪法》中更进一步，不仅确认了这一点，而且还正式承认天主教为大多数国民的宗教。然而，这里出现了一个两难境地：拟定《宪法》的民族主义者同时坚称：整个爱尔兰岛的居民都属于一个"民族"。事实上，大约四分之一的爱尔兰人因为不接受罗马天主教而不愿成为爱尔兰民族的一部分。但这些爱尔兰民族主义者总是视而不见地置这个事实于不顾，好像它与爱尔兰民族毫不相干。

沃尔夫·托恩是最早的爱尔兰民族主义者之一。托恩声称要用"爱尔兰人"（Irishmen）这个通用名称取代天主教徒和新教徒，以此来促成爱尔兰的独立和统一。爱尔兰民族主义者一直反复传诵这句话，似乎它是神圣的信条。但与信条一样，日常生活中还存在着一套不同的信仰。尽管许多著名的新教徒拥护爱尔兰民族主义，但在现代它一直都只是表达了爱尔兰天主教居民的志向。情况也许不应该如此，也许不需要如此，但事态决定了它将会如此。

爱尔兰的宗教改革最终完成后，所有教会建筑都落到了获得胜利的新教教会手中。到19世纪中叶，天主教堂重新开始建造，但有些地方直到 20 世纪才有自己的天主教堂。18 世纪初，天主教徒不得不在教堂废墟的简陋圣坛前或其他荒僻之地举行弥撒，因为他们没有其他地方可去。

韦克斯福德郡一座教堂的墙外有一粗糙的石桌，上面刻有这样的文字：

> 在刑惩时期，该桌用作韦克斯福德教区圣詹姆士教堂的圣坛。1887 年立于圣母升天教堂之地。

在一个宗教盛行的年代，爱尔兰大部分人不得不在他们可以找到的任何地方举行宗教仪式：如果他们幸运的话，可找到城外的简陋建筑，但更为常见的只是一片开阔地。19 世纪中叶的一张拍摄得很清晰的照片，展现了通常的宗教仪式的场景。对于许多 18 世纪的天主教徒来说，情况也一定相差不大。

宗教建筑的缺乏绝非天主教徒独有的不便之处。18 世纪初，在威廉三世获胜之后，英国政府颁布了一系列严苛的法律刑惩在爱尔兰人口中占多数的天主教徒。这些“刑惩法”规定：天主教徒不得担任公职、进入议会，没有选举权，不可参加陆海军或从事法律工作，而对于国家社会的未来更重要的是他们无权购买土地。根据法律，天主教徒租用土地期限甚至不能长于 31 年；而且租约也不可以遗赠。在去世后，天主教徒的土地必须平分给所有孩子；若有一个孩子改宗成为新教徒，那么他将继承家里的所有土地。结果，到了 1751 — 1775 年，爱尔兰天主教徒只拥有 5%的土地。

与普遍存在的推想不同，刑惩法并没有在爱尔兰禁止信奉天主教。但在宗教事务方面，法律条文十分严苛，对天主教教士的行动实行严格的限制。法律规定教区神父只要在政府登记，就可以行使宗教职能。

但只有教区神父享有这个待遇，其他天主教教士：各个正式修会修士（圣奥古斯丁修会、多明我修会）和所有主教和大主教均被法律查禁，遭受被流放的痛苦，其中一些人死去，另一些人转入地下。在理论上，这意味着无法对新教士授圣职，这样爱尔兰天主教会将会消亡。

但爱尔兰天主教会并没有消亡。这是因为刑惩法宗教条款的实施，在实践中远没有理论上那么严厉。当然，修会修士和未登记的教士只能秘密行事。主教和大主教同样也秘密行事，与他们通常的生活方式已经大不相同。政府不时对这些人人尽知的秘密活动进行打击，但在官方的严厉之外，还存在着非官方的宽容。

造成这种局面的原因十分简单：刑惩法宗教条款的严格实施绝无可能。天主教会得到爱尔兰大多数民众的支持，要镇压教会就必须镇压民众。倘若信奉天主教的民众遵守民法，效忠于英、爱两王国的新教继位者，政府较易姑息其违反宗教法律条款的行为。

1731年戈尔韦发生的一件事，清楚地反映出刑惩法宗教条款的实施既不可能，也从未真正做到，颇有喜剧的色彩。戈尔韦有一条街道的街名是奥古斯丁街，原因是街上有一座房屋里住着圣奥古斯丁修会修士。圣奥古斯丁修会是天主教会最重要的正式修会之一。1731年，这条街重新命名为后街，街上仍然有一座房屋里住着圣奥古斯丁修会修士。根据刑惩法，任何派系的天主教修士都不得在爱尔兰存在。（政府称试图制定一部法律，规定修士一旦在爱尔兰被发现，就在脸颊处用火红的烙铁打上印记，如果他们在流放后跑回来，就会被认出并被处决。）那么，1731年这些圣奥古斯丁修会修士愉快地住在戈尔韦城内，到底在干些什么？

这些修士知道他们得到了周围大多数居民的支持。这些居民当然是天主教徒，与今天的情况相同。修士们明白当局即使想要执法，但其执法手段却不怎么到位。事实上，许多具有自由思想的新教徒并不赞成刑惩法中宗教迫害方面的内容。不过，修士们也知道当局必须不断地作出履行职责的尝试。

1731 年 11 月初，戈尔韦市长（当然是新教徒，因为只有新教徒才能担任这个职务）刚刚收到正式指令：采取严厉措施打击所在地方天主教势力的继续存在。于是，市长率领他手下的治安官突袭圣奥古斯丁修会的房屋。但是，正如他遗憾地报告的那样，一个圣奥古斯丁修士都没有抓到。这个时期圣奥古斯丁修会房屋日志的一段记载揭开了事情的真相。确实，“由于迫害行动”，修士在那个星期日没有举行弥撒。但日志还记载道，1731 年 11 月 9 日的支出为：“一瓶给治安官的葡萄酒……1 先令和 1 便士。”

与此同时，治安官在戈尔韦的另一个地方突袭多明我修会的行动，同样也没有抓到任何修士。但他们在其他方面却干得更好。多明我修会日志的一条记载称：“用红葡萄酒招待了负责搜查的治安官……2 先令和 2 便士。”

假如刑惩法确实或能够得到严格实施的话，爱尔兰天主教就会像起初策划的那样，被完全取缔。事实上，天主教会克服了刑惩法造成的困难，不仅加强了教会自身，而且还加强了教会与爱尔兰大多数民众的联合。民众被剥夺了一切政治权利和许多其他权利，视教会为代表自己的组织。教会会聚了民众的能量，而在其他情形下，这些能量可能已经用于政治方面。

爱尔兰大多数民众在不享有任何政治权利的情况下，能够代表他们利益的另一个组织是农业秘密会社及其网络。该组织打出“白种好汉”的旗号，在 18 世纪下半期成为左右乡间局势的强大和残暴的势力。这些农业秘密会社以暴力威胁的方式给农民提供保护，使他们免遭地主和掮客的高租盘剥；同时对违反他们规章的农民采取严厉的纪律制裁，如由农民接手耕种另一个被驱逐农民的土地。尽管农业秘密会社作为爱尔兰社会生活的一支重要力量一直延续到下一个世纪，但其活动范围很少超出农业事务，与政治几乎毫无瓜葛。18 世纪的“白种好汉”们特地强调：他们绝无任何民族主义的政治抱负。

因此，当时的现实是爱尔兰人处于深重的苦难之中，被刑惩法剥夺了政治权利和社会权利，过着被游客们所称的极端贫困的生活，但他们保持对政治范畴之外的组织——天主教会和秘密会社的忠诚。至于中产阶级天主教徒，他们通过经商（法律并不禁止）发家致富，在公共生活中只是强调对英国君主的效忠，希望以此能够继续获取利润，保持安逸的生活。

这样一来，如果说爱尔兰恰恰是在 18 世纪真正强有力的开始谈论民族要求，似乎显得自相矛盾。但这种自相矛盾很容易得到化解：这只是谈论，而不是行动；谈论者不是被剥夺了政治权利的大多数爱尔兰人，而是剥夺他们权利的爱尔兰新教徒。

这些新教徒主要是较晚近时期移居爱尔兰的移民，但也包括少量改宗的原天主教徒和盖尔天主教徒，他们改宗的目的是要得到现实的利益。他们逐渐成为新教权贵，这个称呼不仅表示他们高于大多数人，而且体现在他们自己膨胀的抱负之上。他们追崇卓越和品味，在爱尔兰各地建造了豪华气派的宅邸，至今在都柏林仍然能够吸引人们的眼球。新教权贵为自己打造了一整套精致的文化，不仅反映在他们的豪宅之上，而且也体现在斯威夫特、谢里登（Sheridan）、哥尔斯密（Goldsmith）、伯克（Burke）和其他人的作品之中。以这种文化为基础，新教权贵提出要求：英国要将爱尔兰人视为一个平等的民族。以今天的角度来看，这似乎显得令人费解。而这就是现代爱尔兰民族主义的第一个版本：新教版本。这是殖民者表达的对母国感到不耐烦的一种情绪。他们脱离了原来的根，成长壮大、养尊处优，于是提出这样的要求，其他地方的殖民者亦概莫能外。

19世纪刑惩法时期的露天弥撒——天主教堂仍不敷使用。

农业秘密会社。一场全国性暴动？

爱国者亨利·格拉顿在爱尔兰议会发表言辞激烈的演讲。那么另一个“民族”的地位如何？

目前，历史学家不像以往那样确信：英国议会对爱尔兰贸易的限制，确实严重损害了爱尔兰的繁荣。但能够肯定的是，这种做法确实引起了爱尔兰殖民者的情感困扰和政治不满。从18世纪初，这些殖民者就开始对自己的独特身份感到自豪。在那个世纪的早些时候，都柏林圣帕特里克大教堂的新教教长乔纳森·斯威夫特将自己的新教教友视为爱尔兰人，号召他们除了英国煤之外，烧掉英国的所有东西。由此提出了一个理论：英国议会事实上无权替爱尔兰立法。该理论指出，立法权只能属于爱尔兰议会。

这是一个广受质疑的宪政理论。虽然爱尔兰议会自中世纪起就已存在（由于早年的殖民者利用它来维护自己的利益，所以不得不受到英国议会的压制），但这个机构几乎毫无作用。不过，随着爱尔兰新教徒在18世纪创造了自己的文化，他们也从中发展出了自己的政治诉求。在谈论“新教民族”时，爱尔兰新教徒感到更加振奋，因为他们从美洲的殖民者那里汲取精神独立的素养，而美洲离开母国的距离比爱尔兰要远得多。18世纪70年代，美洲殖民者揭竿而起，对爱尔兰产生了重大影响。新教民族利用英国政府的困境，组建了好几个连的“志愿军”武装力量，名义上，志愿军的任务是在英军到美洲作战时负责保卫爱尔兰的海岸以击退入侵者，但实际上，其作用在于对英国政府发出威胁：如果“民族”关于立法独立的权利得不到承认，那么就要断然采取行动。

爱尔兰议会设在都柏林一座十分壮观的建筑内（现为爱尔兰银行）。“爱国”党的领袖是口才出众的律师亨利·格拉顿。他的地位由于志愿军而得到很大的加强，最终于1782年从英国政府那里获得了一纸《独立宣言》，从书面上取消了英国议会替爱尔兰立法的权利。

从宪法上说，英国与爱尔兰是两个主权独立的王国，但使它们联系紧密的是爱尔兰君王要与英国保持一致。正是这种认同最终使爱尔兰“民族的”独立成为一句空话，因为两个王国的议会制度出于控制授勋和官职任命权的考虑，都没有进行改革。这样，从长时段来看，政府政策由各自议会负责运作，最终由威斯敏斯特的同一群效忠英国君王的大臣掌控。爱尔兰新教徒对议会改革的立场并不像对“独立”那样近乎一致，对天主教徒的解放和赋予他们政治权利的问题，他们同样意见不一，而这些对于新教徒宣布要形成的“民族”是一个必要的基础。事实上，1782年正式问世的“独立的爱尔兰民族”的未来陷入僵局。

然后在1789年，欧洲发生的一个事件——法国革命激化和重构了爱尔兰政治思想。它给所有陷入僵局的社会传递了非同寻常的信息：陷入僵局的社会不一定就等于走投无路，“人民意志”的统治具有现实可能性。这对爱尔兰产生了强烈的情感和思想上的影响。一个以贝尔法斯特长老会教徒为主体的公开的激进组织成立，致力于推进两大目标的实现：议会改革和天主教民族与新教民族的合二为一。这个组织自称为联合爱尔兰人协会。都柏林一个年轻的新教徒沃尔夫·托恩满怀热情地加入了该组织。他撰文提出用共同的称呼——“爱尔兰人”来取代天主教徒和新教徒的称呼。联合爱尔兰人协会在与政府打交道方面毫无建树，只是在动员新教徒推进其目标方面取得了有限的成功。到1796年，协会转入地下，变为一个秘密会社，提出了更加激进的目标，并要用暴力手段加以实现。1796年将发生爱尔兰历史中最有戏剧性的事件和英国经历过的最危险的时刻。

班特里湾位于爱尔兰西南海岸，是一个条件优越的海湾，长26英里，宽7英里，中央部位水深40英寻①。1796年12月21日晚，这个深水港湾里停泊着一支由35艘法国舰船组成的庞大入侵舰队，甲板上运载了数千名刚刚在欧洲打了胜仗的法兰西共和国军人，这是世界上有史以来最出色的革命军队。法军应联合爱尔兰人协会之邀，前来帮助该协会发动一场共和革命。这场革命将会把天主教徒和新教徒在共和国内联合成一个爱尔兰民族。正如沃尔夫·托恩本人所言：“……斩断与英国（始终是造成我们所有政治恶行的源头）的联系，确保我国的独立。”

这是谈论爱尔兰共和国（受法国革命的鼓舞）之始。虽然托恩此时在爱尔兰默默无闻，但他将在去世之后成为最著名的共和派成员。事实上，他竭力说服法国派出远征军，身着法国军服与法军一起来到班特里湾，声称他们离海岸是如此之近，以至于他们可以将一块饼干

① 1英寻＝6英尺——译者注

扔到岸上。

舰队在航行中并不顺利，在海上遇到的风暴将舰队打散，指挥这次远征的杰出年轻司令官奥什（Hoche）将军乘坐的旗舰失踪。在等待无果之后，副司令官决定担负起指挥职责。但由于逆风越刮越大，舰队无法靠岸。这个地区几乎没有任何英国驻军，法军进抵科克及以远地区的通道敞开着。但在强风减弱之前，他们只能等待。

不久，一阵强风袭来，将20艘巨大的船只吹出了海湾，回到了大海。但其余舰船顶住了强风，并试图向前航行，到海湾的顶端去避风。但舰队寸步难行，在8小时内只前移了约50码。此时，强风变成了风暴，天空降下了冻雨和雪花。

虽然法军在海湾里已经待了一个星期，但几乎没有出现对方抵抗的迹象。驻扎在班特里的约400名民军最终鼓起勇气来到岸边，发现眼前的法军是大部队的一支先头部队。海湾顶端一座豪宅的主人组织起当地的义勇军，他因此在事后被封为班特里勋爵。不过，天气拯救了英国。一艘又一艘大船无法坚持下去，只得砍断缆绳，沿海湾而下，退到公海之上，最后退回法国。与法军同行的托恩明白无误地指出：自从西班牙无敌舰队入侵以来，英国还没有像这样躲过一劫。

班特里湾的受挫使联合爱尔兰人协会感到失望，但并没有完全失去信心，因为这次行动至少证明了法国人准备站在自己一边。不久，法国对爱尔兰的又一次远征就在荷兰的特赛尔岛进行装备配置。但是，这个事实促使英国政府极为重视联合爱尔兰人协会的威胁，立即采取军事措施打击这个秘密会社在厄尔斯特长老会教徒和天主教徒中的大本营。军队严查武器和情报的行动大获成功，到1797年底，爱尔兰这个地区的阴谋活动实际上已被粉碎。其中一个较为重要的因素就是协会的许多新教徒以传统的宗派主义方式行事，转投刚刚成立的奥伦治协会门下。

在具有战斗精神的激进贵族爱德华·菲茨杰拉德勋爵的领导下，联合爱尔兰人协会不顾在厄尔斯特遭受的挫折，在都柏林创立了统领整个爱尔兰的全国委员会。该委员会企图发动全国性的暴动，并认为法国会立即提供支援。协会为国内暴动作动员的方法是将本组织与农民的秘密会社网络，特别是被称为“捍卫者”的神秘而普遍建立的组织合并。后者已经在天主教农民中间提出了较为含糊的民族政治思想。

联合爱尔兰人协会在与捍卫者组织的合谋过程中遇到了最为严重的挫折。协会中至少有 3 个告密者担任高层要职，造成巨大的破坏。1798 年 3 月，在一次搜捕行动中整个全国委员会几乎被一网打尽。虽然菲茨杰拉德本人一度逃过了搜捕，但他不久后又被出卖，在被捕时受了致命伤。政府对密谋的规模，尤其是联合爱尔兰人协会与捍卫者组织大量心怀不满的农民之间有联系感到十分震惊，采用前一年在厄尔斯特大获成功的镇压手段，对爱尔兰的中部各郡下手。

为得到更多的有关暴动组织的详细情报，军队采取当时军中的标准惩罚手段——鞭刑进行逼供。由于鞭刑能够制造巨大的恐惧，而这种恐惧能够表明暴动的现实危险，所以我们有必要对鞭刑涉及的野蛮惯例和可怕的细节做一些说明。

1798 年春，在基尔代尔郡的阿塞——第九龙骑兵团司令部所在地，首次架起了三角形鞭刑架，受刑者伸开四肢被绑在架子上，公开受刑。标准的军队内部处刑是鞭笞 500 － 999 次，通常会执行鞭笞 200 － 400 次。因此，人们不难想象军队会如何鞭笞暴动者，以及那些有可能知晓暴动计划的清白人士。实际上，人们并不需要想象，因为证人的第一手记述材料比比皆是，这里就有一份：

军队逼供的方法:“他们被剥光衣服,绑在一个三角形架上,绳子深深地勒入肉里,得不到一丝怜悯。”

1798 年暴动者的复仇。

将暴动者赶下维尼格山,成为爱尔兰民族主义的神话。

> 选择受刑者并不费什么周章，随手拉跟前的一个即可……他们被剥光衣服，绑在一个三角形架上，绳子深深地勒入肉里，得不到一丝怜悯。虽然有人能够坚持到最后也不愿成为告密者，但其他人做不到，只需一个告密者就能摧毁这个城镇的联合爱尔兰人协会组织。

据另一则记述，一个受刑人身上的肉被抽成碎块，央求施行者对自己开枪；另一个受刑者被抽了 100 鞭之后，可怜地喊叫："我是一堆肉馅了。"还有许多身上的肉被一块块地扯下和露出骨头甚至内脏的记述。

逼供的残酷手段不仅仅限于鞭刑。还有一种树脂帽刑，在一个厚纸帽里抹上树脂（或沥青），强压到受刑者的头上，然后就点火；受刑者拼命地想把树脂帽扯掉，但滚烫的树脂已经流入了眼睛。通常受刑者会将颈部以上的头皮全部扯掉。还有"半绞刑"：拉起套在受刑者脖子上的绞索，直到受刑者失去知觉后再把他放下来。有一个名叫赫彭斯托尔的军士，由于习惯于把犯人架在自己的肩膀上施行半绞刑，而获得了"行走绞架"的外号。当然，也有真正的绞刑。

所有这些酷刑当然在获取情报方面取得了毋庸置疑的成功。军队逮捕了数千人，发现了数千处武器库（长矛、火药枪、刀剑、老式短枪和手枪，但大部分是长矛）。当暴动的指令最终下达时，中部的联合爱尔兰人协会处于极度混乱之中。所以，虽然暴动在几个地方取得了成功，但在总体上准备不足，农民遭受大屠杀。军事恐怖的另一个影响是造成了政府地位的不稳。

爱尔兰东南部的韦克斯福德郡不像是一个会深深卷入 1798 年暴动的郡。"捍卫者"的分部已经在那里存在了很久，但直到一年之前，该组织才发现其分布的范围并不十分广泛。它们与联合爱尔兰人协会的联系也不足以令其卷入全国性的密谋。因此，政府在这里派驻的军队很少，当在菲茨杰拉德那里发现一张纸条，标明韦克斯福德港作为法国的备选登陆地点时，政府起初只是对当地的新教义勇军下达搜查武器和获取情报的命令。

此时，韦克斯福德郡的新教徒在对天主教农民的立场上处于宗派主义的分裂之中。因此，他们随即采取行动时，处于无纪律、甚至是野蛮的状态之中。天主教农民已得知在附近郡发生的鞭刑和其他暴行，更加感到恐惧。当政府派遣一个尤为残暴的民军团——北科克民军来增援义勇军时，尽管官方的告示规定了上交武器的14天宽限期，但鞭刑立即开始施行。民军的普通士兵由天主教徒构成，但他们急欲与发动暴动的天主教徒区别开来，所采用的方式就是对他们使用暴力。

韦克斯福德暴动肇始于当地在对酷刑的惊恐之下所作的决断，当时，酷刑在郡内像流行病一样迅速蔓延开来，当地民众已经无法忍受下去。当地的一名教士约翰·墨菲神父在这个事件中负责农民方面的事务，将成为韦克斯福德暴动中的主要人物。这也更能够表明这场农民暴动的地方性质，而非全国性质。

暴动之初，暴动者在乌拉特山的开阔地取得了对北科克民军的重大胜利。有一个事实凸显了难以找到暴动全国性模式的原因：天主教民军请求得到宽恕，但遭到俘获他们的天主教同胞的拒绝。事实上，民军士兵用爱尔兰语发出请求，不过这种语言在韦克斯福德已经无人能够听懂。在这场大捷之后，暴动者向前推进，攻占恩尼斯科西，将城镇的部分建筑付之一炬，然后在附近一处叫做维尼格山的高地设立大本营。

这并不是严格军事意义上的营地，由于附近乡村受到军队的恐吓，成千上万的男人女人无序地汇聚到这里，倾诉遭受的苦难和提出

1926年7月12日庆祝历史上一场胜利的奥伦治游行。（约翰·拉威利爵士画作，他还设计了爱尔兰自由邦的货币）

今日奥伦治日庆典。但为何戴上了硬圆顶礼帽？

1690年博因战役。橙色战胜绿色。

对于北爱尔兰新教徒来说，所需要的是继续前进。

1979年，教皇约翰·保罗二世在爱尔兰说："任何人都不会怀疑爱尔兰对弥撒的热忱……"

18世纪70年代，爱尔兰新教志愿军在都柏林的学院绿地（College Green）。

目标不明的天主教暴动者在维尼格山战役中被击败。

复仇的要求。当时的情景一定能让人大吃一惊。男人们屠宰带上山来的牲畜，用大口铜锅煮肉；人们在演奏从恩尼斯科西新教徒家中抢来的乐器，抢来的物品还有威尔顿地毯和精致的亚麻床单。只有寥寥无几的帐篷，因为大多数人为了躲避进袭的军队，已经习惯于在野外过夜。

天气非常好，这被看作是一个好兆头。据称，直到暴动取得胜利之后才会下雨。在没有缜密的战略或甚至连总指挥是谁都不能确定的情况下，取得胜利的几率实在很难预测。复仇则要容易得多，只是举手之劳。

山的一侧有一座风车，顶上插着一面绿色的旗帜。35 名从恩尼斯科西抓来的新教徒被硬塞在里面。拥挤很快得到了缓解：其中 12 个人被拉了出去，在门前排成一排，暴动者用长矛将他们刺死。暴行引发了以恶制恶的可怕循环。

另一个令人毛骨悚然的复仇事件发生在几天之后，暴动者长期以来一直以法律和秩序的名义施暴。当时，名为斯卡拉伯格的大农场的谷仓关押着新教男人、妇女和儿童。暴动者点燃谷仓，并将那些没有活活烧死者用枪击毙或用矛刺死。这场暴行的死难者多达 200 人。

当然，这样的暴行对暴动者的事业，无论在策略上还是在宣传方面都毫无益处。事实上，对于一个在理论上要将天主教徒和新教徒联合成爱尔兰人同胞的事业而言，这是一种特别恶劣的宣示。但它的确使受到错待的农民暂时有了不错的心情。这种心情也没有受到以下领导层变动的影响：一位温文尔雅的激进新教地主——巴格纳尔·哈维被任命为总司令。哈维是一个真正的联合爱尔兰人协会成员，是该组织资格最老的成员之一。他竭尽全力阻止暴动者的复仇狂热，并试图提出一些不着边际的战略，但都徒劳无功。

斯卡拉伯格事件发生在暴动者遭受首次重大失败之后，当时交战双方进行了殊死的搏斗，争夺新罗斯镇。事实上，这场暴行就是对战场失败的报复。暴动者缺乏成形战略的缺陷可以从其行进路线上得到反映：他们没有从维尼格山直接北上，与中部各郡的暴动者队伍会合，而是向南移动，占据了韦克斯福德镇。这样就给了政府军集结起来对付他们的时间。当暴动者在新罗斯战败之后最终向北行进时，他们为行动迟缓付出了代价，在去都柏林的路上在阿克洛再次遭到惨败。最后，在他们出发不到一个月的时候，在维尼格山的决战中被赶出大本营。

在此后一段时间里，政府军继续滥杀参加暴动的散兵游勇。一位当地的新教牧师估计有5万人在暴动中丧生，其中超过一半被蓄意残忍地杀害。不过，韦克斯福德暴动已经结束，事实上联合爱尔兰人协会的全面暴动也已经结束。虽然联合爱尔兰人协会在厄尔斯特发动暴动时十分勇敢，但传统的宗派主义在南方传来的暴行的刺激下得到了强化。暴动遭到了惨痛的失败，联合爱尔兰人运动本身陷入严重的分裂之中。几个月之后，一支规模不大的法国远征军终于在爱尔兰梅奥郡登陆，甚至在卡斯尔巴取得了最初的胜利。但是，法军可以与之合作的全国性的谋划组织已不复存在，不久之后只得投降。最后，就像要为联合爱尔兰人协会暴动画上句号似的，沃尔夫·托恩本人与另一支法国入侵舰队抵达爱尔兰北部海岸以外的近海，在法军舰队被击败之后被俘。托恩被押到都柏林受审，但在牢房中自杀身亡。

创建了联合爱尔兰人协会的激进政治理论家，以高尚的爱国精神致力于将两个泾渭分明的爱尔兰“民族”联合在一起，但因太低级的组织混乱和偏见而遭到了失败。尽管大部分刑惩法在未能实施的情况下就予以废除，而且天主教徒在1793年就获得了选举权（仍不能进入议会和担任公职），但暴动表明爱尔兰仍然由两个分离的社会所组成。在1798年的惊恐之后，其中的一个社会——新教社会越来越少地考虑新教“民族”的问题，而是更多地开始考虑要成为爱尔兰高人一等的权贵阶层，通过与爱尔兰海英国一侧信奉共同宗教的教徒达成政治上的认同来维护其利益。1800 年的《合并法案》废除了爱尔兰议会，于 1801 年 1 月 1 日将英国和爱尔兰这两个王国“永久地”合并在一起。事实上，当时有许多传统的新教爱国者站在爱尔兰爱国主义的立场上反对这项法案。同时，天主教徒在总体上支持这项法案，其依据是：英爱合并之后的英国新教徒占有多数，他们的宗教宽容能够给自己提供更好的保护，而这些从爱尔兰的新教权贵阶层那里就很难得到。然而，正是双方的自我利益决定了各自的立场，随着英爱合并的确立，大多数新教徒逐渐认识到：保持他们权贵地位的最佳方式就是保持英爱合并的稳固；天主教徒则逐渐认识到，废除英爱合并是推进他们利益的最佳途径。

这样，由爱尔兰新教徒首创的现代爱尔兰民族主义，逐渐为爱尔兰天主教徒所接受，据为己有。如果不是从阶层的角度，而是从个人的角度，不少爱尔兰新教徒支持这种民族主义。其出发点要么是来自善意的同情，要么是来自理想的信念（尤其在 19 世纪上半期），认为两个民族仍然能够共享爱尔兰爱国主义。确实，这种信念始终是新的民族主义运动的既定政策。但它毕竟已经退化为天主教事业（尚拥有某些新教同情者）。这就是教皇约翰·保罗二世在 1979 年访问爱尔兰时，能够不遗余力地将爱尔兰特质与天主教画等号的原因。

这个带领天主教徒最先意识到现代政治权力的人，是一位名叫丹尼尔·奥康内尔的律师。他从英爱合并之初就走在其他天主教徒的前面，以非常规的方式反对英爱合并。不过，在他活跃于政坛之前，有关 1798 年暴动的一个简短后续事件必须有所提及。其原因在于，除了事件本身近乎闹剧的特性之外，其在爱尔兰历史中创造神话的作用更强。这就是 1803 年发生在都柏林的罗伯特·埃米特暴动。

虽然埃米特是一个富有魅力的人物，曾经加入联合爱尔兰人协会，受到先前同事崇高理想的鼓舞，但与其说他发起的是场暴动，倒不如说是街头骚乱。事实上，在面对失败的耻辱时，他更加强烈地要弘扬他的理想，这使埃米特为未来作出了最重要的贡献：被处决前在码头上发表的演讲。

埃米特的计划雄心勃勃：攻占都柏林城堡，以此向全国发出举事的信号。他印制了爱尔兰共和国的宣言，与一伙自1798年就隐藏在威克洛山中的亡命之徒建立了联系，但在他的计划中，只有印制《共和国宣言》（*Proclamation of the Republic*）这一项得到了实施。但当宣言刚刚从印刷所取出来时，军队就到场予以没收。埃米特在都柏林的一个军火库在一个星期前意外爆炸，政府从此保持警觉。

最终，攻打都柏林城堡的日子定在1803年7月23日（星期六）。那天夜里，埃米特原指望能动员2 000人，但到场的只有80人。埃米特本人腰挎佩剑，身先士卒，其他人手操长矛和老式短枪。首席法官基尔沃登勋爵（Lord Kilwarden）此时恰好乘坐马车从这里的街道经过，埃米特队伍里的一部分人跑过来刺死了这位勋爵。这些人的嗜血骚乱令埃米特大为惊愕，这显然与他建立爱尔兰共和国的理想大相径庭。他立即放弃了原有的计划，找地方躲藏起来，但在一个月后被捕、受审和走上刑场。埃米特在码头上发表的演讲，令他在爱尔兰历史上名垂千古。他说道：

> 不要任何人为我写墓志铭……当我的祖国自立于世界民族之林时，到那个时候，而且只有到那个时候，请写我的墓志铭吧。

20世纪爱尔兰民族主义的爱国主义神学，一直集中在探讨（通常带有血腥味）是否是到了为埃米特写墓志铭的时候了。今天的爱尔

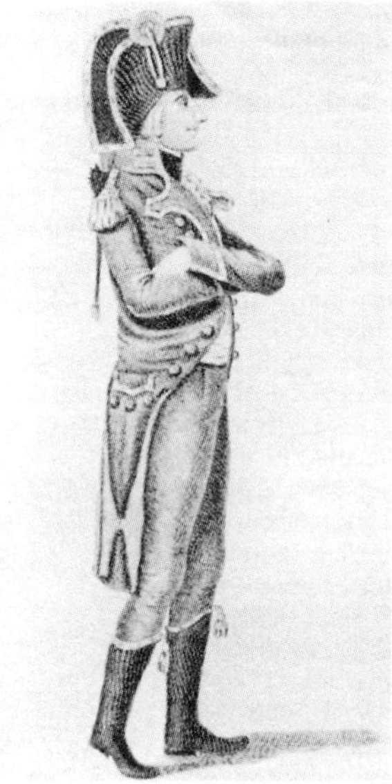

沃尔夫·托恩是最早的共和派之一。这是他1796年在班特里湾身着法军军服。

1798年暴动的首领爱德华·菲茨杰拉德勋爵。与他的军队联系欠佳。

爱德华·菲茨杰拉德勋爵的最后一次受挫。

罗伯特·埃米特领导了 1803 年“闹剧般的”暴动。他的墓志铭是否已经写成?

处决埃米特的现场。后来的一名爱尔兰民族主义者将埃米特的牺牲比作耶稣的牺牲。

兰共和军会毫不迟疑地回答："没有到。"但对于同一个问题，其他许多爱国的爱尔兰人却在半个多世纪里一直作出这样的回答："到了。"这首先要归功于一个人：丹尼尔·奥康内尔。

奥康内尔家宅邸的名称是德里南-艾比，位于爱尔兰西南部凯里郡的偏远荒野之中，就像一个令人追忆的地方。奥康内尔本人也是现代爱尔兰民族主义追忆的对象。他在将力量赋予爱尔兰人方面，达到了空前绝后的程度，埃米特和沃尔夫·托恩肯定不能与他相提并论。奥康内尔儿时在家中栽下的一棵树，作为天主教徒的奥康内尔一家在刑惩法甚嚣尘上的时候也设法予以保护让其存活下来。现在，这棵树仍然巍然屹立。

1798 年暴动给天主教徒留下的教训十分清楚：他们需要政治上的领导。秘密会社过于原始，无法在全国范围内进行有效的运作，甚至是在与联合爱尔兰人协会的政治理论家联手时也是如此。天主教会仍然是天主教徒唯一的代表组织，但它在新教徒占绝对多数的国家里显然对消除天主教徒的苦难无能为力。奥康内尔终结了爱尔兰天主教徒在政治上的无能局面。他将以"解放者"而闻名遐迩，这并不是因为奥康内尔将爱尔兰从英国的统治下解放出来，而是因为他将爱尔兰民族从与政治无关的境地中解放出来。

在短短 20 多年时间里，奥康内尔连续发动了两次大规模的政治运动。第一场是"天主教解放"运动，即消除自刑惩法时代遗留下来的歧视天主教徒的法律。这主要涉及罗马天主教徒有权进入议会的问题。他们此时仍然遭禁，除非以起誓的形式诅咒某些天主教的基本信条。为了天主教解放运动的开展，奥康内尔在卓有才能的中产阶级，特别是在罗马天主教教士的支持下，创建了强大的民众组织。虽然进入议会和担任公职的权利与普通爱尔兰农民几乎毫不相干，但这是爱尔兰所有天主教徒所追求的地位提高的标志。总之，这是战斗口号，

爱尔兰新教民族的乡村宅邸。“在膨胀的抱负之上，他们提出要求：英国要将爱尔兰人视为一个平等的民族。”

要求民众对自己的事务拥有发言权，表示民众有能力确定自己的权利，而不论英国政府会说些什么。

奥康内尔政治组织的基本特点是其广泛的民主基础。他的天主教协会的会费是每月 1 便士，不久协会就收到了大笔会费。该组织带有强烈的教会色彩，但又与最早的政党机器十分相似。在权力的使用方面，天主教协会总是对政府表示怀疑，同时强烈意识到民众狂热的危险，这种狂热在四分之一世纪之前对整个爱尔兰形成了威胁。

由于 1798 年事件的影响，奥康内尔本人生来就对民众暴力感到恐惧，一再对它进行抨击，而不论这样的暴力是出于农业目的还是为了政治目的。与此同时，他由于得到民众的支持，开始习惯于对会场上和游行队伍中纪律严明的民众强调暴力力量，暗示只要是在他的控制下，这种力量将释放得淋漓尽致，可以用来对抗政府。这样，他所控制的暴力变成作为其后盾的力量。而他在大声呼吁要避免威胁的同时，他本人却是在发出威胁。

依靠所建立的组织，奥康内尔推出一名拥护天主教解放的（新教）候选人，参加沃特福德的补选。此前，反天主教解放的托利党地主都在该选区提出自己的候选人，几乎没有受到过什么挑战。这一次，天主教协会第一次证明它的力量超过了对手，佃农（违背其地主的意愿）成群地投票支持那位拥护天主教解放的候选人。这场胜利激励了奥康内尔本人，他亲自出来参加 1828 年在克莱尔郡举行的爱尔兰历史上最著名的一次选举。他得到了同样的强大支持：其支持者在负责人员的率领下列队行进，没有任何扰乱秩序和酗酒的现象发生（这本是爱尔兰选举的一大特点），奥康内尔大获全胜。内政大臣罗伯特·皮尔评论道：选举的胜利“令人惊愕地展现了严肃清醒和孤注一掷的热情”。作为一名天主教徒，奥康内尔虽然获胜也不能进入议会。

奥康内尔在凯里郡德里南的宅邸："……位于偏远荒野之中，就像一个令人追忆的地方。"奥康内尔本人也是现代爱尔兰民族主义者追忆的对象。

奥康内尔在巨型会议上："你能在一英里以外听到，他的声音能经由蜂蜜翩然而至。"

《笨拙周报》对奥康内尔废除英爱合并要求的嘲讽图。但它“以巨人的步伐逼近”。

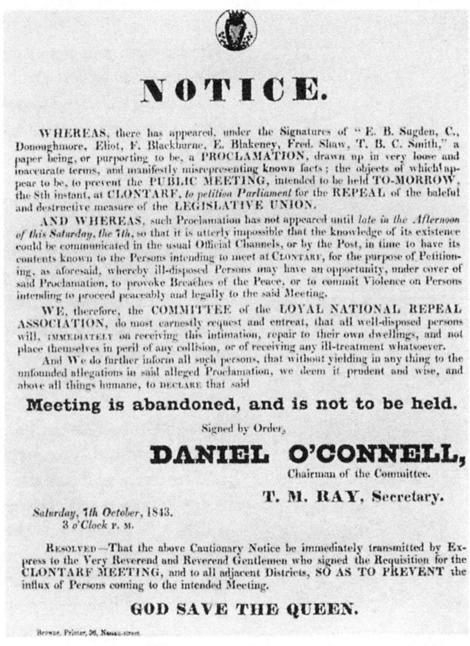

NOTICE.

WHEREAS, there has appeared, under the Signatures of "E. B. Sugden, C., Donoughmore, Eliot, F. Blackburne, E. Blakeney, Fred. Shaw, T. B. C. Smith," a paper being, or purporting to be, a **PROCLAMATION**, drawn up in very loose and inaccurate terms, and manifestly misrepresenting known facts; the objects of which appear to be, to prevent the **PUBLIC MEETING**, intended to be held **TO-MORROW**, the 8th instant, at **CLONTARF**, *to petition Parliament* for the **REPEAL** of the baleful and destructive measure of the **LEGISLATIVE UNION**.

AND WHEREAS, such Proclamation has not appeared until *late in the Afternoon of this Saturday, the 7th*, so that it is utterly impossible that the knowledge of its existence could be communicated in the usual Official Channels, or by the Post, in time to have its contents known to the Persons intending to meet at CLONTARF, for the purpose of Petitioning, as aforesaid, whereby ill-disposed Persons may have an opportunity, under cover of said Proclamation, to provoke Breaches of the Peace, or to commit Violence on Persons intending to proceed peaceably and legally to the said Meeting.

WE, therefore, the **COMMITTEE** of the **LOYAL NATIONAL REPEAL ASSOCIATION**, do most earnestly request and entreat, that all well-disposed persons will, IMMEDIATELY on receiving this intimation, repair to their own dwellings, and not place themselves in peril of any collision, or of receiving any ill-treatment whatsoever.

And We do further inform all such persons, that without yielding in any thing to the unfounded allegations in said alleged Proclamation, we deem it prudent and wise, and above all things humane, to DECLARE that said

Meeting is abandoned, and is not to be held.

Signed by Order,

DANIEL O'CONNELL,
Chairman of the Committee.

T. M. RAY, Secretary.

Saturday, 7th October, 1843.
3 *o'Clock* P. M.

RESOLVED—That the above Cautionary Notice be immediately transmitted by Express to the Very Reverend and Reverend Gentlemen who signed the Requisition for the **CLONTARF MEETING**, and to all adjacent Districts, **SO AS TO PREVENT** the influx of Persons coming to the intended Meeting.

GOD SAVE THE QUEEN.

Browne, Printer, 36, Nassau-street.

奥康内尔遭受的一次挫折，但更加可怕的挫折正在到来。

但当他再次出来竞选并获胜时，在这种令人生畏的富有纪律性的爱尔兰民意显示其影响之前，政府退让了。奥康内尔所取得的实质性胜利，与其说是不久后的《天主教解放法案》，倒不如说是政府的这次退让。他第一次将爱尔兰民意变为英国政治中的一种力量。

19 世纪 40 年代初，奥康内尔在教士的支持下，故伎重演，创建了一个更为强大的类似组织，致力于更为雄心勃勃的事业：即废除《合并法案》，恢复爱尔兰议会，议会由占人口多数的天主教徒主导，取代占人口少数的新教权贵的原有支配地位。在其他方面，奥康内尔要求爱尔兰能够获得格拉顿所主张的地位：两个王国在不分离的情况下建立紧密的伙伴关系，各自拥有独立的立法机关，由具有古老血缘关系的纽带和共同利益联系在一起，以共同尊奉的君主作为其象征。这是一幅玫瑰色的幻想图景，完全没有考虑到现实问题：假如伙伴决定各行其是，那么共同君主本人又作何处理？不过，奥康内尔所主张的力图改变英国看法的立场，正是所有宪政民族主义者在未来所使用的立场。这种立场认为，承认爱尔兰作为一个民族的地位不会鼓励分离而能够抑制和平息要求分离的呼声。根据这个立场，拒绝承认只会导致分离的要求甚嚣尘上。但这并不是奥康内尔所依赖的主要立场。

在举行一系列被称为“巨型会议”的时候，奥康内尔再次动用了大批纪律严明和性情温和的支持者。他们非常自律，但光是其数目形成的气势就能预示出他们在不受约束的情况下有可能的所作所为。其中规模最大的一次于 1843 年 8 月 5 日在皇家塔拉山一带的古代盖尔遗址召开。一群考古学家在其中一个土丘里发现了 4 000 年前的骨骼，在表层草地下面发现了奥康内尔大会所用的木制平台遗迹、陶制烟斗碎片和威士忌酒瓶。一位撰稿人在《民族报》撰文称“毫不夸张”地说，那天到场人数足有 75 万人之多。奥康内尔本人则从不害怕说大话，他将与会人数说成是 150 万人。

奥康内尔的典仪官骑在马上调动巨大的人群、马车、旗帜和其他身着历史服装的人员。那么，在麦克风时代到来之前，他们是如何能够设法让群众听到奥康内尔的讲话呢？一个小农这样谈论奥康内尔的声音："你能在一英里以外听到，他的声音能经由蜂蜜翩然而至。"在这一天，以蜂蜜般的声音，这位解放者宣布："我们身在塔拉君王之地，从这里社会权力、合法政权和统治权力扩展到大地的天涯海角。"（从历史的角度来看，以上说法都是无稽之谈，但以下却不是。）他继续说道：

> 民族运动的强大力量和多数地位从未像这次大会这样令人印象如此深刻。参加今天大会的人数超过了爱尔兰在以往战争年代与和平年代所聚集起来的任何人群的人数。今天的场面不仅宏大壮观，而且令人生畏；不仅会激起自豪感，而且也会制造恐惧感。一步一步地，我们正在逼近废除英爱合并的伟大目标，而且终于是以巨人的步伐向前迈进。

在奥康内尔的领导下，在如此的盛况中，当时的爱尔兰人民确实真真切切地展现出了他们具有成为英国政治中一个巨人的力量。这股力量在后来时常处于蛰伏的状态，但当它一旦醒来就超过了英国政府足以应对的能力。以后所有的爱尔兰民族主义者都从奥康内尔集聚起的力量中汲取力量。但至于废除英爱合并的目标本身，还有很长的路要走。当政府声称巨型会议只不过是虚张声势，并禁止在克隆塔夫举行这样的大会，奥康内尔表示屈服。他与他最亲近的同伴被以阴谋罪判处一年有期徒刑，但这项判决被上院推翻。

假如奥康内尔还活着，而且没有发生一个更为重大的事件来掩去废除英爱合并的事业的风头，那么他领导的这个事业会如何？不过，这是一个毫无用处的推论。奥康内尔死于 1847 年，但在这之前一场巨大的灾难降临到爱尔兰人头上，诸如废除英爱合并这样的政治问题显得无足轻重。这就是 1845－1849 年的大饥荒，大多数爱尔兰人唯一关注的是如何活下去的问题。

对于更长远的未来而言，对此后民族主义发展最重要的不仅是奥康内尔储存和积累的民族主义力量，而且还有他的行为方式。通过这些有组织的宏大的天主教解放和废除英爱合并运动，奥康内尔在教士和民众的支持下，成功地将天主教会与民众的纽带变为政治力量。他本人将罗马天主教和爱尔兰意识汇聚成宏大的民族运动。奥康内尔将两者连接得如此的牢固，以至于笔调讥讽的现代历史学家 J. C. 贝克特（J. C. Beckett）这样写道："此后的晚辈们再没有本事将它们撬开。"

马铃薯的收成根本“没有把握”。颗粒无收。

第五章　大　饥　荒

爱尔兰历史上的任何事件，都不如1845－1849年的大饥荒那样对爱尔兰民族在感情上造成了如此深刻的影响。在爱尔兰人看来，这种经历对于民众的民族意识的影响，甚至可以不亚于德国纳粹的“最后解决”对犹太人民族意识的影响。当然，大饥荒通常很少会被视作英国人制造的对爱尔兰人的一种暴行。毫无疑问，那个年代发生的一切令人很受伤害，为今天的爱尔兰留下了情感上的创伤。不过，人们需要先掌握一些严酷的事实，才能够开始对其进行考察。

第一，“爱尔兰人”到此时已成为包括英格兰人在内的许多民族的混合体。早先英国移民和征服者的血液甚至已经渗入到那些人的血液中，他们的母语是爱尔兰语。

第二，爱尔兰的统治者来自包括爱尔兰人在内的许多民族的混合体。通过联姻，盖尔人的血液已经在似乎最为英国化的上院议员的血管中流淌。

第三，英国人和爱尔兰人之间的纽带，长期以来不仅体现在民族方面，而且也体现在政治方面和行政方面。尽管两者在特性方面存有许多差异，但它们很难被认为是属于“完全不同”的国家。

在形式上，英国政府对爱尔兰人民的关注丝毫不亚于对英国其余地区人民的关注。可惜的是，它实际上对两者的关注都远远不够，尤其是对爱尔兰人民的关注远远不够。

当然，爱尔兰在地理上的距离更为遥远。甚至到了19世纪40年代的新铁路时代，都柏林与伦敦之间的距离仍是至少12小时车船路程。距离的遥远还体现在其他方面：在语言上，一半爱尔兰人说英语以外的语言；在盖尔文化传统和生活方式上，它们尽管没有导致现代民族主义的崛起，但仍然充满活力。

历史和地理因素加强了差异性。除了东北部地区之外，在爱尔兰人口中占多数的天主教徒生活在一个新教国家之中，而且在很大程度上依赖农业维生。更为重要的是，其中大部分人主要依赖一种农作物——马铃薯维持生计。

长期以来，来访的游客一直在谈论爱尔兰农民极度凄惨的生活状况。他们靠小块土地生活，几乎全部谷物收成（有时是全部谷物收成）都不得不出售，用于交纳地租。这样，农民全家只能靠马铃薯维生。在19世纪的最初40年中，由于爱尔兰出现人口爆炸，情况变得越来越危险。据估计，1800年爱尔兰人口约450万人，1841年（第一次举行可靠的人口普查）为800万人。人口的大量增长形成巨大的压力，以至于土地被分割为更小的地块，越来越多的人主要靠田里的马铃薯生活。最穷的农民出卖自己的劳动力，换得一小块土地种植马铃薯。在这样的情况下，一旦马铃薯歉收，其社会后果就不难预测。在19世纪最初的30年里，马铃薯曾多次出现季节性的歉收，所以政府完全知道当马铃薯歉收时会发生什么。1817年的大饥荒，造成了数千人死亡。

1824年，英国政府对爱尔兰的状况进行了一次彻底的调查。议会调查员向一个证人提出这个问题：“展望今后的15年，人口增长但缺乏就业机会的结局会是什么？”回答是：“我不知道。我想到这个问题就会害怕。”

1845年，这种恐惧变为现实。就像许多重大的人祸必然会出现先兆一样，一场天灾显然已迫在眉睫。这个夏天炎热晴朗，但在8月初天气发生突变，降下冻雨，接着电闪雷鸣，暴雨如注。但来自戈尔韦郡和梅奥郡的报道称马铃薯长势“极为茂盛……丰收在望”。《公民报》8月20日写道：“马铃薯的长势与最乐观的农民的期望不谋而合。”然后，在1845年9月11日，该报刊登了这篇报道：

> 马铃薯病害
>
> 我们很遗憾地宣布，在与多名消息灵通的记者联系之后得到的消息是：马铃薯“霍乱”正在爱尔兰，特别是在北部流行。这里有一个例子：人们在星期一在某一地块挖出马铃薯，发现情况达到了有史以来最好的程度；但在星期二在同一个地块挖出马铃薯，发现根茎已全部腐烂，不再适合人或牲畜食用。

对此，人们提出了种种不同的原因：霜冻、东风、月亮、鸟粪，甚至还包括夏季雷暴中闪电的作用等等。其真实原因是一种当时不为人所知的毁灭性真菌疫病（*phytophtbora infestans*），这种真菌在马铃薯枝叶上产生黑色斑块，叶子的表面则产生白色霉点。霉点含有孢子，会通过风、雨和昆虫传播到其他马铃薯植株上。一旦真菌进入马铃薯植株，马铃薯块茎先是边缘发黑，然后内部肉质就会腐烂。

那年夏天，马铃薯病害在英国的严重程度与爱尔兰相当，但没有造成饥荒。与爱尔兰不同的是，英国最穷的阶层也能吃得起马铃薯之外的其他食物，而两地的农作物中只有马铃薯染上病害。而且，人们起初认为爱尔兰至少一部分马铃薯有救。但最终，就像《科克南部报道》所言：

> 许多人所抱有的希望都是一种虚幻。刚挖出的马铃薯看上去很棒，但仔细查看就能发现块茎上布满了小圆斑点，每个都在迅速溃烂。这种马铃薯……在几天之内就会完全烂掉，所以必须尽

快想办法将马铃薯转化为食物。

此事说来容易做起来难。卡洛郡的一则报道称：农民将挖出来看上去完好的马铃薯用火蒸煮，但散发出来的恶臭令人无法忍受。米斯郡的一个小农写道：“我们这里的马铃薯真是糟糕透了。在蒸煮时我尽量闭目掩鼻，只当这些马铃薯个个完好无损。”

到10月的第三个星期，所有信函都传来了爱尔兰各地这种主食歉收的消息。西部的马铃薯病害蔓延最为严重。梅奥郡十分之九的人口以马铃薯为食，寄自那里的信函称那里的状况最为糟糕。一名梅奥郡的教士写道：

> 我十分痛心地告诉你：即使在8天前看上去完好无损的马铃薯也发生了令人可怕的腐烂。这里乡村地区的人们最为绝望：你可以在几乎每个人的脸上都看到沮丧和泪水。

该报的要闻专栏发出了合乎时宜的警示：

> 所有其他的情感必须让位于压倒一切的责任，即避免饥荒的爆发，此事目前正在对本国最贫穷的阶级形成威胁……如果继续拖延下去，不向政府要求采取保护人民生命的积极措施，这就是犯罪。

此时任英国首相的是罗伯特·皮尔爵士。他批阅来自爱尔兰的报告，注意到一个现象：爱尔兰人总是喜欢夸大其词。据说他真是带有酷似棺材盖上黄铜铭牌那样的笑容。但是，皮尔是一位具有责任心的首相，深知（根据政府的资讯来源）即使在正常年景下，爱尔兰的四分之一人口每年总有一段时间处于半饥饿状态，认识到此时的形势“令人担忧”。

从9月起，皮尔下令当地警察每星期汇报一次马铃薯的收成情况。10月中旬，他又任命了一个政府科学委员会进行调查。委员会的报告带有沉重的语气，感到束手无策，只能提出许多保存马铃薯的费力而无效（在我们今天看来）的方法。当时还存有一种希望——1845年的大丰收将能够提供充足的质量达标的马铃薯，从而避免灾难的发生。但11月来自利默里克郡的报告以及诸如此类的报告扑灭了这种希望：

> 尽管人们使用了所有的预防措施：细心地将完好的马铃薯与受真菌感染的马铃薯分开；在马铃薯地窖的侧面开出大洞导入空气；保持遮盖地窖材料的干燥，但是他们每次到地窖巡查时就发现腐烂现象，而这些马铃薯仅在几天之前还是好好的……如果不能采取有效的措施，天知道这场巨大的恐慌会何时结束。

1845年11月，都柏林大主教默里博士（Dr. Murray）号召所有的天主教徒祈求“上帝慈悲为怀，驱除正在压向我们的灾难”。祷告词“在苦难时分”（*pro quacumque tribulatione*）添加到弥撒仪式之中。

到1846年2月，马铃薯病害传播到爱尔兰的所有各郡，四分之三的马铃薯收成都已毁损。在爱尔兰与贫困同时发生的斑疹伤寒症在科克、基尔代尔和其他郡爆发，到3月初，加上腹泻和痢疾的流行，全国32个郡中有25个郡出现流行病。

不过，到此时还没有人死于饥饿。但应当做些什么呢？丹尼尔·奥康内尔在下院慷慨陈词：

英国下院废除《谷物法》，但对饥饿中的爱尔兰毫无用处。

“爱尔兰三分之一人口完全靠马铃薯为食。”梅奥郡的比例为十分之九。

> 人民不应受到指责！将这场灾难强加给人民是为了讨上帝的欢心。在座各位的责任就是竭尽全力缓解这场灾难……大饥荒正在逼近，热症正在降临，本院应当掌握政府遏止灾难的大权。

除了委员会提交的多份报告之外，罗伯特·皮尔爵士在1845年11月的确采取了3项重大措施：

第一，他下令由政府出面，从美国订购大批玉米，运到爱尔兰，在政府的粮仓低价销售。

第二，他任命一名救济专员前往都柏林。其部分职责是管理那些玉米仓库，更重要的职责是与各地地主和其他居民组成的委员会进行协调与合作。这些委员会已在爱尔兰各地建立，不是通过提供低价食物，而是通过兴建公共工程的方式提供就业机会，这样人们可以以此来获得报酬购买口粮，缓解灾难造成的痛苦。政府通过救济委员会，对各地委员会自行筹募的捐款提供配套现金，起初的配套比例是三分之二，后来提高到100%。政府工程局与各地委员会进行合作，安排筑路等公共工程，提供就业机会。

皮尔的第三项措施是取消所有输入英国和爱尔兰的保护性粮食进口关税，以降低面包价格。换言之，皮尔政府取消了所谓的“谷物法”。对于英国而言，这是一项重大的举措。但降低爱尔兰面包价格，对于爱尔兰人来说几乎毫无用处。爱尔兰三分之一的人口——受到即将到来的饥荒打击最重的那些人，不管如何降价，也根本买不起面包。这就是他们靠马铃薯过活的原因。而且，按照当时的标准，皮尔的措施颇具空想的色彩。

当时的标准并不是基督教公开宣称的对于穷人和需要帮助者在慈善和无私慷慨方面的美德标准，而是另一些被称为“政治经济”的宗教原则。毫无疑问，政府所有对付大饥荒的政策基础就是这些不可动摇的、严格遵循的经济信仰。其中最重要的政治经济原则坚持认为：国家对供求市场力量的干预要保持在绝对的最低水平上。因为一旦干预，市场供给的自然流动就会陷入危险的境地。

国家不能向国民提供食品，其原因在于这样做的结果会压低市场价格，继而导致商人停止向市场投放食品——这是饥荒发生时最需要避免出现的情况。这个原则的缺陷是假定穷人在市场上有购买力。

这些政治经济原则的坚定捍卫者是负责救济举措的官员、时任财政部首席次官的查尔斯·屈威廉。这位英国政府公务员不久将在幕后执掌独裁者般的生杀大权。屈威廉当时年近 40，精明强干、颇有教养，曾被指定大声朗读《圣经》的章节，声音洪亮动听。

此时，屈威廉密切注视政治经济原则的遵守情况。他的上司——皮尔首相通过将政府粮食输入爱尔兰，正在扭曲这些原则。但皮尔在这样做的时候，首先他精心选择进口粮食的种类，确保其在未来不会扰乱爱尔兰的市场。其次，进口的粮食不是作为提供给快要饿死的人们的食物，而是作为温和的经济杠杆（这在今天看来简直难以想象）。政府只有在认为大众粮食市场的价格涨得过高时才会明智而审慎地在政府粮仓发售玉米。因此，尽管从 1846 年 1 月底起，科克的政府粮仓已经储有玉米，当地的穷人几乎已经断粮，但直到两个月之后，政府才首次发售玉米，并几乎引发了一场意料中的暴乱。甚至到这个时候，强大的粮食需求被用作暂停卖粮的依据，认为夏季的粮食需求会更大，为此必须留足粮食。

此时是在 1846 年 4 月。直到一个月之后，在 5 月中旬，政府才下令爱尔兰各地的粮仓开仓售粮。穷人已经陷入绝境。运载面粉、玉米、小麦或大麦的车辆在运往市场或出口码头的路上受到袭掠。偷羊的案件急剧增加。

对出现这种无序状态的担心已存在很长的时间。事实上，在

1845年末和1846年初，英国舆论普遍关注大饥荒对财产造成的危险，而不是对挨饿者的危险。有议员已经在下院提出了“强制镇压”议案，要求采取专门的维持治安的举措，包括实行宵禁和对违反宵禁法者处以15年流放等。

但爱尔兰急需处理的事情完全不同。1846年4月15日的《公民报》称：

> 克朗梅尔的面粉厂受到多次攻击。攻击者都是些皮包骨头的人，饿得双目深陷眼眶之中，好像是刚刚从裹尸布中爬出来似的。他们大声喊叫再也受不了极端痛苦的折磨，必须要得到他们的食物……当夏天到来时，我们进入了难熬的阶段……随着时光的流逝，全国性的灾难愈演愈烈。

问题在于政府救济行动的另一项举措进展十分迟缓。根据这项举措，救济委员会向当地委员会提供经费资助，通过公共工程提供就业，灾民以此获得收入，用于购买救济委员会提供的低价粮食。委员会召开专门的地方会议，提出诸如筑路之类的公共工程，确定拨款额，然后提交工程局审批。通常在工程上马之前，漫长的官僚审批程序会造成工程的耽搁。

当一艘满载面粉和玉米的船只从利默里克行驶到克莱尔的途中靠近史密斯岛的地方，被14名武装分子拦截，控制了6个小时，抢走100袋面粉和20袋玉米。当地报纸《利默里克纪事报》作了如下评论：

> 这些人在政府每隔一天就重申有关公共工程上马的言辞下，保持了缄默；但在近期看不到这种救济下达的情况下，我担心他们会再次犯事。

济贫院已爆满。“我们就要饿死了！我们要吃的！”

自行解决问题，“从此开始，在批准公共工程方面，保持安静！”

总之，除马铃薯以外的各种果腹之物都不缺乏，因为除了马铃薯以外的其他农作物的收成都不错。大量的食品仍在出口，同时更多的食品正在输入之中。除了玉米，几乎是其 4 倍之多的小麦也在输入爱尔兰。但问题是挨饿的灾民得不到这些粮食。

屈威廉的主要担心在于这批低价玉米不只会到因马铃薯歉收而受灾的灾民手里，而且会被那些在秋收前口粮紧张的农民占用，而后者的困难在爱尔兰属于正常现象。于是，他作出了苛严的决定。“不分对象的粮食销售，”他以古怪的逻辑写道，“已经将整个国家的人口搬到了粮仓门口。我们不否认贫困确实普遍存在，其人数已超过粮仓的应付能力。因此，粮仓必须尽快关闭。”换言之，在期望 1846 年能有一个马铃薯丰收的同时，穷人必须依靠从公共工程获得的收入到公开市场上解决口粮问题。

到 1846 年 8 月，约 14 万人受雇于公共工程。这意味着他们连同家属约 70 万人得到了某种口粮供给。但爱尔兰完全依靠马铃薯过活的人口远超 200 万人。这样，其他约 150 万人怎样才能活下去呢?

爱尔兰济贫院的容纳规模约为 10 万人。根据法律，济贫院不得接济院外人员。而且，济贫院管理机构刻意严加管理院内事务，以阻止乞丐混入。即便如此，济贫院在 1846 年夏迅速满员。由于济贫院只能接济 10 万人，那么这 150 万人中的大部分人又如何撑下去呢?

政府的一贯立场是：救济爱尔兰贫民的责任必须主要由爱尔兰地主承担。这主要是基于道义的立场，因为地主的富足生活主要来自佃农交纳的地租。但地主的行为方式千差万别。在许多地区，他们在当地的委员会中发挥最积极的作用。1846 年夏，地方委员会的数目超过 600 个。有时，地主还对个别佃农提供专门的帮助，免除或部分免除地租，允许他们食用本应交上来的租粮。有时，地主开办自己的赈济工程项目，而不去坐等政府的公共工程项目。据报道，蒂珀雷里郡的鲍尔夫人（Mrs. Power）收购镇上的所有面包和肉类食品，分发给她本人地产上居住的所有居民。

另一些地主则在当地委员会的救济工作中出手吝啬，还有地主干脆不参加此类行动，甚至将那些无力交租的佃农驱离，任其饿死。《公民报》的一位记者记载了戈尔韦郡的一起驱逐佃农事件：

> 这是我看到的最为骇人听闻的场面：女人们，不分年轻或年老的，都在拼命地来回奔跑，从废墟中取回一点自己的东西。尖叫的孩子和痛哭的母亲被从家里和栖身处赶走……起初，只有屋顶和部分墙壁被推倒。那个星期五的夜里，这些可怜的人在墙壁上斜撑上几根木柱，再盖上茅草，以此作为过夜的地方。但此事在第二天被发现，政府派出执法警察，带着强拆令状，将残存的墙壁完全毁掉，不让贫民在废墟中有任何容身之地。

很显然，将大部分因马铃薯歉收陷入赤贫的人们的命运交由地主掌握，具有极大的风险。然而，这恰恰是政府正在做的事情：关闭仍然存有粮食的粮仓，不再为销售一空的粮仓购入玉米。而且，屈威廉继续对 1846 年夏末的丰收抱有期望，此时关注的是财政部的全部运作支出，因此开始结束公共工程项目。

在英国，以约翰·罗素勋爵为首相的新政府于 1846 年 6 月取代了皮尔政府。屈威廉在新政府上任的第一个星期就作出了一项引人注目的决定：回绝一船运往爱尔兰的玉米。他的正式行文如下："索希尔号的货物不再需要；货主必须以其认为合适的方式处理该船货物。"

几个星期之后，有迹象开始显示新的一年的收成同样会很糟。屈威廉却致函确认全面停止救济行动的决定：

> 避免人民习惯于依赖政府的唯一途径就是停止（救济）行动。新的收成的不确定性，使得这个做法更为必要……无论以后将采取什么行动，这些救济行动应当立即停止，否则就要冒很大的风险：使所有私有企业陷入瘫痪，使整个国家在许多年里成为负担。

《1800 年合并法案》的全部理论依据就是英爱两国从此以后无论境况如何都将永远地联系在一起。假如不是这样，假如爱尔兰会在许多年里成为英国的“烦恼”，那么爱尔兰在政治上为自己的未来进行筹划也是可以容忍之举。但在此时，政治上的想法越来越让位于如何生存的考虑。新的收成并不存在“不确定性”，颗粒无收将很快就成为铁板钉钉的事实。

一位家境中等的新教绅士农场主未受 1845 年歉收的影响，此时在女王郡靠近卡德镇的 100 英亩山地种植马铃薯，作为一项商业投资。他描述了 1846 年将面临的马铃薯绝收的局面：

> 8 月 1 日，我十分震惊地听到一个谣传，称本地区所有马铃薯田都会绝收；腐烂的块茎已经散发出恶臭。我立刻起身去看我的庄稼，以验证这个传言的真伪。但我发现马铃薯与以往一样长势喜人，块茎纵横交错，预示着好的收成……当从山上下来时，我在山下的田里看到……许多马铃薯的叶子已经枯萎，一股奇特的恶臭……弥漫在田间。

5 天之后，他再次上山。展现在他面前的是真菌疫病的黑斑：

> 我的感觉可以想象。在看到庄稼之前，我闻到了可怕的恶

> 臭……除了气味之外，硕大的块茎上没有可以看出来的变化，看上去似乎依然长势不错。但过去几天的经验告诉我，所有的一切都完了，庄稼已经分文不值……硕大的块茎很快会枯萎，叶子会落光，病菌会深入到块茎之内，长势如此茂盛的马铃薯腐烂后散发出的恶臭将会难以忍受。

对他而言，这意味着数千英镑的损失。对成千上万的贫民及其家人而言，这意味着他们的生命已经陷入险境。

仅仅一个星期之后，约翰·罗素勋爵在下院宣布了新的一年中屈威廉爱尔兰政策的第一部分。他的语气十分固执："我们不会提议，"首相说，"干预玉米和其他粮食输往爱尔兰的日常模式。"

这个过程将由市场力量控制。财政大臣查尔斯·伍德爵士更加直言不讳地说："我们根本没有为爱尔兰人进口粮食的打算。"

不过，政府不得不推出一些举措。屈威廉已经停止了上一个年度的公共工程计划，此时决定重作安排。政府要求当地的地主与政府共同承担工程的支出，由地方支付大部分工程费用。政府在地方筹集到足够的款项后，以贷款的方式拨款，收取利息；同时，政府也向西部最贫困地区提供补贴。总的来看，按当时的标准，这样的政府行为应当属于慷慨之举。

但是，情况的发展很快就令屈威廉按当时标准的有序计划难以招架。新公共工程的组织安排需要许多个星期，加上官僚的严格监督和延搁，梅奥、蒂珀雷里和斯莱戈等郡的农民，数百人一群，带着锹铲，到镇上或地主的宅邸乞求雇用机会。通常，他们的行动都十分平和。当数千人来到斯莱戈侯爵（Marquis of Sligo）位于韦斯特波特（Westport）的府邸进行请愿时，他们都小心翼翼地避免踩着侯爵家的草坪。尽管侯爵不能为他们提供工作，但告诉他们不会逼他们交租，以示善意。

戈尔韦郡和沃特福德郡的邓加文发生了抢粮骚乱；而在马洛，男人和女人们爬上济贫院的墙头高呼："我们要吃的！我们要饿死了！"

1846年10月7日《公民报》问道："为什么公共工程的启动一拖再拖?"一个星期之后，该报的通栏标题是："就业之延搁——谁之过?"目击证人叙述了灾民的惨状，以西部地区尤甚，每天都有很多这样的报道。一位治安法官写道：

> 看到如此众多的同胞行将死去，心如刀绞。即使是公共工程启动了，许许多多的人已经无力劳动，他们根本没有食物充饥。我看到成百上千的妇女儿童在收割过的田里来回搜索，希望能找到马铃薯的残块。

屈威廉在阅读了这些报告之后，仍然不愿意调整他的计划，也不愿由政府购买玉米运到爱尔兰低价销售。提供粮食的决定直到1846年圣诞节才作出，但已经为时过晚。由于只有26 000人从10月起受雇于公共工程，第一批饿毙者的名单开始上报：科克郡的卡斯尔海文2人、麦克鲁姆1人；戈尔韦郡的巴利卡斯尔1人。在卡斯尔海文，人们"由于精疲力尽而倒在街上"。

公共工程正在逐步开工，大部分是筑路项目，一部分是有用的，但大多完全没有必要。还有一些公共工程是削低山头或填平谷壑。屈威廉严格规定，任何地主或农民均不得从中获利。因此，不许进行农业改良，也不许用公款改种其他作物，如以大麦取代马铃薯。一位西部的乡绅写道：

> ……断断续续地建造那些用不着的规模宏大的高质量公路工

“这是我看到的最为骇人听闻的场面：……尖叫的孩子和痛哭的母亲被从家里和栖身处赶走。”

粥棚和政府终于决定分发免费粮食。

程、在一年中不适宜的季节开始修筑不必要的新公路，其中的许多公路，甚至是大部分公路对于目前和未来的本郡都完全没有用处。这些是包括本人在内的许多人的看法。我们很难理解政府应对灾难的反常做法。

一种十分普遍的不满是，为了符合所谓的政治经济规律，公共工程的工资水平被压低，需低于劳动力市场的正常工资水平，以免损害这个市场（实际上普通的劳动力市场已经消失）。对于这些不满，伦敦的《泰晤士报》予以反驳：

这就是一个试图通过必不可少的、但成果不佳的善举来缓解巨大的苦难和满足相应需要的政府所得到的感谢……这是一个老问题，是一种旧病复发。这是民族性格、民族性的莽撞和民族惰性的体现。

比低工资更糟糕的是，由于官僚主义的延误，工资常常发不下来。在斯基伯林，筑路工人由于饥饿感到衰弱、精疲力竭，已经有两个星期没有领到工资。

10 月 11 日星期日的早晨，一名参加筑路公共工程的劳工杰里迈亚·赫加蒂（Jeremiah Hegarty）倒毙在斯基伯林城外的路上。验尸官发现赫加蒂的死因“系死前多日缺乏足够的食物，而缺乏食物乃公共工程未能发薪所致……在他死前有 8 天未能领薪”。

在几个星期之内，数百人将跟随他而去。梅奥郡霍利芒特的教区牧师詹姆斯·麦克黑尔不久之后写道：

我很遗憾地说，每天都有数不尽的人饿死；社会纽带几乎荡然无存……那些吃饱喝足的官员……在令人心痛的悲惨场景中销声匿迹，不知所踪，好像此事与他们无关——我以人性的名义问他们：是不是这种社会状况还要延续下去？谁要对这些弥天大罪负责？

毫无疑问，英国政府应当对此负责。1846 年 11 月 2 日的《科克纪事报》提出了一个无法回答的政治命题：

当谈到英国的力量、海军、黄金、资源，当然还有那些睿智的政客时，显而易见的事实是：英国不能避免自己怀中的孩子饿死。也许爱尔兰人确实还没有高贵到成为大英帝国大家庭的一员，他们也许被视为外国人。但女王在加冕仪式上发誓要保护和护卫她的臣民时，并没有追溯那神圣盟约中是否有将爱尔兰列为例外的文字。那么，当财政部仍有金钱、女王甚至还有宝石之时，如何能听任忍耐已久的臣民成为饿殍？

据称，每天都有“满车”的灾民抵达科克郡米德尔顿的济贫院。10 月，抵达的人数翻了一番。11 月底，约 5 000 人袭击了凯里郡利斯托尔的济贫院，高呼“要么给面包、要么就见血”。一个目击者评论道：

这些人衣不遮体、面色苍白，表明饥荒已经对他们的健康和精力造成了巨大损害。只有天知道这种状况何时结束，因为我们甚至恐怕未能看清等待不幸人们的苦难是何时开始的。

虽然到 1846 年圣诞节时，爱尔兰各郡受雇于公共工程的劳工有

40万人（比3个月前增加了15倍），地方委员会不断地将贫民列入领取工票的名单，但负责当地工程的政府官员却不能将工票发给他们。梅奥郡爱兰德迪、卡斯尔巴委员会的名单上有500人左右，但只发了13张工票。当地的教区牧师理查德·亨利写道：

> 一群群走路蹒跚的饥民围在我的住所周围，讲述可怕的悲惨经历，令我感到痛苦和震惊……每天围在我的住所周围的人中还包括已由委员会批准列入名单、但凯里（Carey）上尉拒绝发给工票的劳工……特别是在上个星期五，在委员会会议的前一天，他们蜂拥而至，乞求我进行干预。当……我被迫告诉他们我已经尽力而为；这并不取决于我或委员会，而一旦工票被拒，我无法给予任何实质性的希望时，这些受苦的、年老的人们眼中流出痛苦的泪水和深深的失望，这验证了他们遭受的苦难。现在即使将工作机会给他们，恐怕其中很多人已经做不动了。他们的体力衰弱，精神和希望破灭，也无法前往国外。他们会在小木屋里忍受苦难，可能在无人知晓的情况下死去，没有留下任何记载，再没有人记得起他们。

即使是那些拿到工票、在公共工程中领取报酬的人，由于屈威廉迟迟不愿订购更多的玉米，所以需要等上许多个星期才能从政府粮仓买到低价粮。但在西海岸，比如科克郡，那里的粮仓还有上一年留下的存粮，而当地的饥荒发生得很早也很严重，所以当地的一些救济官员抗命，批出少量粮食面向饥民销售。救济总监伦道夫·劳思爵士贯彻屈威廉的指示，对这些官员“有损市场力量”的做法大加申斥，下令他们立即关闭粮仓。官员们似乎认为人们在获取粮食方面做得不够，而爱尔兰肯定还有粮食。

劳思写道："你会发现没有任何地方糟糕到找不到任何食物可食用的地步，我们必须强迫人们去食用这些食物……让人们承受一些压力的时候到了。"

《泰晤士报》以及英国有些人仍然认为爱尔兰人像往常一样夸大其词。为验证爱尔兰的形势，政府于 1846 年 12 月派遣粮食部门的一名官员前往斯基伯林调查。他发现在此前的 3 个星期里，仅仅在那个小镇就有 169 人饿死。他在报告中作了详细的记述：

> 12 月 20 日，一名青年妇女在科克街上乞讨时瘫倒在地，起初她既不能动也不能说话。人们在给了她一些"恢复剂"并送她回自己的小屋后，她告诉帮助自己的人说，她的父母都在过去的两个星期里去世。同时，她要人们看小屋角落的肮脏的草堆，明显是遮盖了底下的一些物体。在取走遮盖的茅草之后，人们看到了可怕的场面：两具已经长大的男孩的残缺不全的尸体，其中很大一部分躯体已经被老鼠吃掉，剩余部分正在腐烂。尸体放在这里已经有一个星期或者两个星期之久。

在离斯基伯林不远的巴利德霍布，死者过多，以至于"棺材只够半数死者下葬使用……因此在许多地方，死者只用稻草包裹起来。格林的救济委员会甚至设计了一种底板可抽掉的棺材……"

不久，新教牧师 F. F. 特雷尔就描述了他在科克郡班特里看到的这种所谓的"活动板式棺材"：

> ……底板的一侧以铰链相连，一侧由挂钩固定。人们用这种棺材将贫民的尸体运到一个大坑状的坟墓，把尸体放入坑中。我看到的那个大坑就在路边上……但是，我听说这个地区的大部分

> 死者被运去安葬时并不用棺材，而只是套上破布烂衫而已。有时，连破布烂衫也会从尸体上除掉，留给仍然活着的人遮体。

这些“仍然活着的人”情况如何？来自克朗梅尔的这份报告作了清楚的描述：

> 唉！贫困和悲惨写在吾民凄惨面容之上。其灵魂尽为悲痛、苦难和沉默所占据，感情迟钝、思绪混乱、精神萎靡。完全为饥饿所击垮，其形了无生气、恰似鬼魂。

“思绪混乱”和“精神萎靡”都是一种热病——斑疹伤寒的症状，它连同另一种热病——间歇性发热（均由虱子传染）在爱尔兰各地蔓延。事实上，斑疹伤寒（*typhus*）是一个希腊语单词，意思是“糊涂”，而大脑混乱是这种疾病的典型症状。

一位治安法官在写给威灵顿公爵（Duke of Wellington）的信中记述了他进入一间小屋时看到的情景：

> ……6个可怕的骷髅状的饥民似乎没有生命的迹象，龟缩在角落的脏草堆里。他们身上仅有一些破布烂衫，瘦弱的双腿大部分裸露在外。我走近他们，听到一声呻吟，知道他们还活着，但都在发烧：4个儿童、一个女人和一个（曾经是的）男子汉。

热病很快在全国流行，整个1847年都没有缓解下来，甚至在营养状况相对较好的贝尔法斯特和都柏林都是如此。热病大流行的原因在这种疾病的俗称上可以看出一些端倪：“路热病”。这种热病由西部流行病区逃出来的人们沿路传染出来。1847年，科克郡的一位目击证人作了这样的记述：

> 一群群饥民从乡村拥入城镇，占据了门厅或是公共建筑的外侧，铺上一点草就待在那里，直到死去。这样，疾病也蔓延到了城镇。目前，超过 400 人染上了热病和痢疾。坟场的入口在主街的中央，有好几次入口的大门关上了，那些前来安葬他们朋友尸体的人，就把棺材靠在墙上，径自而去。

从科克郡的麦克鲁姆，一个记者发来如下报道：

> 在这座疫病流行的城镇及其辐射出去的主要道路边上，都设有热病医院，有着高高的蓝色拱顶。不同年龄段的人在城镇的各个角落纷纷倒毙，尸体被耗子撕咬，处理时十分困难。

随着热病的流行，饥荒的影响不可避免地会扩大到社会上层。教士和医生的病死率特别高，因为他们直接接触到那些即将死去的病人和尸体。但上等阶级成员至少会在床上去世，其家人至少能体面地将他们安葬。

一位牧师提交的报告说 6 个月前，他的教区的居民约 3 000 人，但此时有超过 500 人死去，其中四分之三在入葬时没有棺材。

> 他们被用木板和梯子、更多的是用箩筐运到教堂的院子里，好几十个一起扔在近处的沟壑边上，成为饥肠辘辘的群狗的食物。

在充斥着各种各样可怕的和悲剧性的细节的报纸报道中，有这么一条发自科克郡的报道：

走出死亡噩梦的途径：移民。

“移民船只上的条件与爱尔兰一样骇人听闻。”会有三分之二以上的人安全到达吗？

> 一个乡下人看上去精神有些不正常，走进一个商店。一个很体面的妇女接待了他，这个人向她讨钱，但没有要到。于是，他从衣服里面捧出一具小孩的尸体，放在柜台上，称他买不起棺材，说完就夺路而逃。

恐惧接踵而至，死亡人数剧增。英国人的良心受到很大的困扰，已经设立了两个慈善项目，在爱尔兰设立免费施粥棚，并向地方委员会提供财政资助。其中一个项目的主办者是友谊会（Society of Friends）、贵格会和专门为此目的组建的不列颠协会。不列颠协会吸引了英国的许多名人参加。维多利亚女王本人捐出了 2 000 英镑（约相当于今天的近 10 万英镑）。但实际责任由政府承担，而政府责任奉行的原则首先并不包含怜悯。1846 年 12 月底，屈威廉最终下令玉米仓库开仓售粮，但价格定在市场价格之上再加 5 便士。甚至连对他言听计从的救济总监伦道夫·劳思爵士也要求把价格调低。但屈威廉的答复是："我已经重复了一百次，假如我将价格调低，整个国家都会扑向我们。"至于对处理饥荒方面的实际作为，他写道：

> 假如爱尔兰人在任何情况下发现他们获得了政府的无偿拨款的话，那么我们就将需要建立世界上前所未闻的乞讨制度。

但是，这样的制度实际上已经存在。到 1847 年 3 月，爱尔兰公共工程雇用的劳工人数达到了令人瞠目的 728 000 人，当然低工资和恶劣的劳动条件给这种救济的真实意义打上了问号。

在冬季的恶劣条件下，数千名劳工在爱尔兰各地的公共工程现场死去。一名天主教教士记述了当时的情形：

> 一支又一支送葬队伍向不同的方向进发，星期天参加宗教仪式的会众减少了一半。教堂院子里的地像刚刚犁过一样，看不到绿草地了。不时有几个憔悴的人影在那里晃动，抬来更加不幸的亲友的尸体……所有阶级都受到这场灾难的惨重打击，但受打击最重的是那些在公共工程劳动的人，尤其是那些年老体衰的老爷爷、老奶奶们，衣不遮体、食不果腹，忍受冬寒的折磨。实际上，这些老人们几乎都没有能够熬下来。作为本地区救济委员会的秘书，我有充分的机会看到救济制度……对这些可怜人们的可怕影响，还能够举出很多这样的例子：人们要在委员会等待许多个星期才能够列入名单，但在几天之后，还没有挣到棺材本就撒手而去了。

在这些惨不忍睹的事件不断累加的情况下，政府决定改变政策。政策的基本框架保持不变，即无论采取什么必要的措施，都要寄希望于来年的马铃薯丰收，以完全解除政府的责任。不过，政府此时已决定分发免费食物。《粥棚法》得到通过，规定下拨公款用于分发免费粥食和其他基本口粮，同时结束花费巨大和令人难以忍受的公共工程。不幸的是，出于经济利益的考虑，政府很快就停止了救济工程项目，但政府的粥食和口粮却迟迟不见踪影。

康（Cong）教区的新教教区长不久后写道：

> 80%的劳工被遣散，但他们已经有10天无法得到救济。救济委员会的全部款项已经花光。死亡人数增加了10倍。

在梅奥郡的部分地区，18天里只有4天分发了定额口粮。在分发定额口粮与结束公共工程之间的间隔，立即造成了死亡人数的剧增。

但是，《粥棚法》规定的定额口粮制度开始收到成效。到 1847 年 7 月中旬，超过 300 万爱尔兰成人和儿童领到了救济口粮，覆盖面接近全部人口的一半。财政部官员对此的反应可想而知。屈威廉派驻都柏林救济委员会的秘书在致各个济贫法联盟（Poor Law Union）时写道：

> 有充分的理由相信，《救济法》（*Relief Act*）受到了普遍的滥用，经常只是用于增进下层阶级的舒适生活和协助农民和雇主的经营活动，而不是像预定的那样，用于救助赤贫者和避免绝对的饥饿……

这位秘书在一个星期之后的 1847 年 7 月 15 日致各位委员会成员的信中，写下了类似的如下文字：

> 各位委员一筹莫展，只能抱怨许多地区对于定额口粮的需求持续增长，有时甚至对此不作任何解释……

当然，对这种挥霍英国纳税人金钱的纠正方法是现成的。1847 年夏末和秋季的庄稼收成情况不错，当然马铃薯的种植面积相对减少，原因是种薯很少，而且种植者人数减少。但在丰收在望之际，政府很乐意作出决定：所有根据《粥棚法》实行的救济措施将在 1847 年 9 月底结束。

与此同时，政府将制定新的《济贫法》，接纳有工作能力的人以劳动换取食物；同时首次允许济贫院在院外为非本地居民提供救济。费用由各地自行征收济贫费来解决。当然，政府在济贫费征收上来之前可以先行垫支，但各地需支付本息。关于济贫院的院外救济，有一项特别规定：任何拥有 1/4 英亩以上土地者均无得到这种救济的资格。这样，国家实际上推动了地主驱赶农民的行动，使得被驱赶的人数持续增加。任何人只要拥有 1/4 英亩土地，如果想要活下去就不得不离开自己的家园，进入济贫院。

到 1847 年 9 月底，尽管原先的救济计划还没有全部结束，仍然有 100 万爱尔兰人在领取定额口粮，但有 200 万曾经领取定额口粮的人被排除在外，被迫靠济贫院和地方济贫费生活。1847 年 10 月的《科克纪事报》写道：

> 我们预计乡村居民，特别是沿海居民，将会拥入济贫院。这事的紧迫性会强过去年。那时候，人们还指望着……政府工程。现在他们已经不指望了。这对于全国各地的济贫法联盟的影响将会十分可怕。济贫院容纳不下这么多人，济贫费也养不活这么多人。我们毫不怀疑这些济贫院会成为全部乡村居民的停尸房。

这个预测很快就变为现实。在《科克纪事报》的这篇导论见报的当天，班特里就出现了以下的场面：

> 今天早晨 6 点，本镇出现了无以复加的悲惨场面。在这个大清早，两艘渔船从柏哈芬运载 240 名形若鬼魂的人抵达码头。他们离开自己一贫如洗的家，来到济贫院避难。我看到他们从上岸处就开始爬行……我看到他们拼命地爬向外面的大门；那些幸运者强占位置抓紧大门的铁栏，直到守卫前来收留这些饥肠辘辘的申请者。外面的灾难并没有就此结束……本济贫法联盟的资源就要耗尽，欠下了大笔债务。大臣们不要再自欺欺人了，不要幻想

> 爱尔兰任何一个济贫法联盟能够拥有足够的养活贫民的资源。如果大臣们将我们视为同胞，愿意将我们从死亡的边缘拉回来的话，请刻不容缓地伸出援手吧……

但是，今天看来不可相信的事发生了：英国政府大臣们已经完成了应对爱尔兰饥荒的全部工作。政府要采取的最后一个重大的积极措施就是将救济责任推给地方济贫费和爱尔兰的130个济贫法联盟。其中一些济贫法联盟，特别是在西海岸，已经破产。所有济贫法联盟的资源都不够接纳那些饥民。地主是地方财政负担的主要承担者和地方税费的交纳人。但其中许多地主在财政负担的重压之下只得宣布破产，当地失去了一些最主要的税费来源。不少家境殷实的农场主也同样被高额收费压垮，有时还不得不进入他们本应为之交纳济贫费的济贫院。但英国政府对这个残酷的现实轻率地视而不见，反而越来越确信对爱尔兰已经仁至义尽；借用屈威廉的可怕说法，爱尔兰必须“听天由命”。

屈威廉写道：“我的观点是：为（爱尔兰）人民做的已经绰绰有余。在这样的关照下，人们变得更糟，而不是更好，我们必须发挥其独立的主观能动性……”至于他本人，“……在我的经历中从未有过的连续两年的辛劳之后”，是休息一下的时候了。他与家人一起，动身前往法国享受两个星期的假期。

仅仅是在利默里克济贫院，每星期死亡人数就超过130人。

摆脱厄运的一个途径是死亡，在一段时间里还有了一个途径：移民。人们从爱尔兰的各个港口启程。仅1847年就共有25万爱尔兰男人、女人和儿童离开母国。在此后的4年里，移民人数一直保持在这个水平，有时还要高一些。这场大规模移民运动不仅永久性地改变了爱尔兰人口结构，而且在爱尔兰和美国都播撒了对英国政府不满的火

约翰·罗素勋爵："我认为议会无力避免正在爱尔兰发生的苦难和死亡。"

查尔斯·屈威廉因其救灾工作而封爵。"为人民做的已经绰绰有余……爱尔兰必须听天由命。"

种。美国是大西洋另一侧最为理想的移民目的地，也是一个独立的富强国家。这将会深刻地影响未来爱尔兰民族主义情感的发展。

事实上，许多贫民从来没有到过比他们驾船抵达的英国港口更远的地方。到1847年5月中旬，在英格兰北部的利物浦和其他城镇流浪乞讨的爱尔兰贫民超过10万人。但是，加入移民行列的不仅仅是赤贫阶层，还包括生活条件不错的农场主家庭，他们启程时要用车辆装载大量的行李。当然，移民也不能总是确保爱尔兰人摆脱恐惧和死亡。移民船只上的条件与爱尔兰本地的一样骇人听闻：甲板下面的舱室内过度拥挤、空气不足、热病流行，缺乏饮水、食物和餐饮及卫生设施。1847年的几项简单的数据能够确切的展示这一点。

尽管75%的爱尔兰移民前往美国（大部分前往纽约），但条件最恶劣的航行是前往加拿大的旅程。移民船“鲁斯特波克号”（Loostbawk）从利物浦启程，用7个星期时间横渡大西洋，抵达魁北克。该船启程时搭载的乘客为348人，其中占三分之一的117人在旅途中或抵达时死去。“松木号”（Larch）运载440名移民从斯莱戈到魁北克，108人在海上死去，150人抵达时已染上热病，肯定会在不久后离开人世。“弗吉尼厄斯号”（Virginius）用9个星期时间从利物浦驶抵魁北克，在479名旅客中有158人在海上死去，另外106人染有热病，或像一名目击者描述的那样，“形同行尸”。

在1847年年中时，以上这些并非例外的个案。8月12日，蒙特利尔卫生局提交的报告显示：在上一个月共有4 427人搭乘10艘船只（包括上面列举的最后两艘）从科克或利物浦来加拿大，其中804人（近五分之一）死于海上，另有847人在抵达时染有热病。

卫生局的报告还指出：“那些幸存者中的一些人，除了坟墓之外哪儿也去不了。情况与奴隶贸易一样不堪，而英国曾对此提出过抗

大饥荒的后果

议……不仅更加令人恐惧，而且这些不幸者经历的残酷现实更是无法比拟。”

移民船最恐怖的惨景出现在加拿大港口，尤其是在魁北克以外圣劳伦斯河上的绿色小岛——格罗斯岛（Grosse Isle）。魁北克的检疫标准不像纽约那么严格，而且抵达的移民也来自最为贫穷的阶层。那些地主为他们的航程提供了可怜的资助，目的是将他们赶出其地产。一位目击者看到船只运来病人和死者，描述道：“数百人实际上是被扔到岸上，在烂泥和石块中尽力爬向干地。”另一个目击者看到这些爬行的人群，称他们“就像离开水的鱼那样死去”。

在爱尔兰，1847－1848 年的秋冬与以往一样糟糕。更多的佃农被驱赶，人们死去之后在利默里克等城镇陈尸街头常常达数日之久。即使是在天气较好的 1848 年 6 月，戈尔韦郡克利夫登附近的一名巡路官在他负责巡查的路段仍然发现和掩埋了路边各处的 140 具尸体。同一地区的一个盗羊犯因在法庭上公开陈述他的妻子饿疯了，甚至食用女儿尸肉的事实，而被赦免入监服刑。但更糟糕的日子还没有到来。

1848 年初秋，在连续 3 年遭受饥荒蹂躏的爱尔兰，最后的打击终于降临：整个国家都知道了新的马铃薯又几乎是全部绝收。1849 年将会是最为可怕的一个年头。然而就是在那年的秋天，在 1848 年 11 月 14 日这一天，从科克出口的食品就包括：

147 包咸肉

120 普通桶和 135 大桶猪肉

5 普通桶火腿

149 普通桶各种食品

1 996 袋和 950 大桶燕麦

300 袋面粉

300 头牛

239 只羊

9 398 小桶黄油

542 箱鸡蛋

1849 年 2 月，戈尔韦郡帕特里教区牧师写下了以下简洁的文字："本地的大部分穷人处于饥饿之中，每时每刻都有许多人死去，摆脱了苦难。"而梅奥雷斯夫人（Lady Mayoress）在都柏林的市政大厅举行舞会，邀请总督到场，"舞会持续到深夜，十分丰盛和考究的茶点源源不断地摆上来……"

在戈尔韦郡的巴林洛布，其景象可谓饿殍遍地。一位目击者写道："每个村庄都有许多天都没有掩埋的尸体。郊区的每一间小屋里几乎都有死尸……愿上帝饶恕我们的统治者如此残酷对待上帝的子民……穷人大批坠入坟墓。"

一位新教教士在致首相约翰·罗素勋爵的公开信中说："阁下大人，由于我是上帝的牧师，所以我有权直言。阁下大人，请允许我企求和强求您立足于生死攸关的界限之上好好考虑一下……请告诉议会绝不能再听任人们死去。”

但在1849年5月，约翰·罗素勋爵在下院只是作了以下的表示：

> 在爱尔兰目前的不幸情况下，我认为议会无力避免正在爱尔兰发生的苦难和死亡。我明确重申我认为这不在本院的权限之内……我认为要求本院再拨出10万英镑缺乏依据。而假如本院以为爱尔兰没有发生饥荒的理由，那么这笔拨款至少是必要的。

戈尔韦郡的巴利纳斯洛的人口约为5 000人，在到1849年4月28日结束的这个星期，该地济贫院的死亡人数为226人。在5月5日结束的这个星期，即约翰·罗素勋爵发表下院无能为力讲话的那个月，济贫院的死亡人数增加到490人。当地有人在同一个月写道：“每天，街上满是行尸走肉。田野则到处是尸体……降临在我们头上的是罗素的诅咒，比克伦威尔的诅咒更加可怕……”

查尔斯·屈威廉最近由于他的政绩而被封爵，正在忙于撰写大饥荒的历史。他的记述截止到1847年8月。但此时，在**18个月之后**，都柏林《公民报》写道：

> 我们再次提问：难道就找不到将民众从饥饿走向死亡的痛苦过程中拯救出来的途径吗？难道我们不是处于一个正常的和负责任的政府治下吗？在19世纪中叶、在离地球上最富足、最伟大和最强大的宫廷和首都只有不到12小时路（航）程的地方，难道就没有世上的公正和人性吗？

这是爱尔兰人在此后的几十年里一直询问的问题。正是对这些问题的不可避免的回答，以及此后的其他影响，使得爱尔兰人最终不可避免地得出这样一个政治结论：爱尔兰应当在未来以某种方式处理自己的事务。关于在大饥荒的岁月里，爱尔兰的男女老少在自己的国家里所遭受的一切，关于英国政府所做的一切，这记忆是任何力量也抹杀不了的。

1841 年时，爱尔兰人口曾有 8 175 124 人。按照正常的增长率，1851 年的人口应当达到 9 018 799 人。但 1851 年爱尔兰人口普查的结果是 6 552 385 人。如果 1845 － 1849 年对外移民为 150 万人，那么加上 1851 年的人口，总数只是刚好超过 800 万人，即比预期人口少了 100 万人。因此，1845 － 1849 年的大饥荒造成的死亡人数约为 100 万人。现代爱尔兰历史学家的客观精神堪称表率，他们将这个数字定在约 80 万人。

仅数百名死亡者的姓名登记在册。其原因是当他们在田里、路旁、镇上或劳动场所倒下后，官方对他们瘦骨嶙峋的尸体作勘验时留下了记录。但绝大多数死者都没有留下任何记录。后人为这些死者建立了好几座纪念碑。但爱尔兰民族主义者认为，真正的纪念碑就是爱尔兰的自由。

民族起义抑或麦科马克寡妇家菜园之战？詹姆斯·斯蒂芬斯在史密斯·奥布莱恩的身影下崭露头角。

第六章　勇敢的芬尼亚

在北爱尔兰的新教地区，“芬尼亚”（Fenian）这个词被滥用，通常等同于“杂种”一词。而在爱尔兰的民族主义地区，这个词具有令人肃然起敬的、神秘缥缈的含义。虽然许多人并不能确切了解其表达的历史现实，但这丝毫无损其光辉地位。该词似乎源自朦胧不清的盖尔神话，但实际上最初用于指19世纪50年代的一个爱尔兰共和主义组织。“Fenian”从“*Fianna*”一词派生而来，后者指一伙传说中的绿林好汉。然而，芬尼亚传统是当今爱尔兰共和军的直接源头。

芬尼亚主义的影响力主要在传统方面，而不是在现实方面。这是因为传统由一系列现实中的事件所组成，而无论这些事件的动机是如何的高尚，它们很少能超出闹剧的范畴。卡尔·马克思在谈到路易·拿破仑时有一句名言：历史不断地重复，第一次出现时是悲剧，第二次出现时是闹剧。这句名言完全可以用在芬尼亚的身上，但次序要颠倒一下。1867年的芬尼亚暴动是一场闹剧。1916－1921年按照芬尼亚传统成功进行的民族主义暴动，将会被一些人视为悲剧。

1916年，首位“爱尔兰共和国总司令”帕特里克·皮尔斯发动了第二场芬尼亚暴动，在都柏林邮局的台阶上宣读公告，指出“在过去300年里曾经有6次”，爱尔兰民族拿起武器，来争取和捍卫其民族主权和自由。他所指的第一次是1641年暴动（事实上这场暴动是以国王查理一世的名义发动的）；第二次是1689－1691年的詹姆士二世党人的战事，站在一位英格兰、苏格兰和爱尔兰国王一边与另一位国王作战；第三次是1798年暴动，充其量只能算一场农民暴动；第四次是1803年由罗伯特·埃米特领导的运气不佳的都柏林街头骚乱。但皮尔斯指的最后两次，无疑是指1867年的芬尼亚暴动和作为其序幕的所谓1848年暴动。将后者作为此后发生的闹剧的序幕，真是再合适不过了。

蒂珀雷里郡的巴林加里（Ballingarry）村除了本村居民之外，很难引起其他人的兴趣——只不过是位于从瑟勒斯到卡舍尔路途中一个交叉路口上的普通村庄而已。但历史书籍中有明确的记载，这里发生的1848年暴动宣示了爱尔兰民族主权和自由。这仍然留在巴林加里村的记忆中，虽然确切的表述有所不同。如果你在主街上询问暴动发生的那座农场房屋，你也许会遇到一种客套的迷惑不解，爱尔兰人故意作出这种表情是对陌生人无知所表现出的一种发自内心的宽容和善意。但当地人的记忆会很快恢复，"啊！您是指'战斗屋'！"这实际上就是你要问的那座房屋——在村东数英里以外的小山顶上一座灰色石头砌成的两层小楼，你能够立即认出这就是1848年8月《伦敦新闻画报》（*Illustrated London News*）登载的那幅雕刻画。门上的横匾写着几个大字："莫忘1848"。

爱尔兰人有充分的理由将1848年铭记在心。这是那场大饥荒的倒数第二个年头，大饥荒造成多达100万人失去生命、150万人移居海外。而且，蒂珀雷里郡的这个角落是爱尔兰人对英国政府的权威发起挑战的地方。政府本应为爱尔兰人提供必要的关照。

挑战的发起者却是一个最不可能这样做的人物——威廉·史密斯·奥布莱恩，一位上层阶级新教徒，多年来一直是英国议会议员。奥布莱恩曾就读于哈罗公学，操一口英格兰口音，是那种在当时的爱尔兰人看来具备最为典型和顽固派头的英国绅士。但他的姓氏是奥布莱恩，他的祖先可以追溯到11世纪伟大的盖尔至尊国王布莱恩·博鲁。这些直到今天仍然是爱尔兰民族性的复杂和微妙之处。

史密斯·奥布莱恩在瑟勒斯（Thurles）火车站被捕，斯蒂芬斯侥幸逃脱。

詹姆斯·斯蒂芬斯，爱尔兰共和兄弟会前身组织的创建者，说："……无条件服从指挥官和上司……"

约翰·米切尔在他命名的《联合爱尔兰人》报纸上发表："……疯狂和威胁性的言辞。"

奥布莱恩很晚才改变立场，参加丹尼尔·奥康内尔非暴力废除英爱合并的宪政运动。但受到大饥荒的灾难性影响，他与运动内部急欲采取行动的青年集团——“青年爱尔兰”接近起来，并成为其名气最大的成员。在富有思想的领袖托马斯·戴维斯的领导下，“青年爱尔兰”长期以来一直在其报纸《民族报》的专栏中宣扬包括新教徒和天主教徒在内的同一民族的思想，因而在当时浪漫的欧洲民族主义的氛围中，捡起了联合爱尔兰人协会的理论。戴维斯于1845年去世，但由于大饥荒摧毁了奥康内尔的运动，其他成员变得越来越铤而走险。他们的言辞更加疯狂，态度更加危险。其中最疯狂的是厄尔斯特一名长老会牧师的儿子约翰·米切尔。他创办了一份报纸《联合爱尔兰人》，公开宣传共和主义和暴动途径。当米切尔被捕之后，暴力派的领导权落到奥布莱恩的手中。奥布莱恩绅士派头十足，完全不适合担任这项工作。1848年夏，他不得不违背自己睿智的判断，将蒂珀雷里农民的战斗精神付诸实践，以武力对抗英国政府。政府很快就下达逮捕令，派出一支爱尔兰警察队（爱尔兰准军事步枪队），前往巴林加里村执行逮捕。但他们发现村民们设置了路障，聚集了大批民众，一些人拥有武器，四处巡逻，看上去情绪不定。于是，警察队暂时退回到数英里之外的灰色农场房屋里，以鼓起勇气、作出决断。奥布莱恩率领约20名农民，带着长枪、手枪和长矛，还有一大帮看热闹的民众，尾随着警察队，试图迫使他们一决高下。

这座房屋的主人是一位名叫麦科马克的寡妇，当时她出去了，不过她的5个孩子都在家。警长带领46名警察齐唱《英国掷弹兵进行曲》进入房屋，将家具拆毁用作屏障，准备固守。奥布莱恩劝说他们投降，但未能成功。突然，人群中传出一声呐喊：“砍死这帮家伙！”人们紧接着就向房屋投掷了石块，还开了一两枪。

高度紧张的警察当即予以回击，向人群开枪，人们则躲到围墙的后面。警察坚守了一个多小时，时不时地开上几枪，打死2人，打伤数人。另一支警察队赶来救援，奥布莱恩和他的手下急忙遁入乡间。

这就是皮尔斯大肆吹嘘的1848年暴动。这个事件有一个更加符合实际的名称："麦科马克寡妇菜园之战"。不过，在某种程度上，皮尔斯的做法是有道理的：芬尼亚运动直接起源于此。

奥布莱恩在巴林加里村的追随者中，有一个来自基尔肯尼郡的年轻新教徒，名叫詹姆斯·斯蒂芬斯。他逃脱了追捕，逃到了法国。在巴黎，他卷入了激进的革命秘密会社的活动，还参加了1851年反对路易·拿破仑政变的群众反抗运动，马克思据此道出了他那关于历史重复的名言。斯蒂芬斯与秘密会社的接触，为他提供了解决爱尔兰问题的新途径。

显然，革命组织并没有参与1848年暴动。1798年创立的联合爱尔兰人协会行动迟缓，受到告密者的破坏，与农民秘密会社——"捍卫者"缺乏足够的协调关系。斯蒂芬斯逐渐下定决心，要建立一个新的现代专业化秘密会社，推动爱尔兰共和国的创建。就在这个时候，青年爱尔兰的另一个成员——加万·达菲彻底放弃了爱尔兰民族事业，移居澳大利亚（在那里最终成为殖民地总理）。他宣称爱尔兰的局势恰似"解剖台上的僵尸"。

詹姆斯·斯蒂芬斯极强的个性表现在对个人能力的极度自信之上，这对于他的事业既是无价之宝，也是灭顶之灾。他竭力将这具"僵尸"复活。1856年，斯蒂芬斯行程3 000英里，其中大部分是步行，考察爱尔兰发动革命的可能性。尽管他几乎没有发现令人鼓舞的迹象，如农民秘密会社"色带会"只是关注当地的农村问题，并不关注民族理想，但他并没有就此丧失信心。斯蒂芬斯发现劳工、商人以及佃农的后代十分"不满"，"即使现在也不难发动一场起义"。

盖尔学研究者约翰·奥马霍尼与斯蒂芬斯一起创办了美国芬尼亚兄弟会。不过是“一群武士精英的领导人”吗?

美国芬尼亚成员“……快活的日日夜夜、旗帜和飘带……狂饮大杯嗞嗞作响的香槟酒”。

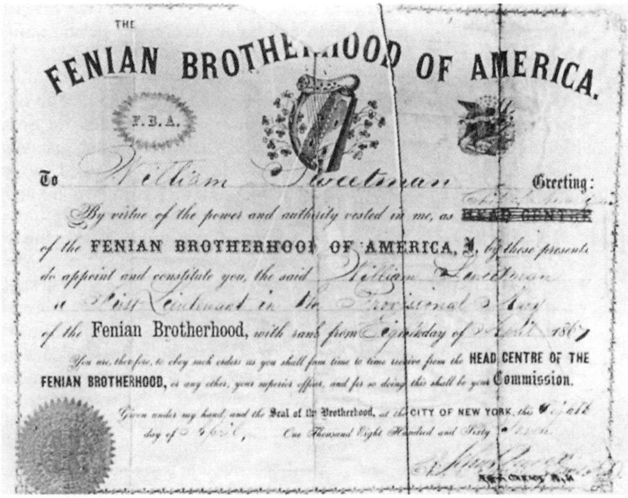

THE

FENIAN BROTHERHOOD OF AMERICA.

F.B.A.

To William Sweetman Greeting:

By virtue of the power and authority vested in me, as

of the FENIAN BROTHERHOOD OF AMERICA, I, by these presents

do appoint and constitute you, the said William Sweetman

of the Fenian Brotherhood, with rank from

You are, therefore, to obey such orders as you shall from time to time receive from the HEAD CENTRE OF THE FENIAN BROTHERHOOD, or any other, your superior officer, and for so doing this shall be your Commission.

Given under my hand, and the Seal of the Brotherhood, at the CITY OF NEW YORK, this

day of , One Thousand Eight Hundred and Sixty

美国芬尼亚兄弟会会员证。

邦联军爱尔兰旅的美国内战退伍军人“可以从他们的穿戴的毡帽和方头靴轻易地辨认出来”。

斯蒂芬斯自我主义的缺点是夸夸其谈、心胸狭窄和自欺欺人；优点是能力超强、任劳任怨和不计物质回报。他在此后的10年中不遗余力地煽动不满情绪，策划全国性的暴动。1858年3月17日，斯蒂芬斯与几个共谋者在都柏林庄严地立下誓言："……在上帝面前，立誓废止对英国女王的效忠，发出即时预警、拿起武器投入战斗，将爱尔兰建为一个独立的民主共和国，并在本秘密会社中无条件服从上级和指挥……"这个秘密会社不久后被称为"爱尔兰共和兄弟会"。

来自美国的鼓励，终于促使斯蒂芬斯迈出了这个具有重大意义的步骤。去往美国的大量（大饥荒期间和之后的）爱尔兰移民能够提供物质资源，大大提高了再次举行暴动的可能性。约翰·奥马霍尼是斯蒂芬斯1848年期间的一个同党，后逃亡美国，与斯蒂芬斯之间通过信使保持着联系。斯蒂芬斯在爱尔兰创立了自己的组织之后，也前往美国，与奥马霍尼一起在美国创建了其平行组织——芬尼亚兄弟会。奥马霍尼本人是盖尔学研究者，用古代传说中的杰出武士命名了这个组织。由于在英国统治下保密的需要，斯蒂芬斯的组织只能用美国组织的名称公开行动，因此在爱尔兰的整个运动也以其名称冠名。

斯蒂芬斯下决心不能让自己的组织像联合爱尔兰人协会那样被告密者搞垮，而且在相当长的时间内令人惊讶地做到了这一点，其主要原因是他设计了十分详尽的安全系统。秘密会社由封闭的"小组"组成，每一个小组只有一名组员认识其他任何小组中的一名组员。由于许多宣誓加入组织的仪式是在公共建筑和公共体育活动上举行，因此这项审慎的措施十分及时。这个系统的有效性很快就得到验证：1858年下半年，政府破获了该组织在科克的一个小组，但并没有造成更大的破坏。他们抓住了斯蒂芬斯手下的一个名叫杰里迈亚·奥多诺万·罗萨的年轻人，他当时正在宣誓加入该组织，立志要建立爱尔兰共和国。但他还与当地一帮没头脑的年轻人组建了名叫凤凰协会

(Phoenix Society) 的全国性社团，因此得以蒙混过关。这个事件因罗萨和其他人自愿受缚而宣告平息。

罗萨毫无保留地将他的生命贡献给他最伟大的芬尼亚事业，为此忍受了种种艰难困苦，但他最大的贡献却是在他去世之后留下的遗体。这也可以作为整场芬尼亚运动作用的一种体现。罗萨于 1915 年在美国去世，当时大部分爱尔兰人也认为芬尼亚主义已经消亡。他的遗体被一批新芬尼亚分子，包括皮尔斯在内，偷运回爱尔兰，举行隆重的葬礼，以此唤回公众的记忆。尽管罗萨本人从来没有为爱尔兰共和主义事业开过一枪，但武装人员在他墓前列队齐射表示敬意。皮尔斯本人在演说中大声诅咒英国政府："笨蛋！笨蛋！笨蛋！他们让我们芬尼亚兄弟们死去，而当爱尔兰填满这些坟墓时，爱尔兰就绝不会平静地忍受这种不自由。"

巧合的是，斯蒂芬斯、罗萨和爱尔兰秘密会社所取得的第一项重大成就也是组织了一场葬礼，其做法与 50 年后皮尔斯和他的朋友们为罗萨举行葬礼的方式如出一辙。一个相对而言名气不大的年轻人特伦斯·贝柳·马克马努斯在 1848 年"出洋"，死在旧金山。美国的芬尼亚兄弟会决定将他的遗体送回爱尔兰，斯蒂芬斯特地为其在都柏林举行了一场葬礼。超过 2 万人到场观礼，斯蒂芬斯手下的骑兵身着黑衣，戴着袖章，手拿警棍，一边维持秩序，一边护送着马克马努斯的灵柩缓慢地在街上行进，到格拉斯内文公墓隆重安葬。尽管库伦大主教对如此大张旗鼓地尊崇一个举行非法暴动的人进行了谴责，并禁止使用天主教大教堂举行葬礼，但斯蒂芬斯采用另外的替代方法，与教会否定芬尼亚主义的立场进行对抗：他争取到一位持异见立场的激进教士来墓前举行仪式，赞颂死者及其为之奋斗的事业。甚至连主张宪政道路的《公民报》也欣然承认："……这场演示的源头和巨大规模归功于马克马努斯所认同的事业。"通过如此有效地宣扬他的事业，斯蒂芬斯给事业注入了新的活力。

他充分利用马克马努斯葬礼带来的新推动力，到爱尔兰各地举行新的组织招募活动。大批新会员宣誓加入该组织。1863 年夏，斯蒂芬斯创办了自己的报纸——《爱尔兰人报》。尽管仍保持在合法的范围之内，但它比都柏林的任何其他报纸在推动以非议会道路争取彻底的民族独立方面，都要走得更远。该报向爱尔兰人报道芬尼亚兄弟会在美国的公开活动，而且尽管美国内战的爆发一度使该组织的活动黯然失色，但不断强调这场战争对爱尔兰的潜在影响。如一首名为《爱尔兰少女致美国士兵》（*An Irish Maiden to Her American Soldier*）的诗歌的结尾为："如没有为爱尔兰奋斗的男儿气概，且请走开。"

1864 年，斯蒂芬斯对奥马霍尼对美国芬尼亚运动的领导权越来越持批评的态度，亲自前往美国，将联邦军中的爱尔兰人组织起来。他此前曾抱怨过美国的"华而不实的爱尔兰爱国者"，以及"空谈刺刀、快活的日日夜夜、旗帜和飘带，满口废话，阻挠议程，用大杯嗞嗞作响的香槟酒和华丽的语言为爱尔兰民族独立干杯"。事实上，虽然美国拥有极为丰富的潜在人力和财力资源，在理论上可以用于爱尔兰的事业，但美国到那时为止对这项事业的贡献令人失望。尽管数百万爱尔兰人自大饥荒开始就带着对英国的极大怨恨移居美国，但当他们在新共和国定居下来，寻找工作，甚至获得比家乡更富足的生活成为要务，那种怨恨停留在理论层面，而很少具有实际意义。这给他们在美国重新扎根赋予了一种身份认同，但不会在实际生活中增强他们对爱尔兰事务的关注。不过，随着内战即将结束，斯蒂芬斯得以致函奥马霍尼："要让所有人都时刻牢记：我们必定在明年起事。"

在爱尔兰，斯蒂芬斯的一名助手约翰·德沃伊正在以一种新的誓言来动摇英军官兵对女王的忠诚，该誓言声称爱尔兰共和国"最终会成立"。民众在城镇大厅里接受军训，一些神秘的团体也在夜里到乡间进行军训。一首新歌的歌词是：

> 以怨报怨，以牙还牙，
> 勇敢的芬尼亚将大显身手！

到1865年初，斯蒂芬斯估算他在爱尔兰的组织已经有85 000人，希望主要从美国获得武器来武装他们，而且还将获得美国经过训练的军人的支持。随着美国南北两方军队的解散，士兵们开始来到爱尔兰，这可以从他们的穿戴的毡帽和方头靴轻易辨认出来。1865年9月初，芬尼亚组织的军训更加公开，斯蒂芬斯致信给一个部下："今年——对此必须明白无误——务必是行动年……爱尔兰共和国的旗帜，务必在今年升起……"

但错误已经铸下。一个名叫内格尔（Nagle）的芬尼亚组织成员，曾经担任学校校长，后来在《爱尔兰人报》负责打包裹和写标签，已经连续18个月一直在向当局提供芬尼亚组织的情报。由于该组织的活动明显在走向高潮，当局采取打击行动。《爱尔兰人报》的编辑人员全数被捕，只有斯蒂芬斯本人幸免。他在此后的两个月里以假名住在都柏林郊区山迪蒙（Sandy mount）的一座房子里，只是在夜晚外出。他从住处向美国芬尼亚组织发出提供人员和给养的紧急要求，强调爱尔兰的芬尼亚组织依然完好无损，《爱尔兰人报》事件也不能阻止组织随时采取行动。

随后，在1865年11月11日晨，斯蒂芬斯本人也由于另一个芬尼亚成员的叛变告密，在睡眠中被捕。他被关入里奇蒙德监狱（后来的里奇蒙德军营，即现在的格里菲斯军营）。他的被捕似乎缓解了爱尔兰的紧张气氛。尽管还有不少参加过美国内战的爱尔兰裔退伍军人在都柏林一带逗留，芬尼亚暴动的危险似乎已经解除，人们感到晚上在床上睡觉时更加踏实。

然而，正是从里奇蒙德监狱，斯蒂芬斯采取的一项行动极大地鼓舞了芬尼亚运动的士气。负责看守他的两名狱吏已经宣誓加入他的秘密会社。在他们的帮助下，他在被捕两个星期后一个雷雨交加的夜晚逃出牢房，登上监狱外墙，沿预先准备好的绳梯而下，从容脱身。外面接应者的首领名叫凯利（Kelly），是一名爱尔兰裔美国人。

这位“爱尔兰共和国主要的缔造者”（斯蒂芬斯喜欢这样称呼自己）又逍遥法外，危险性好像比以往更加严重。很明显，密谋的触须已经伸到了各个角落，甚至包括女王陛下的监狱内部的核心区域。现在唯一的问题是：斯蒂芬斯是否会信守他多次重复的诺言，在年内发起武装攻击？时间只剩下短短几个星期了。

不过，逮捕和越狱好像将斯蒂芬斯带回到现实之中。他的 85 000 人马完全是纸上谈兵，武器问题没有得到解决，指挥能力十分有限。芬尼亚组织的指挥机关是新近任命的芬尼亚军事委员会（Fenian Military Council），其委员大都是爱尔兰裔美国退伍军人。虽然那位美国上校凯利（斯蒂芬斯越狱的指挥者）和德沃伊（也参加了越狱行动）都要求立即举行暴动，斯蒂芬斯最终说服他们和军事委员会的其他委员推迟采取行动的时间。然后，他和凯利悄悄前往美国，寻求弥合芬尼亚兄弟会内部的分歧：是在加拿大还是在爱尔兰采取打击英国的行动。

到 1866 年中，斯蒂芬斯再次吹嘘他将在年底之前拥有一支军队在爱尔兰开战。在年底，他再度要求推迟行动。对此所作的善意解释为：他最终认识到自己的虚张声势的行为，意识到还没有做好发动起义的准备。对此所作的不太友善的解释是：被捕的经历令他震惊，感到害怕。毫无疑问，这就是爱尔兰裔美国退伍军人的看法，特别是凯利上校的看法。1866 年后期，斯蒂芬斯被解除了在爱尔兰的芬尼亚组织中的领导职务，此后没有再发挥任何作用。凯利亲自接管了领导权，于 1867 年 1 月与一批参加过美国内战的老兵乘船离开纽约，决心尽早在爱尔兰发动芬尼亚起义。

虽然凯利此时担任“爱尔兰共和国代理总执政官”，但战事的总指挥权由名叫克吕塞尔的法国军人掌握。克吕塞尔曾在阿尔及利亚、克里米亚和西西里（在加里波第的麾下）作战，后在美国内战中加入麦克里兰指挥的联邦军对南方作战。指挥部没有设在爱尔兰，而是设在伦敦（在托特纳姆考特路另一侧），因为与爱尔兰不同，《人身保护法》在英国仍然具有法律效力，所以在伦敦进行密谋也比较自由和方便。

总的作战计划是集合爱尔兰各地的游击队并集中部署到都柏林附近和西南部。作战行动包括切断铁路和电报线、袭击警察营房和骚扰政府，然后爱尔兰共和国军队就能得到来自美国的大量援助。不过，指挥部并没有考虑要进行殊死的战斗。暴动开始的日子定在 1867 年 2 月 11 日，以对英国切斯特城堡的果敢攻击为信号，希望以此获得大量的军火，运到爱尔兰立即投入战斗。

2 月 11 日晨，衣服里掖着左轮枪的爱尔兰人乘坐各次火车拥入切斯特。下午 1 时，有消息传来：一名告密者将计划全部泄漏给了政府。（这个人名叫科里登，能够接近芬尼亚组织的核心层，但他的确切身份仍不清楚。）行动立即宣布取消，十分及时而迅速。警察应当对此感到满意，因为在车站附近和城里的池塘和运河里到处都是被遗弃的左轮枪和弹药。推迟起义的命令传达到了爱尔兰的所有作战队伍，只有一支队伍除外，按计划袭击了凯里郡凯尔西温的警察营房，但未能得手。暴动的日子重新定在 1867 年 3 月 5 日。

3 月 4 日晚，一位名叫马西的爱尔兰裔美国“将军”（为了暴动，好几个参加美国内战的军官都自行提升了军衔）已由克吕塞尔任命为战场指挥官，从科克乘火车前往利默里克枢纽站，在那里实施指挥。当他走下火车时，有人上来拍了拍他的肩膀。马西被捕，暴动计划也全部泄露，告密者仍然是科里登。马西立刻向女王政府提交证据，供述了他所知道的一切。克吕塞尔在得知马西被捕的消息后，立即收拾行李前往法国。

在这种情况下，芬尼亚暴动还能够取得某些成功，实属不易。在围攻都柏林的战斗中，尽管塔拉特的皇家爱尔兰警察部队的 14 名警察一通扫射，很轻易就击退了数百名芬尼亚暴动者，但芬尼亚暴动者在得到马西被捕的消息之前，仍然攻陷了位于斯特帕塞德和格伦库伦两地的警察营房。在科克郡的巴利诺凯恩，暴动者攻占了警察营房；在同一个郡的诺卡顿，他们夺取了一个海岸警卫队的驻地，缴获了大量武器弹药。不过，对于芬尼亚运动的总体态势更具有象征意义的是一支游击队的行动。这支游击队奉命在里蒂珀雷里镇不远处的名为巴利赫斯特的古代要塞集合。

一旦登上这座小山上的环状壕沟和土丘，人们就可以看出挑选这个地方的原因。这里不仅俯瞰都柏林连接南方的主要铁路线，而且还扼守着这个地区的好几条道路。所以，选择地点本身就体现了军事上的高明之处。

在巴利赫斯特担任指挥官的是参加过美国内战的爱尔兰裔美国军人伯克，他同样为了芬尼亚事业而提升为将军。他的一条腿有些萎缩，但他习惯于骑马，所以并不影响他的行动。他和他的手下已经成功地摧毁了当地的电报线柱子和铁路线。当一队政府军来到要塞跟前搜寻他们时，游击队在参差不齐地发射了一排子弹后，便转身落荒而逃。而伯克则纵马向前，高喊：“上山！上山！”

一队队政府军快速上山，芬尼亚成员则从巴利赫斯特和其他地方四下逃窜，溃败的雪崩效应更加重了这场灾难。伯克本人也没有逃到

“曼彻斯特没有发生谋杀。”但当芬尼亚成员袭击载运囚徒的囚车时，击毙了布雷特警官，解救了爱尔兰共和国总执政官凯利上校和他的助手。

那么远的地方。一个士兵在300码之外将他击落马下，随后在沿一道篱笆跛行不远的他就被抓住。（在他的口袋里发现了一本天主教祈祷书、一些女孩的照片、一张治疗眼疾的处方、一本火车时刻表和一份在胜利后安排民众宣誓，迫使他们发誓不得反对爱尔兰共和国的新的誓言。）

"三先圣"，均因布雷特警官被杀而被处决。

然而，巴利赫斯特之战不仅不是一场胜利，而且如同芬尼亚暴动一样，是一场彻头彻尾的灾难。但是，这并不能阻止芬尼亚运动成为民族英雄神话的一部分。伯克本人在被宣判死刑（后来被缓期执行）之前，仍然在被告席上义正辞严地宣称爱尔兰作为一个明确独立的民族已有700年的历史，他希望上帝能够帮助爱尔兰改变厄运，“弘扬她的美丽和神秘”。一位民谣作家在25年后庄重地写道：“巴利赫斯特在那一天令整个英国都感到恐惧”，其威力胜过他在“这25年”里听到的所有政治话语的总和。芬尼亚运动作为民族神话的一部分，毕竟在发动暴动的50年之后，促使爱尔兰的现实发生了变革。

芬尼亚运动对于民族神话最有价值的贡献，发生在暴动失败之后的几个月。英国政府尽管进行了严密的搜查，但没有发现爱尔兰裔美国上校凯利的踪迹。然后在1867年9月11日，警察在曼彻斯特的一处门道抓获了两个形迹可疑的人。这两人自报的名字分别为怀特和威廉，被控犯有流浪罪。但当他们被带到告密者科里登面前时，立即被认出一个是迪西上尉，他曾经在科克郡的暴动期间十分活跃；另一个就是爱尔兰共和国总执政官本人——T. J. 凯利上校。

一个星期之后，这一年芬尼亚运动最重要的一战在曼彻斯特街头打响。一辆没有护卫车辆押送的囚车将戴着手铐的凯利和迪西由警察法庭运送到贝纳维监狱。早在路上等待的约30个芬尼亚成员截停和包围了囚车。其中一些人拥有左轮枪，他们迫使外侧没带武器的警察下车，不让围观者靠近，力图砸开上锁的车厢，营救凯利和迪西。

车厢内除了两位芬尼亚领导人之外，还有几个普通犯人和布雷特警长。芬尼亚成员通过后门上的通气口要求布雷特投降，但遭到拒绝。因此，一个芬尼亚成员想到被困警察的援兵很快就会赶来，就用左轮枪向通风口里开了一枪。他的目的到底是要打死或威吓警长，还是要把门击开，已永远无法弄清楚。不管怎样，子弹对警长造成了致命伤。一名女犯从奄奄一息的警长手里拿过钥匙，从通风口递了出去。一分钟之后，凯利和迪西戴着手铐逃脱，翻过一道墙，穿过铁路，从此他们再没有被捕。

事情的后续发展如下：有3个人因布雷特警官的被杀而遭到处决，他们的名字是艾伦、拉金和奥布莱恩。这3个人在事发现场，但他们都没有打那致命的一枪。正因为如此，正因为几乎没有爱尔兰人相信警官的命案只是一场货真价实的意外，艾伦、拉金和奥布莱恩被称为“曼彻斯特烈士”，载入爱尔兰史册。他们的塑像遍布爱尔兰各地，爱尔兰人每年都为他们的牺牲举行纪念活动。

他们的牺牲还将一个本来与芬尼亚事业无关的人间接获得了与芬尼亚传统的联系：尽管他从未加入过芬尼亚组织，表面上至少是一名议会主义者，但他在适当的情况下，不会拒绝使用芬尼亚传统为自己的目的服务。1876年的一天，当时的爱尔兰首席大臣（Chief Secretary for Ireland）提到了“曼彻斯特谋杀犯”这个词。从爱尔兰议席上传来了“不是！不是!”的吼声，打断了他的讲话。这位大臣转向他们，傲慢地说道：“我很遗憾地发现本院有尊敬的议员会对曾发生的谋杀案心怀歉意。”此时，来自米斯郡的议员、曾在剑桥大学受过教育的新教地主站起身来答道：“这位尊敬的先生刚才看着我说发现本院有尊敬的议员会对曾发生的谋杀案心怀歉意，我要公开地、直言不讳地说：我不相信，今后也绝不相信在曼彻斯特发生了任何谋杀。”这位议员就是查尔斯·斯图尔特·帕内尔，他将把爱尔兰民族主义事业推到英国政治的最前沿。

查尔斯·斯图尔特·帕内尔（1846－1891）："爱尔兰不是一枚地理碎片，而是一个民族。"

第七章 帕 内 尔

任何人从未像这位爱尔兰新教地主查尔斯·斯图尔特·帕内尔这样，让英国民主政治产生了如此深刻和持久的震荡。19 世纪 80 年代，他支配了英国议会的议事日程。任何一位英国首相在行使权力时都不会不考虑帕内尔的反应。他带来了英国历史上的一场重大社会革命：改变了爱尔兰地主与农民之间的关系。他强化了爱尔兰民众的民族主义诉求，要求在整个爱尔兰实现英国君主治下的自治。所有这一切都是在帕内尔年仅 40 岁、从政仅仅 10 年出头的情况下取得的成就。

他的大起大落就像是一颗流星从天空掠过。他一夜之间因政治史上最大的性丑闻而大权旁落；他在反击时十分强势、运筹帷幄，却在 45 岁时突然离世，令政坛惊愕不已。假如他活下来的话，英爱关系的走向肯定会有所不同。但他在一个问题上从未动摇过。1875 年，帕内尔在下院首次讲话的结尾说道："不久前我听到前任财政大臣说爱尔兰只不过是英格兰的地理碎片，依据何在？爱尔兰不是一枚地理碎片，而是一个民族。"

19 世纪 70 年代末，一个令人震惊的现实再次降临到爱尔兰：大饥荒有可能再次发生。曾导致 1845－1849 年可怕灾难的那场大饥荒，不仅造成约 100 万人丧生，而且迫使爱尔兰人移居海外（主要是美国），并持续了许多年。在大饥荒开始后的 10 年里，约 200 万人离开爱尔兰，约占 1845 年爱尔兰总人口的四分之一。

这场对外移民至少暂时缓解了人口对土地的压力，改善了爱尔兰农业状况。小农场的数目减少，大农场的繁荣程度提升。但是，佃农的人数虽然减少，可他们的生活状况几乎与大饥荒时期完全一样，仍然在很大程度上依靠马铃薯的收成为生。爱尔兰西部地区的情况尤为如此，在风调雨顺的年头，农民可以毫无困难地维持生计。19 世纪 70 年代中期的年景特别好，农产品价格保持在高水平上，甚至连小佃农的生活也比常年要好得多。这使得下一场饥荒的发生更加令人难以忍受。

到 19 世纪 70 年代末，爱尔兰社会体系受到了两次冲击。第一次是美国西部的开发，玉米种植大增，加上铁路和跨大西洋汽轮构成的高效运输管道，造成廉价粮食充斥于欧洲，粮价随之下降。这样，爱尔兰小佃农很快就无力支付地租。第二次是 1877 年灾难性的多雨雪天气开始造成连续的马铃薯歉收，这样到 1879 年，可供食用的马铃薯只有正常年景的四分之一。由于付不起地租，小佃农开始被驱离，西部地区的情况特别严重。他们甚至被剥夺了那一小块能够种植马铃薯的保命田。让人们回忆起 40 年代的可怕场景再度出现。1879 年，一场大饥荒的爆发迫在眉睫。上一年中被驱离的佃农人数已比平常增加了一倍，此时又再翻了一番。爱尔兰海两岸拯救爱尔兰饥民的慈善活动在规模上大大超过了 40 年代，这才避免了大饥荒的爆发。然而，一个新的因素发挥了作用，进而导致政治领域的巨大发展，影响了爱尔兰民族主义的整个未来。

一个名叫迈克尔·达维特的原芬尼亚成员，因参与爱尔兰民族主义共和事业被关入英国监狱。他服刑多年后获释，在 1879 年初开始关注忍饥挨饿的同胞们的实际问题，他们在他的家乡——梅奥郡面临着被驱离的威胁。他组织佃农会议，在当地获得了 25%的减租。之后，达维特将这场新的土地风潮推广到全国，要求减租、停止驱离佃农。而其长期的目标就是最终将土地所有权由地主转移给佃农。

帕内尔的宅邸，位于威克洛郡的埃文代尔。他的个人背景给他制造了困难。

土地同盟寻求帕内尔的帮助。迈克尔·达维特是土地同盟的精神支柱。

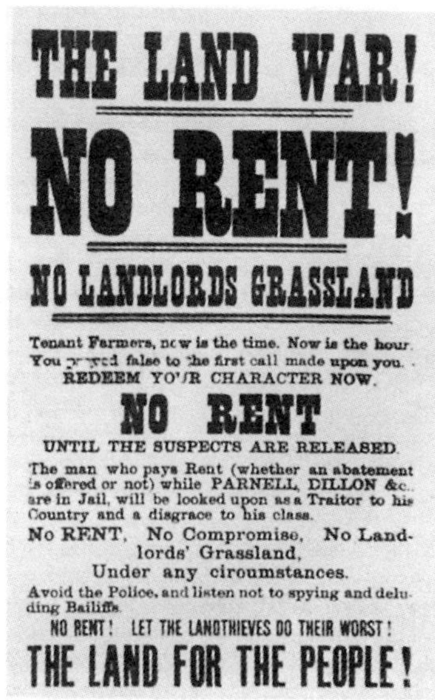

THE LAND WAR!

NO RENT!

NO LANDLORDS GRASSLAND

Tenant Farmers, now is the time. Now is the hour. You proved false to the first call made upon you. REDEEM YOUR CHARACTER NOW.

NO RENT

UNTIL THE SUSPECTS ARE RELEASED.

The man who pays Rent (whether an abatement is offered or not) while PARNELL, DILLON &c. are in Jail, will be looked upon as a Traitor to his Country and a disgrace to his class.

No RENT, No Compromise, No Landlords' Grassland, Under any circumstances.

Avoid the Police, and listen not to spying and deluding Bailiffs.

NO RENT! LET THE LANDTHIEVES DO THEIR WORST!

THE LAND FOR THE PEOPLE!

1881 年的一份土地同盟传单。帕内尔与极端派的纷争时隐时现，贯穿他的一生。

为此，需要立即建立要求减租和停止驱离的农民组织。来自米斯郡的年轻议员查尔斯·斯图尔特·帕内尔已经作好准备，帮助他在全国范围内，以政治手段发动一场新的土地风潮。达维特已经就爱尔兰民族主义的未来问题与帕内尔进行了接触，并邀请他于1879年夏到韦斯特波特的佃农会议上发表演讲。在这次会议上，帕内尔为运动的未来发展奠定了基调，达维特也很快成立了一个名叫“土地同盟”的新组织。帕内尔那天的讲话点出了问题的关键：

> 公平地租是指佃农能够根据年景交得起的合理数目的地租。因而，在年景欠佳的情况下，佃农不可能交纳与年景很好的情况下相同的地租……那么，我们必须要向地主表明的立场是什么呢？你们必须向他们表明你们将坚决持有自己的家园和土地，你们绝不能像你们的父辈在1847年遭遇的那样被轻易驱离……我希望针对所有田地，由于地租已经与年景不能同步，所以需要立即减租。如果做不到的话，你们必须自强，世界舆论将站在你们一边，将支持你们保卫家园的斗争。

这个时年33岁的年轻人帕内尔是何许人也？为何达维特愿意与他一起为了佃农利益将政治生命献给新土地运动？

有关此人的第一个出人意料之处是他的背景：一名在威克洛郡拥有约5 000英亩土地的新教地主。爱尔兰一些最秀丽的乡村美景就在他的土地范围之内。埃文代尔的18世纪坚固宅邸雄踞于地产之上，帕内尔就在这里出生，度过了他的童年。他的父母在宅邸内款待邻近地区的新教大乡绅，其中许多人是他们的亲戚。

不过，帕内尔对他父母的背景并没有采取典型的反叛行动。而情况恰恰相反，他只是将非同寻常的、专心致志的个人抱负投向了政治。他的政治立场的力量源泉，有一部分是源自比 19 世纪英爱合并主义者更早的新教传统，即 18 世纪的新教独立传统。这个传统存在于英爱合并之前，而且一开始还对合并表示过反对。帕内尔的曾祖父就曾强烈反对英爱合并。在帕内尔生活的年代，旧日新教志愿军的精神仍然驻留在埃文代尔的大厅之中。

这种继承下来的、天生的反对英国政府统治爱尔兰的立场，并没有受到母亲方面影响的削弱。他的母亲是美国人，具有强烈的个性。而美国人在不到一个世纪之前发布了《独立宣言》，坚持认为他们与英国之间并不存在任何特殊的关系。帕内尔的外祖父是一位著名的海军指挥官，曾在 1812 年战争中“打击英国人”。

因此，在帕内尔所继承的政治性格中，已预先注入了背离英国政府的成分。考虑到他家所处的风景如画的爱尔兰背景，那么这种背离只能是爱尔兰式的背离。他儿时的经历有可能加强了他的义愤之情。他在 6 岁时进入一所寄宿学校就读，但这是一所女子学校。作为一个男孩，这段经历给他留下了特别的创伤。

帕内尔由于早年离开家庭而产生的发自内心的怨恨，有助于他形成好斗的个性。这在他年轻时时常表现出来，并在他成年后转化为强大的政治优点。在剑桥大学就读了近 4 年的时候他被开除，因为在夏季学期结束之前他到街上打群架，还被法官罚款 20 英镑（约相当于今天的 1 000 英镑）。之后，还是在那个夏天，他参加了在威克洛郡一家酒店的群殴，但因为他与当地官员的关系很铁，他的对手被罚款。当选下院议员之后，帕内尔由于无事可干，很快就以在议会咨询时间的咄咄逼人的表现而出名，成为爱尔兰议员中一个极端小团体的成员。而大部分爱尔兰议员表现得温文尔雅，不断请求准许设立爱尔兰自己的议会和实行自治。1876 年，一个负责采访议会的英国记者对帕内尔作了这样的描述：

> 帕内尔先生……集爱尔兰议员所有令人讨厌的素质于一身，完全没有任何吸引力……必须对他采取些必要措施……他总是剑拔弩张或愤怒无比的样子，以蛮不讲理的执拗发表荒唐可笑的讲话。

迈克尔·达维特对他作了更加简洁的概括，称他是“完全为爱尔兰打造的那种英国人”，受过英国的教育，说话带英国口音。1879年10月，为开展对抗爱尔兰地主的运动，达维特正式宣布爱尔兰土地同盟成立，帕内尔任同盟主席。

此时，运动越来越带有冷酷性和暴力倾向，暴力的打击对象不仅仅是地主及其代理人，而且包括那些不听从土地同盟的佃农，尤其是那些接手被驱离者土地的佃农。土地同盟在公开场合不赞成使用暴力，土地同盟主席帕内尔和其他在英国议会中的爱尔兰议员都公开谴责暴力，不过有时显得语焉不详。比如，一名来自卡文郡的议员约瑟夫·比格说用枪射击地主不对，因为枪手经常会打不准，误伤其他人。

然而，同盟的基层成员，包括农业秘密会社的成员在内，长期以来已经习惯于在当地以粗野的和既定的方式行事。更重要的是，许多高层领导人与基础成员一样，原先都是芬尼亚成员。同盟认识到通过暴力手段建立爱尔兰共和国的可能性十分渺茫。因此将其精力用在更为现实的目标之上：为在农场主和农民中确立更加明确的爱尔兰意识奠定基础。这些人为达到目的，会毫不犹豫地使用暴力。

帕内尔当然知道土地同盟的高层领导人都是原芬尼亚组织的成员。他本人虽然拒绝加入该组织，但与爱尔兰共和兄弟会的会员保持秘密的联系。他小心翼翼地不去了解那些高层领导人的所作所为，听任运动得益于那些（暴力）手段，而他本人却尽量与之脱离干系。这是一场危险的游戏，但却是手腕出众的政治家必须掌握的本领，帕内尔一生都对此十分老到。无论如何，他将对后来所谓的“土地战争”注入他独特的残酷性，一方面谴责暴力，一方面又挑唆人们采取同样具有恐吓作用的行动。

1880年，帕内尔在恩尼斯举行的一次大型户外会议上提问：“你们将如何对待一个竞标想获得被驱离的邻居的农场的佃农？我听到有人说‘毙了他’，但我想提出一个更好的方式，更加基督徒和仁慈的方式……”接着，他概述了后来所称的“抵制”原则，这个词本是梅奥郡一个土地经纪人的名字。帕内尔首次使用该词来对付他：

> 当在路边遇到他时，你们必须告诉他你对他的看法，你们必须在商店的柜台前告诉他……甚至在祈祷堂告诉他你们对他的看法，采取的方法是将他彻底孤立起来，将他置于道德上的被排斥状态，将他与同伴们隔离开来，就好比他是个晚期的麻风病人。你们必须向他表明对他所犯罪行的憎恶。

在下院，较为温和的爱尔兰党团领袖艾萨克·巴特律师将爱尔兰议员们凝聚起来，但几乎没有实际的影响力。在巴特去世后，帕内尔以在土地战争中的强势表现而继任爱尔兰党团领袖。现在，在帕内尔的领导下，爱尔兰土地问题乃至爱尔兰问题本身都成为英国政治的头条。威廉·格莱斯顿为首相的英国政府将如何加以应对呢？

长期以来，格莱斯顿对爱尔兰问题抱有同情心，在执政之初试图立法保护爱尔兰佃农，但认为在通过立法途径改变土地制度之前，必须恢复法治和秩序。他推出严厉的所谓“强制法”议案，授予军警特别权力，中止实施部分公民权利。帕内尔和他的追随者在下院顽强抗争，迫使下院连续开会达 41 个小时之久，直到议长宣布休会为止。帕内尔和他手下的 35 名议员也被中止议员资格，被议会警卫官带离下院大厅。

与此同时，格莱斯顿提出一项改革爱尔兰土地制度的议案，这使帕内尔陷入困境。随着土地同盟的“战事”越来越趋于暴力，帕内尔发现他自己成了更激进追随者的人质。这项议案的确面向佃农推出了相当大力度的改革，但由于在主张的长期目标方面，即最终将土地所有权转给佃农方面还有保留，所以帕内尔不得已用了自己也觉得有些矫枉过正的方式表示了强烈的反对。议案规定地主不再具有全权处置其土地的权利，设立土地法庭或地租仲裁庭来确定特定条件下公平地租的数额。议案规定佃农只要交纳地租，就不可改变租佃关系；佃农有权将土地租用权连同土地改良的投资支出，一起出租和出售给其他佃农。

这项议案成为法律。尽管帕内尔知道这些都是长期以来所需要的极为出色的改革，但在当时的形势下、在土地同盟追随者激愤的声讨中，他不能很有风度地从英国首相手中接受这部法律。帕内尔尤其得罪不起那些在爱尔兰和美国的原芬尼亚分子（土地同盟的主要财政来源），他们已经为了民族主义的终极目标投入了土地战争。他开始在爱尔兰发表战斗性越来越强的演讲，从各个方面谴责格莱斯顿和英国政府，要他们正视爱尔兰民族主义的热潮。

在 1880 年出访美国时，帕内尔已经不顾一切地投入到他的听众想听到的那种民族主义之中：“当我们推翻了英国的恶政，”他在辛辛那提说，“我们就为爱尔兰立于世界民族之林铺平了道路。我们要牢记这是我们所有爱尔兰人的终极目标……我们所有人，无论是在美国、爱尔兰还是在其他任何地方，在将爱尔兰归属英国的最后纽带摧毁之前，都不会感到心满意足。”

用枪射击地主不对，“因为枪手经常会打不准，误伤其他人”。

土地战争并不是有名无实。1881 年，龙骑兵在利默里克郡的街道上发起冲锋。

尽管帕内尔事后否认他说了上述词句，但他在1881年秋在科克发表了足以使英国政府惊慌失措的言论，宣布爱尔兰只需要英国君主作为唯一的联系纽带。他刚刚在都柏林举行了包括火炬游行在内的巨型会议，发表了具有同样挑衅意味的讲演。这次巨型会议是自奥康内尔在将近40年之前的那场巨型会议以来规模最大的集会。帕内尔与格莱斯顿之间的冲突达到了临界点，格莱斯顿在利兹发表的讲话中，以其具有战斗性和模棱两可的语言，直接抨击了帕内尔：

> 奥康内尔表明了他对英国君主无条件的和明确的忠诚。帕内尔先生说如果英国君主是两国的联系纽带的话，那么这就是唯一的联系纽带。我相信，无论这样的联系纽带是否存在，他都没有将这个问题说清楚。

在谈到爱尔兰由帕内尔煽动的抵制状况和令人遗憾的愤怒情绪时，格莱斯顿继续说道：

> 假如爱尔兰在遵纪守法与目无法纪之间进行最终的角逐和搏杀，先生们，我会毫不犹豫地说：文明的源流尚未枯竭。

对此，帕内尔予以严词回击：

> 很好，这位戴着假面具的侠士、伪称为除了爱尔兰民族之外的所有其他民族的权利而战的斗士，在今天不得不撕去了伪装，用他自己的话语表明：除非你们在他和本国的地主面前卑躬屈膝，否则他将携带火把刀剑闯进你的家园。

1880年，小农由于付不出地租，被强制驱离。重现了1845－1849年大饥荒的场景。

“他们把令爱尔兰岛骄傲的人物，关入基尔梅汉姆监狱冰冷的牢房。”

格莱斯顿使文明源流经受考验。就像当时一位爱尔兰民谣作家所写的那样：

> 专横的格莱斯顿告诫自己，
> 要想安心就必须将帕内尔捉拿归案。
> 所以急忙弄出一张逮捕证，
> 将它投入邮箱。
> 要把令爱尔兰岛骄傲的人物，
> 关入基尔梅汉姆监狱冰冷的牢房。

帕内尔被捕，囚于基尔梅汉姆监狱，但其生活条件还很不错。这对于他来说，是在当时条件下最好的一种处境。帕内尔已经拥有了世界上最好的一切：他是爱尔兰极端主义事业的受难者，但他打算全身而退。与此同时，他已经被洗刷了所有持续性暴力的责任，因为这些暴力活动已经脱离了佃农的愿望，而帕内尔的事业正是为了佃农的利益。新的《土地法》（*Land Act*）执行情况良好。土地法庭确定了合理的地租数额（尽管已欠下的大量地租仍是问题），马铃薯收成不错，这些都意味着土地危机已经得到了暂时的缓解。帕内尔此时无心发动一场更加广泛的政治运动，以满足爱尔兰民族主义热潮的要求，特别是作为其组织终极目标的在都柏林建立全爱尔兰议会的要求。

他的注意力转到个人问题上去了。此事将在后来影响他的政治生涯，给爱尔兰自治组织的政治历史带来最严重的危机。

1880 年，帕内尔在伦敦遇见凯瑟琳·奥谢，与她卷入了一场炽烈的恋爱。凯瑟琳是一位爱尔兰议员威廉·奥谢的夫人。威廉·奥谢是一个活跃而软弱的人物，曾任女王第 18 近卫轻骑兵团军官，此时他希望通过政治途径来获取财富和影响力，并由此带来血统上和交际圈上的提升。他与夫人的关系良好，但志趣并不相投。威廉·奥谢怂恿夫人与帕内尔接近，甚至邀请帕内尔造访其夫人在埃尔特姆的宅邸。显然，威廉·奥谢希望通过获得爱尔兰议会党团领袖的赏识而在政治生涯中更上一层楼。当然，至于他是否会想到他的妻子会在与帕内尔的关系上陷得这么深，尚不得而知。

1880年10月，两人之间有过数次正式的、有些腼腆的信件来往（帕内尔在信中对她的称呼是“尊敬的奥谢夫人”），而两人在帕内尔的伦敦私宅私下会面之后，帕内尔的语气发生了彻底的变化：“我的爱人……你想象不到你是如何整天都占据了我的心灵，而能够再次见到你的憧憬是如何令我心旷神怡……”

次年，在土地同盟陷入危机的紧急关头，就在帕内尔被捕入狱之前，他致信凯瑟琳·奥谢：“我的夫人——我知道你一定为我未能给你写上只言片语而焦虑不安，但我的美人会宽恕她的丈夫……”

但是，凯瑟琳·奥谢与威廉·奥谢上尉的婚姻关系依然十分稳固，并在此后的9年中保持不变。“夫人”和“丈夫”等只是一种表述方法、一种示爱的说法，就像同一封信中在下文中的遣词造句：“你的国王无时无刻地思念着他的王后，祈望她不要伤心，为了他而快乐起来。”

关于他是唯一使凯瑟琳在性关系中获得快乐的男人的说法，很显然是出自凯瑟琳本人。尽管这个说法的准确度还不能确定，但帕内尔作为通奸者，该说法在他竭力为自己完美的道德立场辩护时显得十分重要。当他被关入基尔梅汉姆监狱时，帕内尔知道凯瑟琳已经怀上了他的孩子，在圣诞节前写给她的信中说：“我亲爱的王后……承担世上的任何风险也比不过对你造成的伤害。我的生活怎么能没有我的凯蒂[①]呢？如果你遇到任何危险的话，我亲爱的，我会立即奔向你的身边。”

---

① Katie，Katharine的昵称。——译者注

爱尔兰人向外移民。大饥荒之前、期间和之后持续进行。（厄斯金·尼科尔绘）

1855 年移民抵达纽约。（塞缪尔·沃夫绘）

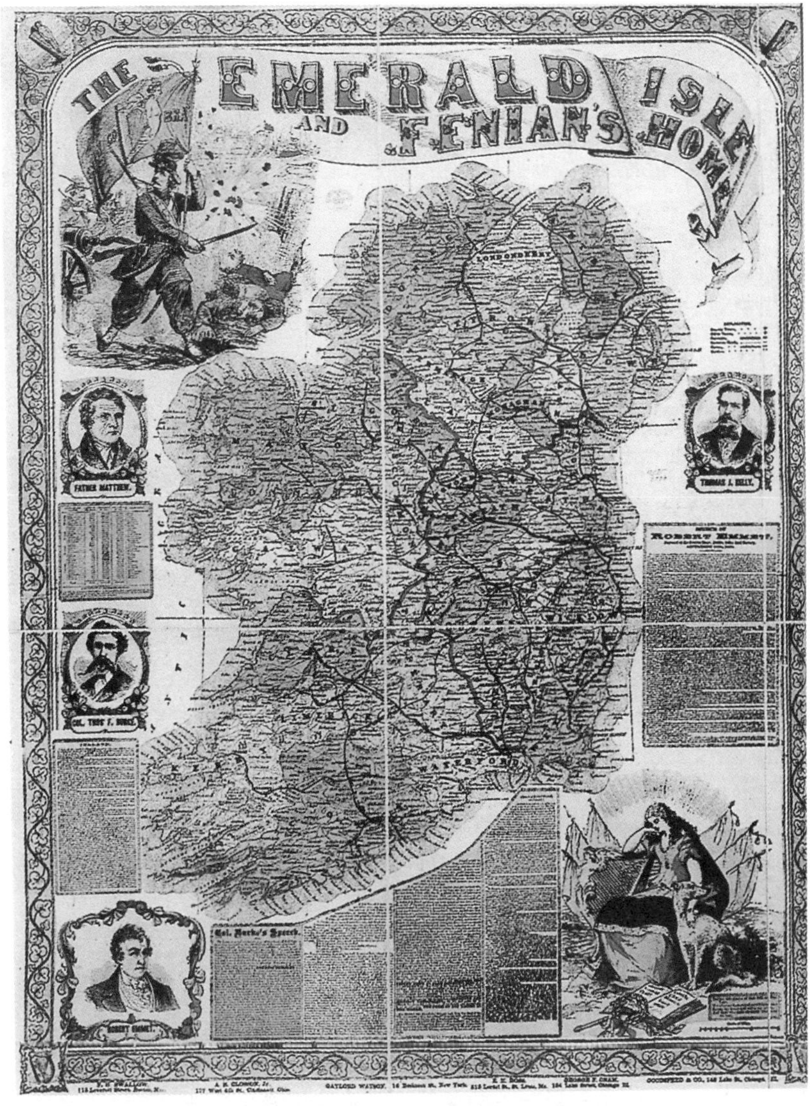

美国芬尼亚组织绘制的爱尔兰地图，配有英雄人物画像。（马太神父，温和派改革家，其同伴则激进得多）

查尔斯·斯图尔特·帕内尔：“任何人都不能为民族进步划定界限……”（《名利场》卡通画）

格莱斯顿处于土地同盟的影响之下。一份革命性的议会提案。

厄尔斯特将会战斗，厄尔斯特将会胜利！（当时的招贴画）

因此，帕内尔有充足的个人理由急欲出狱。同时，他也有过硬的政治理由想要走出牢门。极端主义组织号召佃农拒绝交纳地租，但遭遇失败。佃农们从土地法庭的判决得到好处，因为判决结果合理，可以接受。所以，如果帕内尔想要使爱尔兰局势平静下来的话，他必须与格莱斯顿达成某种协定。这样，格莱斯顿就能以他同情的目光审视爱尔兰仍然存在的其他难题，特别是审视帕内尔和他的党团作为终极目标的爱尔兰民族理想。

帕内尔与格莱斯顿开始进行尝试性的间接谈判。此时帕内尔仍在基尔梅汉姆狱中，帕内尔一方的信使只能是克莱尔郡的议员及其夫人威廉·奥谢夫妇。1882 年 2 月，帕内尔因要出席在巴黎去世的一个侄子的葬礼而获得假释。在离开基尔梅汉姆监狱后，他的确去了巴黎。但在途中，帕内尔在埃尔特姆作了停留，去看望了凯瑟琳刚刚替他生下的他的第一个孩子——一个女儿，但孩子不久就夭折了。5 月，根据一项默契协定，即后来被称为《基尔梅汉姆条约》的口头协定，帕内尔终于获释。此时，与这位自由党首相合作的前景一片光明，帕内尔希望能通过与他的合作，与他的党团一起转到爱尔兰自治事业上来。接着，一个突然的事变毁掉了刚刚产生的希望。

爱尔兰首席大臣威廉·福斯特因反对释放帕内尔而宣布辞职。在帕内尔离开基尔梅汉姆监狱之后数日，新任爱尔兰首席大臣弗雷德里克·卡文迪什被派到都柏林上任。新大臣是格莱斯顿的内侄，帕内尔的一名助手蒂姆·希利轻蔑地说：“我们会在两周之内将他撕为碎片。”他的预言很快就变为事实。

弗雷德里克·卡文迪什勋爵在抵达都柏林的当天晚上约 7:30，与名叫托马斯·伯克的次官一起步行穿过凤凰公园前往总督官邸，后者是一名爱尔兰天主教徒。突然，一伙人手持 12 英寸手术刀向他们袭来。弗雷德里克勋爵试图用手中的伞与他们格斗，但寡不敌众。他

1882 年 5 月，爱尔兰首席大臣在凤凰公园遇刺身亡，给帕内尔带来了灾难性的影响。

新的个人考虑：凯瑟琳·奥谢——“我的妻子……”

但凯瑟琳的丈夫是一个活跃而软弱的人物——爱尔兰议员奥谢上尉。

和伯克（也是主要袭击目标之一）被砍倒在地，死在走道上。这伙袭击者来自由原爱尔兰共和兄弟会会员组成的新秘密会社——“无敌”组织，不久后悉数落网，受审后均被处决。他们的刺杀行动至少得到了英国土地同盟（Land League of Great Britain）高层负责官员的默许，他们在威斯敏斯特与议会党团共用一个办公处。袭击用的手术刀是在伦敦邦德街购买，由土地同盟一位干事的有孕在身的妻子藏在裙子里带到都柏林。

这次谋杀给帕内尔带来了灾难性的影响，使得很长时间里他再也无法与格莱斯顿在民族问题上进行紧密的合作。无论如何，自由党内部对爱尔兰民族主义要求的确切本质的戒心大大加重。这种要求是否意味着最终的分离呢？他们了解的事实是：不管帕内尔的表述是如何的温和，诸如凤凰公园谋杀这样的行动也可以在民族主义的旗号下进行。而且，帕内尔以往在这方面一直语焉不详。

在凤凰公园事件过去了一段时间之后，帕内尔在重新论及爱尔兰民族主义时变得更为明确。1885 年大选由于新增了农业劳工选民而扩大了选民范围，加强了爱尔兰民族主义党团在下院的地位，并能够改变自由党与保守党之间的力量平衡。格莱斯顿终于同意实行爱尔兰自治，即成立全爱尔兰议会。它拥有爱尔兰内部事务的立法权，同时英国政府拥有爱尔兰的全部主权。难道这就是帕内尔所坚持的爱尔兰民族主义的要求吗？

帕内尔天生就是一个杰出的政治家，他不会拘泥于僵硬的原则。“他们将会按照我们的要求去做”，帕内尔曾这样谈论英国政府，此言也是他政治座右铭的高度概括。在爱尔兰民族主义的具体要求方面，他于 1885 年在科克的一次讲话中作了最好的阐述，今天这段话铭刻在都柏林他的塑像上：

> 任何人都不能为民族进步划定界限。任何人都没有权利告诉他的国家：你就应当走这么远，不可多走一步。我们没有为爱尔兰的民族进步划定最高界限，我们永远不会这么做。

或者，按照他同样在科克讲话中表述的更为温和的说法：

> 我不敢预测爱尔兰最终将获得权利的方式……但处在我这个位置的人，就应当考虑到，他的任何言行，都不应阻碍人民在自由方面的进步……尽管我们的计划也许小而有限，但应当不会阻碍爱尔兰希望的最充分的实现。

但是，所有这些都没有削弱他在下院对于1886年《爱尔兰自治议案》发表演讲时的赤诚之心。关于议案以及爱尔兰获得的有限内部事务自由，帕内尔说："我们将这项议案的条款视为爱尔兰问题的最终解决方案，我相信爱尔兰人民已经接受了这个解决方案。"他还作了精确的补充："任何一个持有民族主义观点的爱尔兰人，都不会对议案发出任何不同的声音。"

议案在下院遭到了相当数量自由党议员的反对，当然也遭到了保守党议员的反对。但最强烈的反对来自议会之外，即北爱尔兰的新教徒，当地的军训已经开始。（在下院，按照伦道夫·丘吉尔勋爵的说法，保守党是在"打奥伦治的牌"。）这种来自议会外的反对并不像一代人之后那么具有危险性，因为当时上院还拥有否决所有议案的权力，而且所有人都知道上院会通过《爱尔兰自治议案》，然而，格莱斯顿在回应北爱尔兰的反对时走得过远，如果以一个世纪之后现代英国政府的发言标准来衡量，他的讲话带有挑衅性：

> 我想对那些向我们发出威胁的人的最好恭维，就是对威胁置之不理。将这些威胁视作一种出于恐惧的瞬间发泄，很快就会消失殆尽。我无法掩饰爱尔兰在宪政方面的信念和声音。在六分之五合法当选的议员对这个问题的立场一致的情况下，我不能表述不同的看法……我不能允许厄尔斯特或其他地方的新教徒少数派左右爱尔兰问题。我知道所有的宪政观念都不能容忍这个结论……

帕内尔本人也出面对厄尔斯特进行抚慰：

> 我们不会抛弃任何一个爱尔兰人……新教徒群体将会构成未来的爱尔兰立法机构中最有价值的组成部分，他们作为强大的少数群体将会对制定法律发挥温和的影响……最好的政府制度来自国内所有力量的合成……我们所需要的是爱尔兰所有的族裔和阶层。

虽然1886年《爱尔兰自治议案》由于自由党的倒戈而未获通过，但以今天更为成熟的爱尔兰民族主义的视角来看，这个失败并不像人们预期的那样令人沮丧。事实上，《爱尔兰自治议案》毕竟由英国政府提出，并正式成为英国两大政党之一的施政纲领上的口号，这个事实本身就是一场胜利。帕内尔此时耐心等待，直到政坛上时来运转、爱尔兰党团能再次左右下院中自由党和保守党之间的平衡时再采取行动。同时，其他一些更为私人的问题牵扯了他大部分精力。

到此时，帕内尔与凯瑟琳·奥谢之间的关系已经形成一种事实上的婚姻关系。唯一的问题是凯瑟琳在法律上与另外一个人的合法婚姻状态。从1886年起，即从《爱尔兰自治议案》被否决之日起，奥谢先生越来越努力地规劝凯瑟琳放弃与帕内尔的关系，尽管他此前也许对这种关系睁一只眼闭一只眼。结果，为了尽可能多地住在一起，帕内尔和凯瑟琳不得不采用一系列适合于其处境的手段。他们经常住在埃尔特姆，也经常在南部海岸和其他地方租房同居，帕内尔使用的名字有时是福克斯，有时是普雷斯顿。

但既然奥谢先生反对这种关系，那么他为何不通过正常法律途径要求离婚呢？答案是他对金钱的无尽需求。凯瑟琳有一个非常富有的姑母——本杰明·伍德夫人，她年事已高，对凯瑟琳十分宠爱。这位"本姑母"1886年时已经93岁，若离世会留给凯瑟琳一大笔财产。根据自然规律，奥谢先生知道他不会等很久，就能得到他的那份财产，不想此时提出离婚诉讼，让这位老太太蒙羞，冒失去这笔财产的风险。本姑母在1889年去世，奥谢先生不久就要求离婚。此时正值帕内尔的政治声望在爱尔兰和英国都达到前所未有高度的时候。

两年之前，《泰晤士报》发表了一封由帕内尔于1882年签署的引起轰动的信件。这封信的收信人与之前凤凰公园谋杀弗雷德里克·卡文迪什勋爵和爱尔兰次官的凶手关系密切。信件内容如下：

> 尊敬的先生：
>
> 对于你朋友的愤怒，我并不感到意外。但他和你应当知道，我们只能对谋杀犯进行谴责……但是，你可以转告他和所有其他人，尽管我对卡文迪什勋爵的意外死亡感到遗憾，但我承认伯克是罪有应得。
>
> 你尽可以把这封信给他和其他你信任的人看，但不要透露我的地址。他可以写信给我在下院的地址。
>
> 你真诚的，
>
> 查尔斯·S. 帕内尔

没有人能够认定这封信的正文出自帕内尔的手笔，这在打字机之前的时代属于寻常之事——秘书为之代笔起草，但签名却无疑是他的亲笔。

同一天夜里，帕内尔对下院的一个同事说，他从1878年开始就不用“S”的那种写法，在下院谴责这封信是“心怀叵测和不知廉耻的伪造之作”。

不久之后，《泰晤士报》刊登了另一封据称是帕内尔1882年写的信，看上去确实是怂恿凤凰公园谋杀的铁证。内容如下：

> 这些人在等什么？无动于衷是不可饶恕的。我们最好的人都在监狱里，但什么都没干。我们要停止这种犹豫不决，迅速行动。你们说要给老福斯特公司一点颜色看看。请你们拿出有能力这样做的证据……
>
> 你真诚的，
>
> 查尔斯·S. 帕内尔

这封信中“不可饶恕”（inexcusable）和“犹豫不决”（hesitency）都出现了很奇怪的拼写错误，语言风格粗鄙，与帕内尔很难联系得上。后来，议会任命了一个特别委员会调查这些信件和土地同盟在此期间的总体活动情况。帕内尔至少被证明了在这些信件方面的清白：一个名叫理查德·皮戈特的民族主义记者供认是他伪造了这些信件，此人生活潦倒。他在法庭上中了帕内尔的辩护律师设下的圈套，写下了“hesitancy”，其中的“e”错写为“a”。

帕内尔再次走进下院时，受到了全体议员的起立鼓掌欢迎。他作为一个蒙受冤枉的正直体面之人，一夜之间赢得了英国公众舆论的巨大同情。但是，奥谢离婚案给这一切画上了句号。

虽然凯瑟琳提出的辩护称奥谢先生已经宽恕了她与帕内尔的关系，并反诉他与她妹妹的奸情，但她和帕内尔都没有出庭，显然认为这案件未审理结束之前，就可以用她从本姑母那里继承的部分财产收买一文不名的奥谢先生。不过，家人对遗嘱存有争议，而且要支付给奥谢先生的 20 000 英镑也没有着落。由于帕内尔和凯瑟琳都没有出庭，而在当时案子由法官和陪审团审理，所以原告和他的证人能够提出各种各样令人难堪的指控，而不会受到对方的挑战和反对。

有关帕内尔与凯瑟琳多年的暧昧关系和各种遁词的证据，很快使他们成为媒体和杂耍剧场的嘲笑对象。最具有杀伤力的证据也许是由布莱顿的麦地那排屋的奥谢家出租房女仆提供的未经证实的一件事。她说有一天帕内尔和凯瑟琳在楼上的一个房间里幽会，这时奥谢上尉来到自己拥有的这座房子。帕内尔急忙从窗户跳到阳台上，沿着防火梯下到地面。一会儿之后，他又到前门按铃，假装刚刚来到这里的样子。法庭批准了奥谢先生的离婚要求。

这种事情在天主教的爱尔兰和英国的非国教教徒中造成了灾难性的影响，而非国教教徒是自由党选民的中坚力量。随之立即产生的问题就是：帕内尔是否应当继续留在爱尔兰党团领袖的位置上。他本人从没有对此产生过任何动摇。但党团内部有人认为帕内尔留任的后果不堪设想，因为只要帕内尔留任，格莱斯顿就不必回答他是否是自由党强有力的领袖的问题。

结果，在 1890 年 12 月，爱尔兰议员在下院第十五号委员会房间举行了一次暴风骤雨般的、给人造成巨大伤害的会议。会议高潮时场景如下：

一名议员指出，如果党团罢免帕内尔，那么格莱斯顿就会成为实际上的党团领袖。有人大喊：“格莱斯顿不是爱尔兰党团的成员！”

对此，有人回答道：“他是党团的东家！”

此时，有人心怀歹毒地喊道："谁是党团的女东家呢?"此人是来自南伦敦德里的议员蒂姆·希利，他几年前就知道帕内尔与凯瑟琳的关系，对帕内尔的傲慢和贵族派头感到不快。

现场出现一片喧哗。帕内尔站起身来，面色铁青，十分愤怒，看上去像要打人似的。一个声音喊道："我请求我的朋友——主席先生作出决断!"

帕内尔眼盯着希利怒斥："最好向这个懦夫般的跳梁小丑发出请求，此人竟敢在爱尔兰人的集会上侮辱一位女士!"

会议的表决结果是45票同意、29票反对，帕内尔被罢免。爱尔兰党团在下院和爱尔兰分裂为两大派别：帕内尔派和反帕内尔派。爱尔兰自治问题退居二线，首要的问题是在一个天主教会影响如此强大的国家里，一个通奸者是否能够担任民族政党的领袖？而帕内尔后来迎娶凯瑟琳的做法，并不能洗去他通奸者的名声。

帕内尔一生中最激烈也最具悲剧色彩的斗争开始了，但由于他是在爱尔兰与教会的权势搏斗，失败不可避免。在一系列议员补选中，他竭尽全力试图消除个人问题对他领导能力的影响。爱尔兰党团是否已经听命于一个英国政治家——格莱斯顿？帕内尔突然出示了未经证实的、此前也从未提及的"证据"：在离婚案之前他与格莱斯顿的最后一次私下会见中，格莱斯顿试图要他同意在自由党下次提出爱尔兰自治议案时，淡化这个问题。而且，帕内尔饥不择食地越来越转向土地同盟时期不可靠的盟友：芬尼亚成员或"山边人"（hillside men），但你只可以指望他们将民族主义视为更为重要的抽象事业，而不是一场道德运动。一年之前，帕内尔曾经是"爱尔兰无冕之王"。现在，他一连3次在补选中落败，其中一次有人将石灰撒到了他的眼睛里。

他的身体每况愈下。事实上，这也是体力消耗很大的时期。他在凯瑟琳离婚后与她结婚，一起住在霍夫的沃尔辛厄姆宅邸，这是凯瑟琳拥有的一处房产。帕内尔每个周末都必须离开这里，踏上劳神伤体的旅途，经由伦敦的尤斯顿火车站和霍利黑德前往爱尔兰，到补选集会上发表演讲；之后返回霍夫，再在下个周末前往爱尔兰。1891 年 9 月 27 日星期日，他在戈尔韦郡的一次集会上发表演讲，没戴帽子，用绷带吊着一只因风湿病而不能动弹的胳膊。凯瑟琳为他准备的替换衣服放错了地方，他只好穿着淋湿的衣服在那里端坐好几个小时。之后，帕内尔前往都柏林，在那里逗留了几日，于 9 月 30 日返回英格兰，说他将在“一个星期六”回来。他预报的时间有几个小时的出入。10 月 6 日，帕内尔因心脏病发作在霍夫去世，当时他的妻子就在身边。10 月 11 日星期天的早上，他的遗体运到金斯顿港，葬于格拉斯奈文公墓。

这样，将爱尔兰自治作为爱尔兰民族主义运动“最终解决方案”的希望，也随同帕内尔一起葬入土中。

“民众必须考虑在内”（《泰晤士报》）。厄尔斯特统一派将拒绝接受第二个版本的《爱尔兰自治提案》(1892)。

第八章　我们绝不要爱尔兰自治！

到了1885年大选之后，格莱斯顿首相才发现，他的自由党在下院有赖于爱尔兰民族党86名以上议员的支持才能执政下去。于是，他决定提出《爱尔兰自治议案》。一名保守党人伦道夫·丘吉尔勋爵（温斯顿·丘吉尔的父亲）不久发表了不公开讲话，很快使他声名远扬。在费尽周折为本党寻求新的强有力的定位时，他认定最大的希望在于彻底反对爱尔兰自治，颇有眼光地提出："要打的就是奥伦治牌。"这句话的意思是，反对爱尔兰自治的最好方法，就是借助于北爱尔兰奥伦治兄弟会的力量。该组织传统上对爱尔兰占多数的天主教徒抱有恐惧感。伦道夫·丘吉尔还说，他希望这张牌会是一张王牌，而不是一张杂牌。

自由党和保守党的立场都表明了英国对爱尔兰政策的习惯做法。就像爱尔兰民族主义者毫不犹豫指出的那样：英国政府在处理爱尔兰问题时，主要是出于英国利益，而不是大多数爱尔兰人民的利益。不过，英国政府此时正走上一条危及联合王国整个宪政框架的道路，使整个国家处于自查理一世时代以来最接近于内战的边缘。

奥伦治协会最初于1795年成立，协会的名称取自新教国王奥伦治的威廉，即威廉三世。威廉国王将爱尔兰新教徒从天主教国王詹姆士二世的"暴政"下拯救了出来。该组织是在对一个称作"黎明小伙"的农业和工人阶级秘密会社按照共济会的模式重组而成。"黎明小伙"的名称来自其活动方式：每天凌晨对天主教徒进行恐吓，具体做法是在他们的门上贴上纸条"下地狱或去康诺特"，命令他们搬到南面或西面去。天主教徒一般都会顺从，因为他们看到拒绝服从命令者受到的惩罚——如用枪击穿膝盖骨。

当联合爱尔兰人协会于1797－1798年举行暴动时，这是一个令人感到困惑的时期。该协会由长老会教徒中的激进派组成，要求将爱尔兰新教徒和天主教徒联合起来，组成一个全国性的教派。英国当局不赞成奥伦治协会滥用武力的做法，也看到了利用教派偏见的好处。一名市政官员几乎是预知了丘吉尔勋爵的主张，称奥伦治协会是“一张很不好打的牌”。

这就是当时爱尔兰官方对奥伦治协会的模棱两可的态度，这种态度贯穿了19世纪的大部分时间。19世纪30年代，该协会由于参与了英国的一项以剑桥公爵（Duke of Cambridge）取代威廉四世（William Ⅳ）的阴谋活动，而遭到官方的查禁。但是，当奥康内尔的废除英爱合并运动在下一个十年威胁到爱尔兰社会的既成秩序时，受到尊敬的领导人恩尼斯基伦伯爵（Earl of Enniskillen）对协会进行了重建。奥伦治协会的正式章程规定了兄弟之爱、宽容大度、忠于君主的规章。但是，皇家委员会在调查了19世纪50年代贝尔法斯特的教派骚乱之后，对他们作出了这样的评价：“……未受教育和没有教养之人，其行动完全来自情感和冲动，而不是来自思考。不能指望他们约束自己源于过去经历的狂热，而这种经历使他们获得了对那些被视作手下败将的同胞们的支配权和优越感。”

厄尔斯特统一主义的内部分歧，在1868年废除新教的国教地位时暴露无遗。这是格莱斯顿采取的第一项最终解决爱尔兰问题的举措。一位新教牧师宣布：“我们将战斗，因为一个人可以一手持《圣经》、一手举刀剑……我们殊死的口号是‘禁绝天主教！决不投降！’口号将在天地之间回响，在厄尔斯特各个角落回荡。”然而，一个受到高度尊重的组织——新教防卫协会的要求是：爱尔兰拥有社会地位和财富的人民，有权要求在涉及其财产和宗教方面的所有立法中能够

1886年，格莱斯顿首相在考虑应对爱尔兰的对策。

考虑和保护他们自己的利益。该协会采取了过激的措施，与奥伦治兄弟会成员的挑衅性行动划清界限。但是，奥伦治兄弟会是厄尔斯特所有保卫新教利益运动的力量源泉。唐郡的大教长为抗议当时的《社团游行法》（*Party Procession Act*），与2万名新教徒敲着鼓、举着橙色的旗帜举行示威。他因此而被判处监禁一个月。社会上层普遍对他的这种做法嗤之以鼻，但劳工民众却搭乘专列到贝尔法斯特去庆祝他的获释。

庸俗马克思主义对北爱尔兰今天局势的解释，将会认定新教工人阶级的恐惧和偏见是地主资本家阶级灌输和利用的结果。任何对过去200年厄尔斯特历史所作的真正科学的研究，都可以表明情况并非如此。地主资本家阶级确实利用了这些已存在的原始的新教偏见，但偏见的存在有其自身的原因。工人阶级对地主资本家阶级的不满，并不是由于自己的偏见被利用，而是没有得到他们足够的放纵。这个态度在1974年厄尔斯特工人大罢工时达到了顶峰。

然而，在19世纪80年代开始的反对爱尔兰自治时期，厄尔斯特统一主义的两翼之间几乎没有什么差异。第一次世界大战前夕，其精神上的和谐日益加强，达到了最高峰。来自上等阶层和中等阶层的爱尔兰新教徒，与英国保守党联手，以复仇的手法打奥伦治牌，打出的确是王牌，而不是杂牌。

甚至在1886年《爱尔兰自治议案》提出之前，厄尔斯特就出现了内战的威胁。忠诚与爱国同盟（Loyal and Patriotic Union）成立，报纸上刊登了募集步枪和人员进行军训的广告。有报道称，使用武器的军训和徒手军训都在进行之中。伦道夫·丘吉尔勋爵高呼："厄尔斯特将会战斗，厄尔斯特将会胜利。"厄尔斯特并不一定要战斗，但当《爱尔兰自治议案》在下院未获通过时，贝尔法斯特街头发生了庆祝活动和骚乱，有人在骚乱中被杀。

不久之后，自由党失去了执政权。6 年之后的 1892 年，该党东山再起，在下院的多数议席已经足够通过《爱尔兰自治议案》。厄尔斯特阻止自治的运动也作了更彻底的准备。这年夏天，规模宏大的厄尔斯特统一主义大会（Ulster Unionist Convention）已经在贝尔法斯特的植物园召开。12 000 名代表参加了这次大会，其中三分之一是佃农，其余为商人。开会的地方专门搭建了巨大的帐篷，壁上挂的标语是："为了国家的强大和新生，我们愿意为之流血牺牲。"大会通过决议，绝不参加都柏林议会的选举和议事活动。接着，大会主席阿伯康公爵振臂高呼："我们绝不要爱尔兰自治！"另一位得到听众响应的发言者高呼："我们准备用最后的手段来保护我们自己。"《泰晤士报》记者认定："肯定有人愿意这样做。"

在议会，厄尔斯特统一派及其支持者也是直抒己见。在上院，伦敦德里侯爵（Marquess of Londonderry）指出：为抵抗不忠的天主教的统治枷锁而流血，是正义之举；在下院，桑德森上校声称：在政府动用军队弹压爱尔兰效忠者、迫使他们接受爱尔兰自治之前，效忠者必定能得到英国大多数人的支持。在这里，他显然是不指望得到爱尔兰大多数人的支持。桑德森本人已经在 19 世纪 80 年代初加入了奥伦治兄弟会，组织军事化的活动反对首次提出的《爱尔兰自治议案》。

此时，爱尔兰民族主义者及其自由党的支持者习惯于将这些讲话说成是虚张声势之举。1892 － 1893 年间，确实有不少虚张声势的讲话，所有人都知道即使《爱尔兰自治议案》在下院通过三读（事实如此），上院仍然有权将它否决（事实如此）。但这种顽强的声音确定了厄尔斯特的思想和行为方式，因为一旦上院的否决权被取消，那么爱尔兰自治就成了实实在在的危险。上院否决权在 17 年之后终被取消。

日益普及的历史研究也许可以自由地对这个当时的间隙——长达 17 年的间隙，作实事求是的回顾。这样做很有用处，因为近现代历史上最大的英国宪政危机就要发生，一些事件正在南爱尔兰发生，尽管与北爱尔兰的态度没有联系，但事实上增加了危机的严重性。

就像夏洛克·福尔摩斯著名案例中在夜间出现的狗一样，出奇之处在于这些狗不叫。这17年的南爱尔兰与之相似：政治上几乎是默默无闻。爱尔兰民族党在这些年里只是在等待时机，等待英国政党平衡的变化对自由党有利时，再推动爱尔兰自治。但是，这样的情况要到1910年才会出现。爱尔兰民族党在政治上一蹶不振。自帕内尔"分裂"以来，该党的两个派别持续争斗，对其意志和能量造成了永久性的损害。有关两种不同的政治家优点的讨论，反倒弄混了民族主义的目标。帕内尔那可怜的鬼魂得到了暂时的宁静。

在离埃文代尔帕内尔故居不远的一座教堂里，一个教士在19世纪90年代初的一次布道时说：

> 简而言之，帕内尔主义就是嗜好通奸。所有公开宣称支持帕内尔主义的人，都是在公开嗜好通奸。他们都属于这种嗜好通奸的类型，其领袖是公开的通奸者。因此，作为教区教士，我要对你们说，当这些帕内尔派走进你们的家时，要对他们保持警惕，因为你们有自己的妻子女儿，而且他们会不顾一切地通奸。他们的事业不是什么爱国，而是通奸……

许多民族主义者都对这样的评论嗤之以鼻，其粗俗的档次也降低了民族主义政治的水平。于是他们一般将注意力转移到其他方面，主要集中到了爱尔兰身份的古老源流：如爱尔兰语言、盖尔传说和民间故事的消失。盖尔同盟于1893年创建，特别注意与政治脱钩，同时发动了一场其创建者所称的反对"彻底英国化可怕想法"的战争。同盟主张不仅要鼓励爱尔兰人学习爱尔兰语言，而且要发掘和推广爱尔兰服饰、爱尔兰舞蹈、爱尔兰诗词和歌曲，以及一切可以将爱尔兰特性与英格兰特性区分开来的文化形式。盖尔体育协会（Gaelic Athletic Association）成立的时间更早，在爱尔兰体育运动方面做同样的发掘和推广工作。一场运用英语语言和爱尔兰传统的爱尔兰文学运动，受到了包括诗人和剧作家叶芝这样的文坛巨匠的支持。运动将自身与古代盖尔传说中的英雄人物相联系。这种年代久远但能提高自身地位的神话，却不是议会中的爱尔兰党团所能提供的文化宝藏。

这场范围广泛的具有爱尔兰特性的爱尔兰运动主要在中等阶层和下等阶层中受到欢迎，甚至制造了与趋附英格兰相对应的趋附爱尔兰的新风尚，为爱尔兰人开辟了赢得自尊的新途径。当时，爱尔兰人只有通过模仿伦敦标准的权贵风尚才能展示有限的社会优势地位。而现在，通过确定爱尔兰的不同特性，就有可能感受到同等的权贵风尚。尽管运动宣称与政治无涉，但具有明显的政治内涵。参加这场运动的一小部分政治上的极端民族主义者，表现积极，十分清楚其政治内涵将可以在未来为其目标服务。其中一人是诗人和学校校长帕特里克·皮尔斯，他后来在都柏林附近的拉什法恩汉姆创办了一所学校——圣恩达学校，向青少年灌输爱尔兰特色的爱尔兰精神。由于从浪漫主义的角度看会意识到爱尔兰历史的令人失望之处，许多学生以及校长本人后来都加入了爱尔兰共和兄弟会。该秘密组织经过多年的死气沉沉之后，由新一代年轻人在 20 世纪的最初十年重振雄风。其推动者是一名原芬尼亚成员——汤姆·克拉克，此人在英国监狱中被监禁 15 年，从 1907 年起以他在都柏林市中心的香烟店铺为掩护，开始了他的政治活动。

一位年轻的记者亚瑟·格里菲斯进行了更为公开的尝试，力图将爱尔兰社会和文化新意识与政治动力结合起来。他创办了两份报纸：《联合爱尔兰报》和《新芬报》（意为“我们自己”），向爱尔兰民族推出一项计划：当选的爱尔兰议员不去威斯敏斯特开会，而是留在都柏林的爱尔兰议会议政，组建政府和行政体系，与英国共尊英国君主，但在其他方面保持独立。这不是一个新主张，早在19世纪40年代，青年爱尔兰运动就提出过这样的主张。格里菲斯的主张是基于两个不太可靠的类似例证：匈牙利民族主义者从维也纳的议会中撤出，但没有退出奥匈帝国；18世纪爱尔兰新教"爱国者"在共尊英国君主的基础上，建立了具有一定独立地位的议会。虽然这个具有独创性的想法对那些通过爱尔兰特性的爱尔兰运动来确立爱尔兰身份的人颇有吸引力，但在爱尔兰民众中并没有得到广泛的支持。格里菲斯后来创建的政治组织——新芬党，试图挑战议会党团控制爱尔兰政治生活的局面，但在一战前唯一参加的补选中落败。

议会党团在这个间隙期里能够保持支配地位的秘诀与民族问题无关，而在于完成了由格莱斯顿《土地法》开始的重大社会革命。按照一系列的所谓《土地购置法》，爱尔兰佃农得以成为所耕种土地的主人。"土地购置"是指先由国家买下地主土地，再向佃农提供长期贷款，佃农以分期付款方式偿付本息，利息一般低于原先的地租。两项重要的《土地购置法》分别在1903年和1909年通过，其中1909年的《土地购置法》规定了强制地主出售土地的原则。结果到1920年，1 100万英亩土地改变了所有权，另有200万英亩土地的购买已进入谈判阶段，这些土地的总面积超过了爱尔兰土地面积的一半。在这种情况下，民族问题止步不前，倒不是什么大不了的事了。

严重的不满只是在城镇中出现，都柏林最为明显，但这种不满体现在劳资关系上，而不是体现在政治方面。都柏林贫民窟的状况在欧洲最差，那里居民的工资收入也极低。一战爆发前不久，都柏林发生了第一次自发的爱尔兰工人阶级大规模抗议。由来自利物浦的爱尔兰人詹姆斯·拉金和来自爱丁堡的爱尔兰人詹姆斯·康诺利所创办的爱

南爱尔兰的特性：拉金、社会主义和爱尔兰市民军。

亚瑟·格里菲斯，经济保守主义者、非暴力民族主义者和新芬党人。

卡森得到了他的副手詹姆斯·克雷格（右）的支持，签署《庄严盟约》。其他人将为之流血牺牲。

1914年，厄尔斯特志愿军特种部队在克雷格宅邸前合影，英国保守党对他们表示支持。

尔兰运输工会于1913年夏采取行动。都柏林电车公司的业主毫不退让，导致了罢工、关厂，都柏林的贫民遭受了6个月更加严酷的生活磨难。结果，事件以工人的复工为结束，但他们一无所获。雇主沃尔特·J. 墨菲的唯一失败是未能击垮工会。

这次工人斗争虽然与民族主义的要求没有任何直接的关联，但最终对都柏林工人阶级走上民族主义道路产生了影响。这与爱尔兰特性的爱尔兰运动对其他阶层走上民族主义道路所产生的影响十分相似。不仅贫民窟最差住宅的房主是议会民族主义党团的传统支持者，而且连墨菲本人也是爱尔兰自治运动的重要支持者。这种情况的推论应该是这样的：如果工人的对立面认为实现了爱尔兰自治的民族主义已经足够，那么这样的民族主义对于工人来说就是存有欠缺的。

拉金和康诺利出于自卫目的已经组建了一支统一着装的工人武装——爱尔兰市民军。工人阶级在自身的斗争受挫时，将斗争的矛头指向议会党团。在1910年的两次大选之后，爱尔兰自治运动面临着新的形势，议会党团已经准备接受完全的爱尔兰自治，作为在民族主义要求方面的一种妥协。保守党在反对阿斯奎斯的自由党政府时，以一种报复的心理打出奥伦治牌。

1910年两次大选的结果如出一辙：自由党和保守党平分秋色，拥有82个议席的爱尔兰民族党议员握有左右平衡的力量。在这个意义上，爱尔兰（政党）的地位比以往都更加强大。这不仅体现在自由党离不开他们的支持方面，而且也表现在大选中争论的一个重要问题——废除上院否决权问题之上。自由党政府通过的第一项重大立法就是《1911年议会法》（*Parliament Act of 1911*），废除了上院的立法否决权。这就为《爱尔兰自治议案》获得议会通过和成为法律扫清了道路。但是，爱尔兰自治的势力强大，也意味着北爱尔兰新教徒对爱尔兰自治的抵抗会比以往更加坚决。情况的确如此。

厄尔斯特统一派委员会早在1905年就已成立，此时拥有了一位强有力的领导人——爱德华·卡森爵士。卡森是一位爱尔兰新教律师、都柏林大学选区的资深议员。在《1911年议会法》通过前夕，他从伦敦致信詹姆斯·克雷格，称他在完全承担起新的反爱尔兰自治运动领导职责之前，需要满足自己的一个要求："那里的人们真正想要抵抗。我不想来一场虚张声势的把戏。"克雷格是委员会最活跃的一名委员和自行酿制威士忌的富豪。1911年9月，他甚至在《爱尔兰自治议案》提交讨论之前，就在自己的家乡——贝尔法斯特附近的克雷加文，组织了约5万名奥伦治兄弟会会员和统一党党员参加的大规模示威。卡森对示威者发表讲话："托庇于上帝的帮助，你们和我走到了一起……将会击败有史以来针对自由人民的最邪恶的阴谋。"而且，一旦《爱尔兰自治议案》获得通过，他们就要在同一个上午做好准备，成立新教的厄尔斯特省政府。

军训开始了。在那项《议案》在1912年4月被提交下院讨论的两天之前，一场规模更大的示威在贝尔法斯特郊区的巴尔莫勒尔举行。10万人游行经过一块敬礼场地，在90英尺高的旗杆上，一面据称是有史以来最大的英国国旗在微风中飘扬。在那块敬礼场地上站立的是一个保守党领袖博纳·劳。他保证："当战斗降临时，海峡的另一边一定会鼎力相助。"1912年的晚些时候，博纳·劳在英格兰布莱尼姆的一次大规模统一党集会上宣布："有些事情比获得议会多数还重要……我不能想象，我会对厄尔斯特进行的任何抵抗袖手旁观。"厄尔斯特统一派委员会对能够得到保守党的支持深信不疑。在英国的上次大选中，保守党赢得的选票与自由党不相上下。

与以前两个版本的《爱尔兰自治议案》一样，第三个版本《议案》的内容温和，规定设立一个全爱尔兰议会以及对该议会负责的行政机关，其权限仅限于国内事务，其他权力均排除在外，如涉及君主、战和、陆海军、国际条约、大部分税种的征收的权力。《议案》甚至规定：在最初6年内，爱尔兰议会及行政机关没有控制皇家爱尔兰警察的权力。英国议会在所有事务上拥有高于爱尔兰议会的最终决定权。但是，当1913年1月《议案》在下院三读通过后，爱尔兰人欢呼民族主义取得了伟大的胜利。人们燃起篝火和柏油桶进行庆祝，高唱《国家光复》（*A Nation Once Again*）。

厄尔斯特的决心已经十分坚定。全省的男子都在参加军训，踏着横笛和鼓声的节奏手持木制步枪演练列队行进。到了1913年9月28日，近25万厄尔斯特男子数天时间里已在贝尔法斯特市政厅一张覆盖着英国国旗的桌子上签署了《庄严盟约》（*Solemn League and Covenant*），许多人用自己的鲜血签下名字。近25万名妇女签署了一个类似的文件，对他们表示支持。他们要表达的立场无疑是：北爱尔兰人准备承认他们已不再能够阻止在爱尔兰大部分地区自治，但他们必须集中全力将厄尔斯特排除在自治区域之外。

在下院提出将厄尔斯特的所有9个郡划在自治区域之外的要求时，卡森实际上已经设定了最低要求：将德里郡、安特里姆郡、唐郡、蒂龙郡、弗马纳郡、阿马郡划到自治区域之外。这个妥协的姿态是阻止自由党政府强制全面推行自治措施的一个有力武器。与此同时，北爱尔兰新教徒为保证万无一失，在上院未作任何修改的情况下通过《爱尔兰自治议案》后，厄尔斯特统一派委员会通过当地的奥伦治兄弟会组建了一支拥有10万人的厄尔斯特志愿军。虽然有些富人为志愿军购置了步枪，但大多数士兵手里还没有真枪。这支军队最厉害的地方是其司令官——一位刚从驻印度军队中退役的英国将军乔治·理查森爵士。这项任命是由英军元帅罗伯茨勋爵（Lord Roberts）安排的，它清楚地表明了英国军队的立场。9月，理查森在巴尔莫勒尔举行阅兵，1 万人到场接受检阅。一位富有才华的英国保守党青年律师 F. E. 史密斯担任阅兵现场的“传令兵”。

面对这一切，自由党开始出现松动。阿斯奎斯准备至少会考虑作出一些可以接受的让步，将厄尔斯特的某些郡划到自治区域之外。阿斯奎斯与博纳·劳举行了秘密会晤。这回轮到以约翰·雷德蒙为首的爱尔兰民族党感到惊慌了。雷德蒙宣布：“爱尔兰民族党永远不会同意肢解爱尔兰民族；爱尔兰是一个整体……两个民族说对于我们而言是一种遭人唾弃和亵渎神明的理论。”

但一切都为时已晚。民族党貌似强大的地位突然间变得不堪一击。这是因为自由党需要爱尔兰民族党的支持才能上台执政，而且必须为此付出《爱尔兰自治议案》这样的代价，但是如果爱尔兰民族党由于反对在贯彻议案方面的做法而撤回对自由党的支持，那么这对爱尔兰方面并没有什么好处：自由党和保守党正在联手达成协议，决定将厄尔斯特划在爱尔兰自治区域之外。爱尔兰人被排挤出局。

在这样的形势下，南爱尔兰支持自治的势力，不再等待雷德蒙的下一步指示，迅速组建成一支新的队伍，致力于捍卫全面的爱尔兰自治，与厄尔斯特志愿军相抗衡。这支队伍就是爱尔兰志愿军。其创建者是人数有限的一些共和派极端分子，他们大力重振爱尔兰共和兄弟会，将爱尔兰志愿军视作有朝一日可以用来为自己的目标服务的冲锋陷阵的组织。但是，大部分加入志愿军的普通民众都是雷德蒙的忠实追随者，他们担心英国政府出尔反尔，坚持要求它信守承诺，一字不变地在议会通过《爱尔兰自治议案》。雷德蒙本人对民族情绪的力量感到震惊，只是到了 1914 年 6 月才正式担负起自治运动的领导权，这让那些企图将自治运动纳入其革命轨道的极端分子感到沮丧。

军火走私。厄尔斯特志愿军得到的军火：24 000 支步枪和 300 万发子弹。

南方的爱尔兰志愿军得到的军火：1 500 支步枪和 4 万发子弹。

不过到此时，北部的厄尔斯特志愿军已经十分强大，实力远在南部的爱尔兰志愿军之上。从总体上看，厄尔斯特志愿军的装备更加精良。通过高度专业化人员的出色枪支走私活动，约 24 000 支步枪和 300 万发子弹在 1914 年 4 月 25 日运抵北面的拉恩港和班戈港。警察和军队实际上未能加以干预，武器弹药都分发到厄尔斯特各地的志愿军手里，使得当地拥有步枪的数量达到 4 万支。“厄尔斯特临时政府”成立，随时准备接管本省的行政治理工作。

到这个时候，英国军队内部也出现了戏剧化的表现，十分清晰地展示了此时英国宪政制度危机达到了何种危险的程度。面对厄尔斯特志愿军强有力的挑战，政府必须问自己是否做好了使用武力强制推行议会法案的准备。与这个问题相关的、几乎尚未触及的问题是驻扎在爱尔兰的英军是否要执行政府“制服”厄尔斯特的命令。显然，后面这个问题的含义令人感到害怕。另一件棘手的事是：陆军部作战处长亨利·威尔逊爵士是爱尔兰人，他的祖辈在 200 年前就已定居爱尔兰，但他坚决反对任何形式的爱尔兰民族主义，积极与保守党和厄尔斯特志愿军的领导人密谋，力图避免政府运用武力推行与爱尔兰自治相关的法律。

驻爱尔兰英军总司令亚瑟·佩吉特爵士已经到伦敦询问：如果他的军官拒绝服从与厄尔斯特志愿军交战的命令，他应如何处置。在正常情况下，对于任何有自尊的职业军官来说，这样的问题完全是多余的，但此时的情况并不正常。佩吉特得到的答复是：如果军队最终要对厄尔斯特志愿军作战，允许来自厄尔斯特的军官“消失”；其他任何拒绝执行命令的军官将被开除军籍。

回到爱尔兰之后，佩吉特十分愚蠢地询问那些家不在爱尔兰的军官：如果接到命令向厄尔斯特开战，你们是愿意执行命令还是宁愿被开除军籍。卡勒军营骑兵旅的 60 名军官，包括司令官赫伯特·高夫在内，都回答说他们宁愿失去军籍。这个事件通常被称为“卡勒兵变”。

显然，兵变实际上并没有发生。在这个事件之后，发生兵变的必要性也不复存在。几乎没有政府会在这种情况下强迫军官摊牌，而善于见风转舵的阿斯奎斯政府尤其如此。使事态更为严重的是，奥尔德肖特驻军司令道格拉斯·黑格将军到伦敦反映情况，称他手下的军官都坚决支持高夫。高夫本人被召到伦敦，当他回到爱尔兰时，带回了帝国参谋总长的手令：他指挥的军队不会被派到厄尔斯特去强制实施《爱尔兰自治法》，还规定他可以将手令内容通知他手下的军官。

所有这一切对于那些拥护爱尔兰自治的温和派的影响可想而知。他们曾对爱尔兰自治的温和措施感到满意，认为这是爱尔兰民族主义大功告成的标志。此时，他们别无选择，只有继续跟随雷德蒙，但雷德蒙的地位已经大为削弱。此时有两个问题已经公开化了：一是在将厄尔斯特某些郡排除在外的问题上，雷德蒙到底能接受何种程度的妥协？二是雷德蒙的支持者会接受这种妥协吗？

1914 年 5 月，由于两个非同寻常人物的努力，爱尔兰志愿军开始了秘密行动。这两个人是罗杰·凯斯门特，一个来自安特里姆郡格伦斯的新教徒，由于担任英国领事官员而封爵；厄斯金·奇尔德斯，一位英国公务员，父亲是英国人而母亲是爱尔兰人，积极地投入爱尔兰自治事业。这项秘密工作就是为爱尔兰志愿军提供武器。当时，这支队伍还只有木制步枪和少量的由私人购买的步枪。志愿军从德国购买的武器将由私人游艇运抵爱尔兰。此时，当阿斯奎斯试图使双方就修正《爱尔兰自治议案》达成一致时，双方的最终谈判立场已十分清楚。

雷德蒙的立场并未得到追随者全心全意的支持，他坚持厄尔斯特的任何郡均可不受都柏林的议会管辖，但期限只有 6 年；6 年后，除非帝国政府干预，这些郡将自动回归都柏林议会的管辖范围之内。到最后时刻，雷德蒙作出进一步的让步，同意放弃 6 年限制，这样厄尔斯特所属各郡的除外期限变为不定期。按照这个安排，厄尔斯特 9 个郡中的 4 个：唐、德里、安特里姆和阿尔马肯定会列入除外范围，划到自治区域之外。

卡森和保守党的最终立场是将唐、德里、安特里姆和蒂龙等 4 郡以及弗马纳郡北部和阿马郡北部、中部永远列入除外范围。回顾这段历史时，值得注意的是，假如雷德蒙接受了这个立场，那么所获得的安排将会比那些更为暴力和极端的领导人最终获得的“分离”安排要好一些。但对当时的爱尔兰自治主义者来说，这种将蒂龙郡以及厄尔斯特其他郡的人数众多的民族派列入永远除外范围的让步是不可想象的，也是不可接受的。

7 月 26 日，凯斯门特和奇尔德斯从德国弄到的那批武器，由奇尔德斯用他的游艇“阿斯加德号”巧妙地经北海运抵都柏林附近的霍思，送到爱尔兰志愿军和爱尔兰市民军的青年分支——“义勇军”的手中。在去都柏林的途中，警察在“国王苏格兰边民团”（King's Own Scottish Borderers）100 多名士兵的增援下，试图拦截这批武器，但未能成功。志愿军将运来的约 1 500 支步枪弄走了，只有 19 支步枪被扣。爱尔兰民族派注意到当局的这次拦截行动与对厄尔斯特志愿军在拉金运送更大数量武器行动的放任举措，形成了鲜明的对比。当天的晚些时候，“国王苏格兰边民团”的一支部队在返回都柏林军营的路上，不断受到跟在后面的人群的骚扰，最终在利菲河上一个名叫“单身汉走道”（Bachelor's Walk）的港口掉转枪口向人群射击。3 名平民被打死，约 38 人被打伤。这个流血事件发生在民族派实现政府允诺的自治受挫之时，使得两种不同的对于厄尔斯特的态度更加水火不容。

几天之后爆发的欧洲战争改变了这个局面。为维护国家团结，保守党和卡森同意不再立即对《爱尔兰自治议案》提出修正案。但当这个《议案》于 1914 年 9 月 18 日成为法律时，他们还是作出正式的回应，集体退出下院大厅。作为交换条件，阿斯奎斯和雷德蒙同意将爱尔兰自治即日起推迟 12 个月或直到战争结束时实施，以所需时间较长的那个时间节点为准。由于当时人们以为战争将很快结束，所以他们认为爱尔兰自治将在 12 个月之内实施。到那时，一项针对厄尔斯特的修正案将会提出。换言之，那些不可逾越的难题只是暂时搁置而已。

但是，一个新的情况出现了。雷德蒙和支持自治的大部分民族派成员认为他们能够以此来占得先机和解决已存在的问题。通过对战争中的英国作出贡献，他们相信爱尔兰就能够有权确保在 12 个月之内以本来的方式实现自治，不再推出任何修正案。他们正在这样做，开始将数万名爱尔兰志愿军改组为英国军队。在此基础上，雷德蒙呼吁爱尔兰志愿军积极参战的讲话受到了普遍的欢迎。只有人数很少的极端派表示反对，他们认为志愿军最初创建的目的是为了革命。这些约13 000人的极端派宣布从 18 万人的队伍中退出，并带走了“爱尔兰志愿军”的名称，其剩下的主体则使用“民族志愿军”的名称。

尽管像雷德蒙声称的那样，这些做法在道德上很有吸引力，甚至具有合法性，但它们忽视了整体局势中的一个关键因素。北爱尔兰的奥伦治强硬派对此不会感兴趣。1915 年 5 月，卡森参加了阿斯奎斯内阁。

随着有史以来规模最大战争的恐惧蔓延开来，人们的心头阴云密布。但有一点是肯定无疑的，即爱尔兰问题不会随之消失。

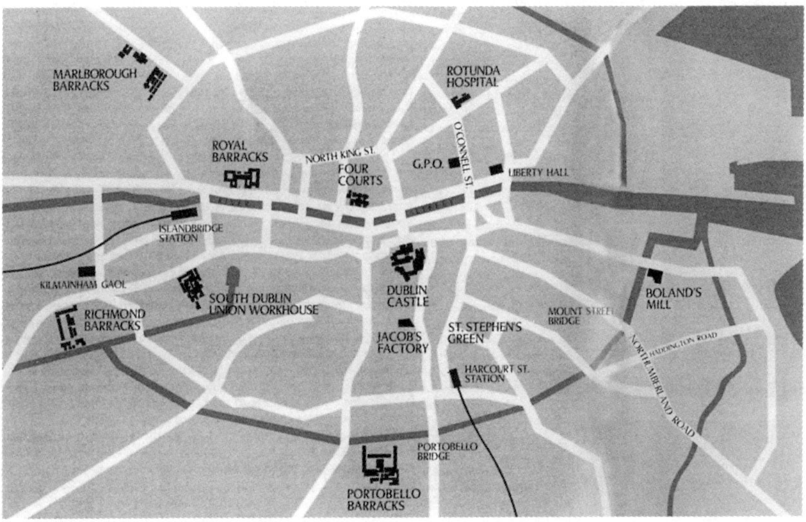

1916 年暴动发生在都柏林：地图。

第九章　1916 年

1916 年暴动是一个十分突然和戏剧性的事件，最终给英爱关系带来了非常重大的变化。因此，我们今天如果还想尝试着站在当时的角度对它作出评价，恐怕会比评价最重要的历史事件都更加困难。在爱尔兰，为了满足长期的政治利益需要而将这场暴动说成是爱尔兰人民的自发起义，而且暴动者本身也是这么标榜的。在英国，对帝国衰落事实加以承认的需要，使得英国对爱尔兰政治历史中这种陈词滥调持缄默的态度。事实上，对 1916 年爱尔兰英雄表示敬意的最好方式（其中一些是名副其实的英雄）是揭示他们在当时成为英雄的那种非英雄的、甚至是荒唐可笑的环境。

长期以来，都柏林城堡中的英国当局有充分的理由认为那些参加暴动的爱尔兰志愿军和爱尔兰市民军的男女成员不能代表爱尔兰人民，而且不把他们当回事。当局认为最好视他们为笑柄，而不是通过迫害或解除武装的方式将他们变为爱尔兰的二流烈士，所以甚至在战时也允许他们身穿军服带着武器在都柏林街道上列队行进。几十年之后，人们仍然以这样的言辞描述对他们的记忆："他们对我们来说无足轻重，我们只是将他们视为笑柄……"或者，"我认为他们实在太差劲了"。

1914 年初，一位颇具艺术眼光的电影摄影师，用摄影机缓慢地从左到右拍摄奥康内尔街（当时的正式街名是萨克维尔街）的街景，给人留下了深刻的印象。这给今天的我们留下了那些安定时代普通一天的动态图像资料，记述了普通人的日常琐事。按历史学的观点，其

1913年，尚无三色旗。为捍卫爱尔兰自治而招募志愿军的告示。

约恩·麦克尼尔，1893年共同创立盖尔同盟，1913年任爱尔兰志愿军统帅。暴动时也被蒙在鼓里。

爱尔兰志愿军，1914年。他们都在等着看英国政府实践诺言，对整个爱尔兰实行自治。

意义最大之处是摄影师通过一个用硬纸板剪出的三叶草[①]图景来拍摄，突出旅游者对爱尔兰的温和印象。在这个三叶草的世界里，镜头缓慢地展现了这条以议会民族主义者丹尼尔·奥康内尔命名的主要街道的景象，奥康内尔的塑像立在街道的尽头。在塑像的后面是当时仍然高高耸立在那里的纳尔逊海军上将的塑像。此外，带有三角形屋顶的邮政总局也出现在画面中，这座建筑当时并没有特殊的意义。假如你对路人说邮政总局不久将成为爱尔兰共和派暴动的总指挥部，他们肯定会认为你的脑子有毛病。此时的南爱尔兰比历史上的任何时候都更忠于英国君主。

对此，政治上的原因十分清楚。英国的自由党政府当时正在议会中审议通过英国君主治下、包括整个爱尔兰在内的本地自治议案。此举的确面临着厄尔斯特和保守党在议会内外的反对。不过，对于大部分爱尔兰民族派来说，这种反对只是虚张声势，与他们在过去25年中一直憧憬的、现在正在实现的爱尔兰民族主义梦想相比，只占据次要的地位。在第一次世界大战爆发后的几个星期内，面向整个爱尔兰的自治议案获得通过，成为法律。这部法律由国王签署，收入《法律全书》（*Statute Book*），将在12个月之后或战争结束时生效，以所需时间较长的那个时间节点为准。而意在安抚厄尔斯特的“修正案”也拟订出来，但这个换个时间、换个情况则得到的反应肯定大不相同的问题，这时在对比之下显得并不重要。此时，爱尔兰民族派的当务之急就是为英国在战争中的胜利作出自己的贡献。

在爱尔兰各地，民族派纷纷加入英军，感到他们至少已经将爱尔兰变为一个欧洲小国。南爱尔兰各个团——康诺特骑兵团、芒斯特燧

---

① 三叶草（shamrock）是爱尔兰国花，即白色酢浆草，也叫做天蓝或三叶苜蓿花。——译者注

发枪团和都柏林燧发枪团等的官兵，此时与来自厄尔斯特的爱尔兰人并肩行进，到欧洲战场上去厮杀。这让爱尔兰民族派感到自豪，让年轻一代得到鼓舞。当第一批获得维多利亚十字勋章的爱尔兰人于1915年凯旋而归时，他们受到了热烈的欢迎。

但是，爱尔兰还存在着另外一种完全不同的极端爱国主义传统。这种传统顽固地反对英国一切形式的统治，认为接受爱尔兰自治是一种出卖行为。到此时，这种极端的爱尔兰爱国主义传统几乎已经绝迹，但仍然存于都柏林一个老芬尼亚分子、共和派成员汤姆·克拉克的心中，当时他在市中心开了一家香烟商店。克拉克因企图在英国城市引爆炸弹而入狱15年，获释之后到美国去住了几年。但在1907年，他回到了爱尔兰，以都柏林的这家烟店为据点，集结了人数不多的极端分子。他们率领爱尔兰志愿军与雷德蒙决裂，拒绝在战争中与英国合作。其中有好几个人与克拉克的情况相似，均为爱尔兰共和兄弟会的老会员，他们有不少年已经停止了政治活动，但在克拉克的影响下重新活跃起来，并得到了来自厄尔斯特的民族派青年肖恩·麦克德莫特的协助。

就在大战开始之后，这个集团的领导者召集了一次会议，讨论爱尔兰共和兄弟会及立场相似者应如何对待这场战争。芬尼亚的一句传统格言是："英国的困难就是爱尔兰的机会。"尽管事实上绝大多数爱尔兰人认为既然爱尔兰自治已经成为法律，那么英国的困难就是爱尔兰表明其诚信的机会，他们寄希望于英国也会以诚相待。但是会议作出决定：在战争结束前举行反英武装暴动。参加会议者除了克拉克和麦克德莫特之外，还有帕特里克·皮尔斯和詹姆斯·康诺利。皮尔斯是诗人和学校校长，他越来越坚信爱尔兰需要作出流血牺牲；康诺利则是工会组织者和社会主义共和派成员，已经在工人中组建了"爱尔兰市民军"，以便在劳资纠纷中保护工人免遭警察的伤害，而且最急于使爱尔兰摆脱英国君主的统治和建立爱尔兰共和国。

这些密谋者在许多起宣传作用的外围组织中十分活跃，如“中立同盟”（Neutrality League）和长期存在的“沃尔夫·托恩纪念委员会”（Wolfe Tone Memorial Committee）。正是后一个组织在1915年安排了一次重大的公共活动——为资深的芬尼亚成员杰里迈亚·罗萨举行葬礼。罗萨因参加了19世纪60年代芬尼亚的密谋活动被英国囚禁过一段时间，此后到美国流亡了40年后去世。19世纪80年代，他参与组织了在英国城市实施炸弹攻击的行动。但后来，罗萨支持雷德蒙的爱尔兰自治运动。不过，这些新的密谋者看重的是罗萨历史上的革命经历。他们将这场葬礼变为其宣传活动和组织能力的重大胜利。

数千名性情温和的普通民众鱼贯经过这位逝者的灵柩，其在历史上其他时候显得过于极端的爱国主义在此时却特别适合赢得人们的尊重。爱尔兰志愿军在现场安排了武装仪仗队，但其普通成员很难想到其领导人已经在策划用他们发动一场暴动。雷德蒙的志愿军当时也在葬礼上出现，排着长长的队伍行进，未带武器。他们相信《爱尔兰自治法》（*Home Rule Act*）实现了爱尔兰民族的所有目标，他们的任务就是在国内外捍卫这项法律，反对任何修正案。因此，他们认为完全有必要向一位在不同时代用不同方式坚持民族主义的爱国者表达军人的敬意。新的一代正在策划在不久之后采用这种极端方式行事，他们利用这个机会使公众舆论再次倒向他们。但在葬礼的那一天，不会有什么人会接受这些极端的想法，而是将葬礼视为一个重要的历史时刻：在迎接更好未来的前夕对爱尔兰的悲惨过去的一种追忆。

但是，组织这场葬礼的爱尔兰共和派要确保葬礼能够击出坚定的军事音符。一排子弹在陵墓的上空掠过。当灵柩放入墓穴之际，其中一个参与暴动密谋的共和派成员——身着爱尔兰志愿军军服的帕特里克·皮尔斯，从口袋中拿出一张纸，发表讲话说爱尔兰的未来蕴含于过去的激情之中。他高声痛斥英国政府："笨蛋！笨蛋！笨蛋！他们让我们芬尼亚兄弟们死去，而当爱尔兰填满这些坟墓时，爱尔兰就绝不会平静地忍受这种不自由。"

罗萨的葬礼充分证明了在爱尔兰共和兄弟会核心层的指导下，爱尔兰志愿军的组织能力。南爱尔兰的其他非政府武装力量也在准备之中。康诺利的人数不多的爱尔兰市民军自豪的口号是：争取爱尔兰的彻底独立。这支队伍定期在爱尔兰运输工会位于自由大厦的总部门外，在其司令官詹姆斯·康诺利的注视下举行阅兵。事实上，正是由于康诺利的急躁情绪和对爱尔兰共和兄弟会的行动决心及谈判意愿的不信任，才最终使皮尔斯和志愿军中的秘密团体同意在1916年复活节发动武装暴动。在此前几个星期，即1916年3月17日的圣帕特里克节，志愿军少数派在都柏林市中心举行了较大规模的阅兵，约2 000名官兵在皮尔斯和其他军官面前列队走过。康诺利采取了相应的行动，带领他的爱尔兰市民军到都柏林的关键地点举行预演巡游。他在波达贝洛桥停下来，指出那里的一座公共建筑占据了俯瞰波达贝洛军营的有利位置。然后，列队行进绕过圣斯蒂芬公共绿地抵达谢尔本酒店。康诺利说，这家酒店将成为一座提供美餐和住宿的高级军营。

都柏林暴动的总体计划是攻占都柏林市中心的战略要地，控制市内军营和通往市内的要道以及火车站。这些派军据守的具体地点有：法院大厦，从这里可以控制马尔伯勒街和皇家军营；南都柏林公会济贫院，从这里可以堵住里奇蒙军营的出入口和控制国王桥车站；雅各饼干厂和圣斯蒂芬公共绿地，从这里可以堵住波达贝洛军营出入口和控制哈考特街车站；波兰德面粉厂，从这里可以阻击英军由金斯顿港派来的援军。总部设在奥康内尔街的邮政总局。

约翰·雷德蒙，爱尔兰民族主义领袖。爱尔兰自治是他的胜利。雷德蒙在检阅绿旗下的爱尔兰志愿军。

但是，其他人有其他人的主张。人数不多的工人组成的爱尔兰市民军在工会总部——自由大厦前列队。

该计划还有另外一个不可缺少的重要部分，即将暴动扩大到国内其他地方。一批订购的武器，主要是20 000支步枪，在复活节前的一个星期从德国用船运来。运输船是一艘由德国海军指挥的“中立”船——“奥德号”。与此同时，罗杰·凯斯门特搭乘一艘德国潜水艇一同到达。凯斯门特原是一名英国领事，长期以来一直是执着的爱尔兰民族主义者，正是他安排了德国运输军火的事宜。他实际上对德国提供援助的程度不抱幻想，登陆之后告诉民族派领导人：如果他们只是依靠运来的这批武器，就不要举行暴动。

在登陆之前，凯斯门特在潜艇上刮去了胡须，以防人们认出他来。耶稣受难节的清晨，他乘坐一艘橡皮艇在凯里郡一片叫做“班纳海滩”的偏僻地方上岸。尽管凯斯门特十分小心，但他几乎立即就被认出和逮捕。他的被捕引发了一系列最具戏剧性的事件。

策划暴动的密谋集团已经遇到了一些麻烦，问题之一就是计划制定后太过隐密，很多人都不清楚行动细节。被蒙在鼓里的人员当中包括爱尔兰志愿军的正式领袖、研究爱尔兰古代历史的知名教授、盖尔同盟的共同创建人之一——约恩·麦克尼尔。

麦克尼尔虽然不赞同雷德蒙和爱尔兰大多数人在战争中与英国合作的立场，但他一直认为志愿军只有在政府要解除自己的武装时，才能进行武装自卫。在复活节之前的一个星期，他得到汇报：复活节早上的“活动”只是为了掩饰反抗英国政府的武装暴动。麦克尼尔大为震惊，决心采取一切手段（除了向当局通报之外）阻止这场暴动。但是，他又得到汇报：据称政府打算解除志愿军的武装，包括拦截已从德国启运的武器；由于德国舰只没有无线电设备，所以无法阻止这艘船来爱尔兰。这样，麦克尼尔只得不情愿地表示同意暴动可按计划发动。接着，新的消息传来，称不仅凯斯门特被捕，而且“奥德号”也被英国皇家海军拦截，德国水手已经将船凿沉。麦克尼尔得知这个消息后又回到原先的立场，拒绝批准举行暴动。他还采取了进一步的措施，在一家星期日发行的报纸——《星期日独立报》上刊登由他亲自签署的启事，宣布取消那一天将举行的“活动”。

此举在爱尔兰志愿军内部造成了巨大的混乱，因为其中大部分人以为那天只是单纯举行这些集体活动而已。皮尔斯、康诺利和其他领导人决定暴动在第二天举行，以他们自己的名义发出命令，原计划在星期日举行的“活动”将推迟 24 小时，改在复活节后的星期一举行。但是，这天出来参加“活动”的人数少了许多，只有不到 1 000 人。在此后的几天里，另有 800 人加入了进来。

直到 1916 年，英国当局都一直容忍爱尔兰志愿军和爱尔兰市民军的怪异举动。但是，英国当局在得到海军情报局的通报（该局已经成功地破译了德国海军密码），得知复活节将有人发动暴动，还有从德国运往爱尔兰的军火会用于暴动后，局势一下子严峻起来。在复活节前的星期四，英国当局作出决定：解除爱尔兰志愿军和爱尔兰市民军的武装，抓捕两支军队的领导人。

接着，英国当局得到了凯斯门特落网和运送武器的船只被凿沉的报告。当局以为在这样的情况下，任何暴动都不可能再发生了。而且，《星期日独立报》上的启事也最终验证了这一点。这样，麦克尼尔刊登启事之举实际上对皮尔斯、康诺利等人大有帮助。尽管逮捕两支军队领导人的命令继续有效，但当局认为既然不会有暴动立即发生，而且星期一是法定假日，将举行广受欢迎的赛马，所以决定将逮捕行动推迟到星期二。

但是，在这个法定假日的上午，并不是所有人都去看赛马。那些接到命令的爱尔兰志愿军和爱尔兰市民军的官兵早早地奔向预定的集合地点，其中最主要的一个是康诺利的工会总部所在地——自由大厦（Liberty Hall）。

年仅 15 岁的文尼·伯恩是一名年轻的志愿军士兵，来自工人阶级家庭。他在去圣斯蒂芬公共绿地的路上，被一个志愿军军官撵回了家，原因是他的年纪太小。伯恩因为未能参加游行（他还不知道要举行暴动）而伤心落泪，但走在半道上遇到了一个年纪较长的朋友，告诉他别理会什么命令，跟他走就是。于是，他进入了雅各饼干厂的阵地，在此后的一个星期里一枪未发。但在 4 年之后的 1920 年“血腥星期日”，他和其他人在起床时被英军军官用冷血手段处死。

那天早上另一个在赶路的人是迈克尔·奥瑞希里，他与麦克尼尔一样，一直不赞成举行暴动。不过，他是爱尔兰志愿军的主要创建人之一，也是主张与雷德蒙参与英国一方作战的行动划清界限的重要人物。当得知暴动肯定要举行时，奥瑞希里作出决定“既然已经动手拧紧了时钟的发条，那么他就一定要听到钟声”（事后，叶芝称这句话出自奥瑞希里之口）。他双腿打上了绑带，向他怀有身孕的妻子和 4 岁的儿子挥手告别，驾驶他引以为豪的迪昂-布通摩托车驶向战场。

一位资深的芬尼亚成员——汤姆·克拉克也向他的妻子道别。她后来说，当你意识到你不能就此崩溃时，你就必须在道别时尽量保持随意平常的样子。她甚至不能肯定他们在道别时是否握了手。

一批住在英国的具有芬尼亚志向的爱尔兰人，在这几个星期里返回爱尔兰，相信一场暴动有可能近在眼前。这批人有 50 多个，住在都柏林外围基美奇的一个特别营地里，其指挥官是乔治·普伦基特，他的一个兄弟参与了暴动的策划。由于那里离自由大厦很远，所以他们武装截住一辆有轨电车，全部上车后，命令司机直接开进都柏林市区。乔治·普伦基特来到售票员的台阶上，清点人数，然后全部代他们付清了车票钱。这件事表明了暴动首日业余性和致命性纠结在一起的奇怪现象。

响应号召：数万名南方的爱尔兰志愿军加入英军参战，以争取小国的权利。

1920－1921 年爱尔兰共和军的一支突袭队。（肖恩·基廷绘）

今天对于 1916 年成功的暴力传统的追求。

与爱尔兰共和军囚犯的交流场景，都柏林，1920 年。（杰克·叶芝绘）

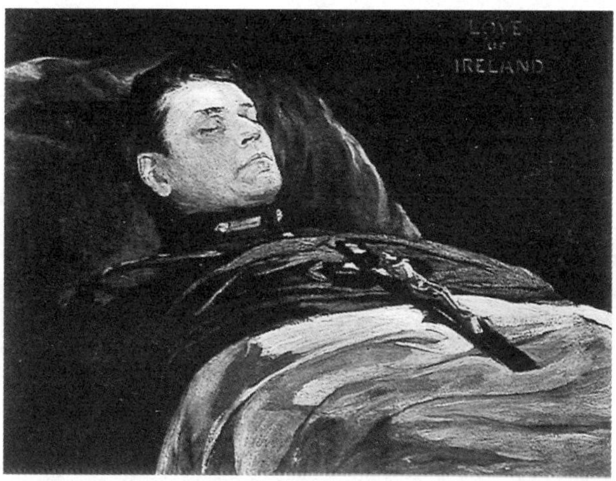

暴动领袖迈克尔·柯林斯：“……肯定，他们不会在我的家乡对我开枪。”（约翰·拉威利爵士绘）

贝尔法斯特的奥伦治日游行。无论如何，要保住自己拥有的权利。

蒂珀雷里郡尼纳（Nenagh）的招贴画：“切断与英国的联系纽带——导致我们一切政治罪恶之源……”

在自由大厦，爱尔兰志愿军和爱尔兰市民军的所有指挥官，包括皮尔斯和康诺利在内都已集合完毕。士兵大都来自这两支军队，还有来自青年组织——“义勇军”（按照古代盖尔近卫军的名字命名，芬尼亚组织的名称也来源于此）和“妇女同盟”。一些义勇军只有长矛。第一支派出去的暴动队伍前往圣斯蒂芬公共绿地，共有 28 名市民军官兵和 8 名义勇军士兵。之后，一个年仅 16 岁的志愿军士兵杰克·弗林在前往波兰德面粉厂附近的一家面包房的路上，经过他的家门。当时他的母亲正好站在门道上，看到他拿着一支枪。虽然她以为杰克只是去参加游行而已，但仍然感到害怕。不久之后，他进入那家面包房，告诉被吓坏了的工人们必须停止烤面包。杰克事后回忆道：“那些人看上去丈二和尚摸不着头脑，你都想不到他们当时的样子。”

大部队跟随康诺利、皮尔斯和克拉克由自由大厦前往位于都柏林市中心的暴动总部——邮政总局。在那里，一些感到好奇的公众出来围观。不一会儿，帕特里克·皮尔斯在邮政总局门口宣读一个更加令他们不解的成立爱尔兰共和国的声明。

“以上帝的名义，”皮尔斯大声读道，“从逝去的先辈那里，爱尔兰继承了古老的独立国家传统。这些都通过我们号召爱尔兰的子民们站到爱尔兰的旗帜下，为自由而奋斗。”

在提及了那些提供援助的欧洲英勇盟国（德国）之后，声明称爱尔兰首先依靠自己的力量，完全有信心通过奋斗来取得胜利。

第一个胜利是对付沿着奥康内尔街巡逻的一伙武装轻骑兵，显然他们对当时的情况一无所知。一些被派到邮政总局的志愿军正在路上，看到武装轻骑兵后突然开火。这些轻骑兵被打了个措手不及，当场有 4 人被击毙。

在邮政总局内，暴动者的主要行动是击碎窗户，用邮袋装上煤炭、钉子、纸张或其他杂物，做成“沙包”使用。一些窗户是用从附

左上图：詹姆斯·康诺利，性格急躁的市民军领袖。“谢尔本大酒店将变为坚固的堡垒……”

上中图：汤姆·克拉克，因企图用炸弹袭击英国城市而被监禁15年，在基尔梅汉姆获得新的任命，称：“你就必须在道别时尽量地保持随意平常的样子……”

右上图：帕特里克·皮尔斯（右）与他的弟弟威利：“……越来越沉溺于作出流血牺牲的需要。”

1915年，皮尔斯（牧师左侧身着军服者）在奥多诺万·罗萨墓前说：“笨蛋！他们让我们芬尼亚成员死去……”

近亨利街的蜡制品厂运来的蜡像垒起来挡住的，这样亨利五世、玛丽女王和基奇纳都成了挡窗户的“沙包”。

另一个必须控制的重要地点是雅各饼干厂连同在圣斯蒂芬公共绿地的阵地，将波托贝洛军营置于其火力控制之下。但是，这里与暴动作对的一开始还不是英军。占领工厂的志愿军受到了一群挥舞英国国旗的持有敌意人群的嘲笑，称他们是“该死的二流子”，说他们真的要打仗的话，就应当出去到法国作战。一个人用手抓住了志愿军士兵的步枪，志愿军的上尉要他松手，否则就不客气了。但这个人并没有松手，随即被击中腿部。

另一个伤亡者是一名在都柏林城堡大门站岗的爱尔兰警察。志愿军进攻城堡时将他击毙，当时城堡其实并没有设防，志愿军也不是一定要拿下城堡。

同一个星期一的下午，一队被称为“乔治国王军”（其皮带上均刻有“乔治国王”的字样）的年纪较大的预备役士兵，刚刚从都柏林山区行军归来。他们从早上离开诺森伯兰军营之后就对都柏林发生的情况一无所知。他们虽均持有步枪，但没有携带子弹。他们排成四人一排的纵队行进，已经十分疲劳。就在近距离内，这支军队突遭枪击，5人死亡、8人受伤。

在都柏林市中心，主要发生的情况并不是军事上的交战，而是非军事的洗劫。人们成群结队地拥到奥康内尔街上号称“都柏林的哈罗德百货公司”的科勒里百货公司。一个幸存下来的目击者描述道：人们塞满了他们可以找到的所有袋子，女人们抱着、穿着皮衣，男人们则身背大捆呢制和其他布料的服装。一个男人在中午时分穿着一套大礼服扬长而去，还拿走了高尔夫球杆，此外还有不少相互拉扯头发、抢夺袋子和拳打脚踢之类的冲突发生。但就像一个目击者所说的那样：“尽管场面看上去十分吓人，但都柏林的穷人的确狂欢了一场。”

而当穷人们举行奇特的狂欢时，英国当局在做些什么呢？暴动者占据了都柏林市中心的许多要冲，在邮政总局设立了总部，现在都闲在那里无所事事，显然没有人对他们采取任何措施。暴动者的人数不过 1 000 人左右，当然当局对此并不了解。

驻扎在都柏林的英军总数近 2 500 人。不过，在这个阳光明媚的法定假日，许多官兵都休假了，一些人去看赛马，另一些人以其他方式欢度假日。马尔伯勒、里奇蒙、皇家和波托贝洛 4 个主要的驻军军营均设立了 100 人组成的特别警戒部队，以应对德国运送武器或可能发生的暴动。但是，由于德国运送武器的行动已被挫败，暴动也被麦克尼尔在名义上撤销，所以星期一上午这些警戒部队的战备状况一定很差。这 400 人是唯一可用的军队，当局被打了个措手不及。

从这时起（只有一个灾难性的例外），英国人清醒了。当时驻扎在都柏林的“英国”军队，不少恰好来自爱尔兰人军团。当局首先将那 400 人派去守卫都柏林城堡①，然后调入增援部队，将市中心包围起来，逐渐收紧，进逼暴动总部——邮政总局。

第一支增援部队是来自克勒的第 3 骑兵旅，1 600 名官兵于星期一下午到达。大炮也从阿思隆调来。在向伦敦发出无线电加急电报后，第 59 北米德兰师的第 176 和第 178 步兵旅也在星期二登船，于星期三早上抵达金斯顿港，准备向都柏林进军。这一天发生了整个暴动中最激烈的交火。

但这一天也发生了一个次要的但丑陋的事件。一位著名的都柏林人、和平主义作家希伊·斯凯芬顿和另外两位平民被一个过度狂热的“疯狂”（事后的官方描述）军官逮捕，带到波托贝洛军营关押。那天早上，这座军营的一个军官听到一阵枪声，然后看到警卫室的门廊上

① 英国总督府所在地。——译者注

Daily Express Late War EDITION EXCELDA HANDKERCHIEFS

LONDON, TUESDAY, APRIL 25, 1916. ONE HALFPENNY.

Invasion of Ireland: Notorious Traitor Captured.

SECRET -DAY. | AIR RAIDER DRIVEN OFF. AEROPLANE'S FUTILE VISIT TO KENTISH | THE KUT RELIEF FORCE. ALL DAY BOMBARDMENT AT SANNAIYAT. | GERMANY'S OLD GAME. EFFORT TO PLAY FOR

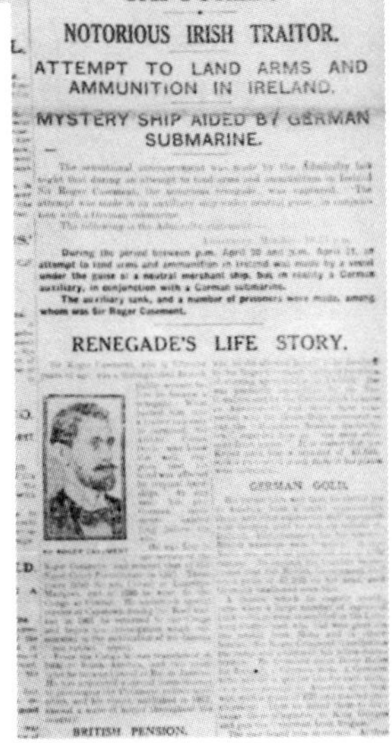

SIR ROGER CASEMENT CAPTURED.

NOTORIOUS IRISH TRAITOR.

ATTEMPT TO LAND ARMS AND AMMUNITION IN IRELAND.

MYSTERY SHIP AIDED BY GERMAN SUBMARINE.

RENEGADE'S LIFE STORY.

GERMAN GOLD.

BRITISH PENSION.

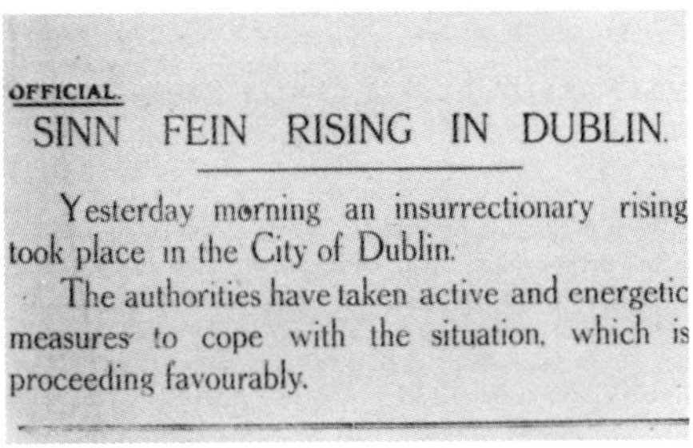

OFFICIAL.

SINN FEIN RISING IN DUBLIN.

Yesterday morning an insurrectionary rising took place in the City of Dublin.

The authorities have taken active and energetic measures to cope with the situation, which is proceeding favourably.

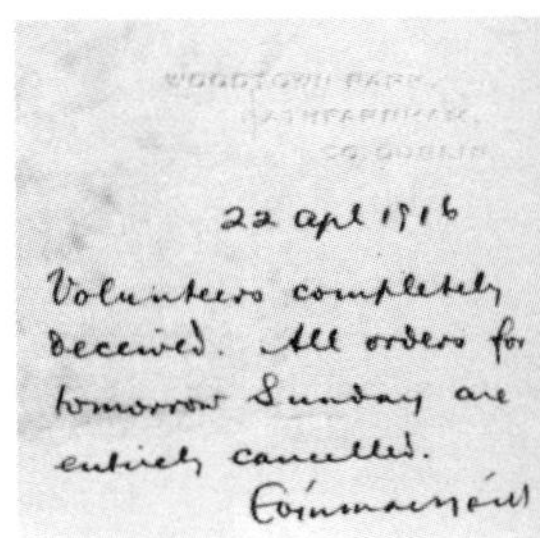

中图：1914 年，老资格的芬尼亚成员：罗杰·凯斯门特（左）和约翰·德沃伊（65 岁）在纽约。

右上图：重新确定英国权力的新闻报道。

左下图：出其不意的新闻。查禁媒体，最后一则新闻报道还是在一个多星期之前。

右下图：麦克尼尔试图在 1916 年暴动的两天之前摆脱皮尔斯的罗网。

抬出3副担架，上面放的是尸体。第三副担架的尸体上面用毯子遮盖，还用圆顶礼帽盖住了面部，悬在担架两边的双手上都在滴血。这就是斯凯芬顿的尸体。行刑队没有打准，不得不找来另一支行刑队补枪。

这是一个血流遍地的日子。英军增援部队早晨5点多钟就抵达金斯顿港，向城里进军。他们遇到的第一件意想不到的事情，就是好几十个爱尔兰妇女给他们送来了茶、甜饼和饼干。“她们就像我们家人一样，”一个士兵惊喜地回忆道，“她们看到我们到来真是高兴得很。”部队经过之处，人们向他们塞巧克力和水果。士兵们感到，如果他们想要的话，“足以一天能吃上10顿早饭”。

从英国来的增援部队分两路向都柏林挺进。舍伍德团的第5营和第6营没有遇到任何抵抗，环绕都柏林前进，到基曼哈姆以西的地方宿营，安然无事。在那里，他们与英军已设在那里包围市中心的警戒部队会合。当这一路英军在等待进入阵地时，市中心的交火时断时续。而另一路的舍伍德团部队则遇到了麻烦。他们沿着诺森伯兰路直接向市中心进发，在波兰德面粉厂的外围阵地遇到抵抗。暴动者分布在高山街桥周围的几座房子里，总共只有17个人。诺森伯兰路25号内，有两个人守卫。

此时大约1点钟，当地居民听到军队行进的步伐，看到好像所有的英国军队都开来了。当英军满不在乎地行进到诺森伯兰路和哈丁顿路的交叉路口时，守在诺森伯兰路25号的那两个人突然从卧室窗口开火。一些士兵被击毙击伤，其他人立即卧倒，不知子弹来自何处，只得匍匐前进。接着，英军指挥官费恩上校（Colonel Fane）下令向开阔地另一侧的房屋发起进攻。虽然他自己很快就被击中负伤，但他仍然用他的长剑或指挥杖调动士兵，那些在窗户后面同情暴动的旁观者也不禁对他肃然起敬。暴动者的枪法很准，英军以为遇到了一两百人的阻击，其实对方只有17人。

直到那天晚上7点，英军才用手榴弹炸开了门廊通道，冲进房屋。英军在高山街桥的死伤人数高达230人，超过了这场暴动死伤人数的一半。

与此同时，英军大炮开始在都柏林市内轰击。在第二天，也就是星期四，英军步兵不断地向市中心逼近。除了密集的阻击火力使英军前进受阻之外，还有街上密布的路障。路障大多用家庭用具堆成，如钢琴、床架、床垫和座椅等等。在周末，南斯塔福德郡团在沿国王北街前往市中心途中，对平民采取了野蛮的手段，在一些房屋中杀死了12个平民。

在这个星期的大部分时间里，暴动者的主要阵地处于警戒状态，但没有交火。比如，在雅各饼干厂主要阵地的守卫者甚至能够“一枪未发”。除了高山街桥的阻击战之外，只有两处发生了历时数小时的战斗：一场发生在南都柏林公会济贫院一带；另一场发生在国王北街一带，那里设有法院大厦阵地。这个星期中，没有暴动者在邮政总局内战死，但在最后撤离时有人被杀。

暴动者的大部分时间都用在听取各种各样的传言之上：比如雅各饼干厂阵地的暴动者就一度听信了德军已经登陆的传言。这个在（皮尔斯）声明中提到的“欧洲英勇盟国”伸手相援的消息令在场的人欢呼雀跃，直到半个小时后他们得知“这完全是一个大谎言……根本没有这样的事发生”。邮政总局内的暴动者也听到了同样的传言，一度也曾坚信不疑，甚至以为英军射向都柏林市中心的越来越密集的炮弹是德军大炮发射的。此外，关于国内其他地方也发动暴动声援都柏林的传言也在流传，暴动领导人对此未加阻挡。事实上，一些地方确实发生了一些事件：在米斯郡的阿什伯恩，皇家爱尔兰警察遭到伏击，16名忠诚的爱尔兰警察被打死；在戈尔韦郡，英国海军驱散了一场

迈克尔·奥瑞希里："既然已经动手拧紧了时钟的发条，那么就一定要听到钟声。"

钟声敲过之后：奥瑞希里的那辆迪昂-布通摩托车在废墟中。

暴动集会；在恩尼斯科西镇，爱尔兰志愿军“接管”了当地的政权，但没有发生军事对抗，警察退守营房，整个星期都没有出来。

在那样的环境下，那个星期发生的一些零星事件在几十年之后仍然清晰地留在人们的记忆里。在暴动就要结束的一天夜里，邮政总局的守卫者听到从街道另一端传来奇怪的隆隆声响，依稀可以看到一辆货车上装载着一个锅炉似的东西逐渐驶近。实际上，那就是这么一个东西：一个火车头上用的锅炉在吉尼斯啤酒厂改装成了临时装甲车，后面的燃烧室改作出入口，边上开了射击孔和不少伪装射击孔。后来成为爱尔兰国民军（Irish National Army）将军的乔·斯威尼与另一个志愿军士兵正在邮政总局屋顶的瞭望哨执勤，他一看到这辆车就对准其中一个射击孔开枪，他的战友则对准另一个射击孔开枪，迫使车辆停了下来，击伤里面的一个乘员，也许是司机。一会儿之后，另一辆改装装甲车开过来把这辆改装装甲车拖了回去。

这个星期最重要的军事行动却完全不具有戏剧性：英军的包围圈不断向都柏林市中心收紧。但是英军采取了一些严厉措施，炮火对市中心造成了较大的破坏。当英军逼近邮政总局时，甚至动用了利菲河上一艘被戏称为“海尔格号炮艇”的武装渔船。

英军的两门发射 18 磅重炮弹的大炮，在街道上近距离开炮，造成了很大的破坏。到星期五晚上，邮政总局已经完全暴露在炮火之下。在平民看来，这是最为恐怖的场面。天空闪烁着巨大的火光，好像整个市中心都陷于火海之中，暴动行将结束。同一个晚上，皮尔斯、康诺利、克拉克和其他领导人均撤离了燃烧中的暴动总部——邮政总局。其中一部分人安全到了附近的街道，撞开房屋的墙壁，建立了新的临时总部。康诺利由于踝部被子弹击中，生了坏疽，躺在担架上忍受着巨大的痛苦随队转移。邮政总局的其他守卫者在奥瑞希里的率领下，发动了一次出击。奥瑞希里曾反对举行暴动，但作为志愿军的创建者和其极端少数派的支持者，在暴动开始后觉得为了荣誉应当参加暴动。他们沿着摩尔巷前行，奥瑞希里冲在最前面，一直冲到里德利街和摩尔巷的交叉路口终被击中。可以看出他的左半身很痛，仍然作出通过路口的手势，又向前爬了几码后死去。后来人们在都柏林的废墟中发现了一辆迪昂-布通摩托车，这就是奥瑞希里骑来参加战斗的那辆。

到星期六的晚上，一个说法开始在总部的守卫者中流传：皮尔斯已出去投降。此人曾充满激情地鼓动说要为爱尔兰抛头颅洒热血，还曾对交火中屠杀平民的行径深恶痛绝。皮尔斯在收到驻都柏林英军司令洛将军的一封短信后，最终走了出去。充当信使提出要求的是一个名叫伊丽莎白·法雷尔的护士。这封短信由洛将军口述，由他的儿子约翰执笔写成。约翰后来以约翰·洛德的艺名，在 20 世纪 30 年代成为一个电影明星。短信邀请皮尔斯前来见洛，有人拍下他与洛父子会面的照片，皮尔斯当时身穿轻骑兵斜纹布马裤。接着，约翰按照他父亲的指令，开车将皮尔斯送到基尔梅汉姆监狱。

在一些依然坚守的设防阵地，人们听到皮尔斯投降的消息后十分沮丧。南都柏林公会济贫院的守卫者在这个星期里成功地击退了英军的进攻。其指挥官埃蒙·肯特将大伙召集起来，征询他们对此事的看法。一些人表示不满，但肯特指出汤姆·克拉克也投降了，并说："如果汤姆·克拉克这个在英国监狱中坐了 15 年牢的人都投降了，那么我认为我们完全不必为我们的投降感到羞耻。"不过，肯特后来写下了对投降的个人感觉，觉得自己的想法不够成熟，投降是个错误。

在不情愿的情况下，其他的阵地也陆续投降。波兰德面粉厂阵地的领导者是埃蒙·德瓦莱拉，一位根本无人知晓的数学教师。在都柏林比较有名的人物有康斯坦丝·马凯维奇，她出生时的名字是康斯坦丝·戈尔布思（Constance Gore-Booth），生于爱尔兰西部一个上层新教地主家庭。她与圣斯蒂芬公共绿地阵地的头领迈克尔·马琳一起投降。许多俘虏都被带到卢坦达医院前面的空地上。肖恩·麦克德莫特对暴动者发表讲话，称赞大家坚持了这么长时间。他预计他本人和其他领导人会被处决，但鼓励其他人“继续斗争”。

这些被押到卢坦达医院前面空地的俘虏露天过了一夜。那天夜里，一个名叫李·威尔逊的英国军官出言不逊、肆意侮辱俘虏，引起众怒。他将克拉克、威利·皮尔斯和其他人的衣服剥光搜身，说克拉克“这个老杂种以前也被放出来过，他在路对面有一家烟店”。这样的语言在那种环境里也许不算过分，但被俘虏们记恨在心，这也是他后来在 1920 年被爱尔兰共和军“处决”的原因。第二天早上，俘虏们沿着奥康内尔街前往里奇蒙军营，在路过邮政总局时看到三色旗仍然在门廊上飘扬，他们欢呼雀跃，招来押送士兵的一阵毒打。但也有不少俘虏在街上行走时愿意有人押送，因为这样可以阻止愤怒的都柏林市民谩骂他们，甚至动粗。

俘虏们一进入里奇蒙军营，都柏林市警察局特别政治侦探科的探员就开始进行审问。已知的领导人和闹事者被分隔开来。当时的影片清楚地记载了有多少各色各样的来自工人阶级的普通暴动者，其中有些人还是孩子。英军对未成年者比较宽大。一个后来加入爱尔兰共和军的人回忆道：他当时还小，因为自己不被允许参加复活节次日的“游行”而哭过鼻子，英军只是要他留下手印，然后就叫他回家去。义勇军的一个孩子兵帕迪·巴特纳曾跟着市民军一起行动，他和其他孩子兵被带到高级军官面前，受到斥责：“你们都是没头脑的孩子……那些领头的都是些疯子……回家去，让你们的妈妈赏你们几个耳光。”

以当时的形势衡量，甚至连一些岁数较大的暴动者也得到了较为宽大的处理。毕竟，他们是在战争期间用武装暴动的方式反对政府，

被烧得只剩下外壳的暴动总部所在地——都柏林邮政总局。

波兰德面粉厂阵地前，由德瓦莱拉（照片中用“X”标出者）率领的投降队伍，将要在街上受到羞辱。“都柏林暴动在1916年时很不得人心；我说这话相信没人会不赞同。”

而且曾经宣称是政府正与之作战的敌国的盟友。最后只有很小比例的暴动者被送交军事法庭审判。大部分暴动者都列队走过大街到码头，转运到英国的拘留所。但这些暴动者再一次见证了他们在都柏林市民中间是如此的不得人心。有人向押解军人提议："把这些杂种都毙掉！"一个参加过这场暴动的人后来说："都柏林暴动在 1916 年时很不得人心；我说这话相信没人会不赞同。"

不过，尽管一个年轻人对当时所经历的令人迷惑的事情有着精准的印象，但这只是历史事实的一个较肤浅的部分。这场暴动始终不得人心，但爱尔兰历史过于敏感和复杂，以至于无法根据印象将暴动者轻易地归入疯子的类别。人们的印象是在经过奥康内尔街的时候留下的，他们看到遭到重创的建筑物的废墟仍然冒着烟，空气中还有废墟中扬起的灰尘。人们看到工人正在清除的碎砖破瓦还在冒烟。都柏林市中心至少是"面目全非"了。死亡者的人数为：平民 300 人、暴动者 60 人、英军 130 人。

这样的事件在过去 100 多年里还没有发生过。爱尔兰暴动者将英军牵制了将近一个星期，虽然英军中的不少官兵是爱尔兰人，但载入爱尔兰史册的是暴动者。人们开始关注这些复活节暴动者，无论他们如何不认同他们的行动，但同时也会对他们感到自豪。

现在的问题是，那些在军事法庭受到审判的暴动者的结局如何。一位爱尔兰议会领袖约翰·狄龙写信给在伦敦的雷德蒙，称到目前为止民众舆论对暴动者不利，但"如果大规模地枪决俘虏，那么对公众舆论的影响将是灾难性的。"

在宣布投降 3 天之后，3 名暴动领导人被枪决：汤姆·克拉克，这位老芬尼亚人对暴动的发动发挥了重大作用；托马斯·麦克多纳，一位诗人和暴动指挥官；帕特里克·皮尔斯，诗人和 20 世纪第一支爱尔兰共和军的总指挥。如果假日处决行动到此为止，那么爱尔兰历史的未来也许会不同。但是，处决并没有到此为止。

威利·皮尔斯在5月4日被处决，其原因只不过是因为他是帕特里克·皮尔斯的弟弟。他在军事法庭上没有持抗拒的态度。与他一起被处决的有：约瑟夫·普伦基特，确实参与了暴动的策划；爱德华·达利，法院大厦暴动阵地的志愿军指挥官；迈克尔·奥汉拉汉，志愿军总部的一名职员。

在77个被判处死刑的暴动者中，大部分都获得了减刑。但公众了解的实情是，有7个人被执行死刑。他们的恐惧感日益加重，不知道还有多少人会被处死。

然后，在5月5日，约翰·麦克布赖德被执行死刑。他在暴动中并不是领导人，但在17年之前，他曾站在布尔人一方作战，对他的处决有可能是一种回溯性的复仇之举。

爱尔兰自治党（Irish Home Rule Party）仍然得到大多数爱尔兰人的支持，起草了一份决议，既谴责暴动，也谴责处决，再次强调更多的处决将对爱尔兰人民未来的忠诚产生灾难性的影响。

5月8日，又有4人被处决。他们是科尼利厄斯·科伯特，青年组织——“义勇军”的一位创建者；埃蒙·圣特，一位暴动指挥官；迈克尔·马林，圣斯蒂芬公共绿地的指挥官；肖恩·休斯顿，也来自爱尔兰市民军。5月9日，来自科克郡的托马斯·肯特因在被捕时打死一名警察而被处决。一个爱尔兰妇女事后写道：“这就像看到一股鲜血从紧闭的门下面流出。”

在这个复活节星期，许多爱尔兰人基本上是雷德蒙的自治主张的支持者，他们一方面谴责暴动者，另一方面又在暗地里对他们表示同情。其中一个名叫爱德华·麦克莱萨特的人当时在日记中写道：“我的心与他们在一起，我的头脑却反对他们。”但处决行动使他“完全彻底地偏向他们一边……”

5月12日，肖恩·麦克德莫特被枪决，他在暴动的策划组织中是一个重要人物。最后一个被处决的是詹姆斯·康诺利（当然并没有人知道他会是最后一个被处决者）。他因为脚踝受伤而无法站立，因此他坐在椅子上被枪决。

尽管战前的新芬宪政主义运动与这场暴动毫无关系，但报纸和公众将这场暴动称为“新芬”暴动，原因在于无法知晓暴动领导人的真正动机，而其与新芬运动的相似性似乎是唯一可用的解释。但是，暴动领导人除了坚持几乎是一团迷雾的“爱尔兰共和国”之外，其真正动机究竟是什么呢?

皮尔斯在过去曾说过要用流血牺牲来净化爱尔兰，还多次使用基督为人类牺牲的类比，但这看上去好像是亵渎神圣之举。暴动选在复活节举行也并非完全是巧合。汤姆·克拉克在他被处决的前一天夜里对前来探视他的妻子对此作了更为切合实际的阐释。在蜡烛光亮的映照下，就在一名英军军官的面前，克拉克对他的妻子说，领导人都相信他们为爱尔兰自由作了第一次奋斗。自由正在到来，爱尔兰永远不会再倒下。但他又加了一句：“在此刻和自由之间，爱尔兰还要冲破地狱的桎梏。”

英国军队查看邮政总局的废墟。

10 天之内执行了 15 次处决。“在此刻和自由之间，爱尔兰还要冲破地狱的桎梏。”

令人胆寒的“辅警”(皇家爱尔兰警察辅警部队)。人数不多，但卓有勇气、残酷无情、无法无天。因身穿黑色和卡其色警服，而被称为“黑棕部队”。

第十章　迈克尔·柯林斯与“黑棕部队”

在爱尔兰历史上那些熠熠生辉的暴动领导人中，真正具有革命性影响的只有一人：迈克尔·柯林斯。尽管在他短期的公务生涯中，他一直忙于实际事务，很少有时间考虑社会思潮，但他就像是爱尔兰的列宁。他全盘把握爱尔兰孕育中的革命形势，推动革命的到来。

1890年，柯林斯生在科克郡西科克的乡村地区。与许多像他这样有志向、背景相同的青年人一样，前往英国打工谋生，当时他只有16岁。他曾在邮局工作，后在纽约信托公司的伦敦分公司任职。1916年初，柯林斯回到爱尔兰。作为爱尔兰共和兄弟会的会员，他也许得到了将要举行暴动的指示。他参加了这场暴动，负责守卫邮政总局，事后被当作一个普通的暴动者关押在北威尔士的弗朗戈什拘留营。

在弗朗戈什，柯林斯将他在西科克就认识的其他难友作为核心力量，建立起了爱尔兰共和兄弟会的网络，确保那些管理监舍和掌管钥匙的管理者都由爱尔兰共和兄弟会会员担任。他组织学习班，一些是学习文化，另一些是学习军事，特别是学习游击战。由于拘留营的难友来自爱尔兰各地，所以柯林斯能够在那里建立起遍及全国的联系网，而且对后来更重要的是，能够从建立联系的皇家爱尔兰警察那里获取情报，他们在暴动之后对遇到麻烦者提供帮助。

与此同时，那些参加了暴动但得以逃脱的志愿军成员设法通过设立伪装成盖尔同盟组织的分支机构在爱尔兰保持了其最基本的组织体系。盖尔同盟是当时为数不多的未被取缔的组织之一。这样，当

1919年初的爱尔兰议会议员合影。所有议员都宣布了独立，但他们如何赢得独立？（前排左二：迈克尔·柯林斯，过着一种双重身份的生活）

1916年幸存下来的高级司令官、一面新的旗帜、新组成的暴力集团和非暴力集团。以后呢？

北威尔士的弗朗戈什拘留营，1916年。柯林斯与爱尔兰共和兄弟会的暂居之地。圣诞节均回到爱尔兰重操旧业。

1916 年圣诞节英国政府为表达善意而释放所有未经审判被关押的暴动者（包括迈克尔·柯林斯和他在弗朗戈什的难友在内）时，柯林斯立即就得到一个经过伪装的基本组织体系，并可以加以扩展。

重组志愿军最紧迫的工作就是争取爱尔兰公众舆论的支持。公众已经开始对那些追寻共和事业的暴动者表示出越来越多的同情，特别是在暴动领导人被处决和英国政府未能将厄尔斯特纳入实行爱尔兰自治的范围之后。但是，几乎没有人对约翰·雷德蒙和约翰·狄龙继续控制爱尔兰议会党团的局面提出疑问。1917 年上半年，志愿军及其支持者在一系列补选中对此进行了挑战。

柯林斯的共和主义暴力派和支持战前亚瑟·格里菲斯的新芬党非暴力派，在 2 月罗斯康芒郡的补选中联合推出被处决的约瑟夫·普伦基特的父亲为候选人。这次补选的胜利令全国感到震惊：他获得的选票比他的议会党团对手多了将近一倍。5 月在朗福德郡的补选中，他们推出一位被审判、在英国监狱服刑的犯人作为候选人，再次击败议会党团的候选人获胜。在这两次补选中，柯林斯都动用了志愿军内的爱尔兰共和兄弟会的网络来提供竞选工作人员，与雷德蒙党的竞选机器相抗衡，后者是传统上卓有成效的竞选工具。柯林斯“竞选机器”的高效率可以从暴动后在西科克举行的第一次补选中得到验证。补选在柯林斯于 1916 年 11 月获释之前举行，新芬党候选人曾在民意测验中远远落在两名与他竞争的议会党团候选人之后，但他轻而易举地获胜。

这些补选的胜利本身促使爱尔兰公众舆论进一步转向一个新的政治运动的方向。1917 年 7 月，英国政府再一次表达善意，释放了所有参加暴动的在押犯，包括那些被判处无期徒刑的犯人。成千上万的民众挥舞着三色旗挤满了都柏林街道，欢迎他们的归来。这种对待与一年前他们给那些走向监狱的暴动者的对待完全不同，当时人们对他们发出嘘声表示轻蔑。

在获释的被判无期徒刑的犯人中，包括一位未被处决的 1916 年暴动高级指挥官——埃蒙·德瓦莱拉。他此时成为这一年第三次补选的候选人，补选在东克莱尔举行，柯林斯的爱尔兰共和兄弟会全力助选。一种新的、同样重要的支持力量来自教士阶层。该阶层以往是雷德蒙议会党团的忠实支持者。东克莱尔的一位教区牧师在一次竞选集会上突然要求德瓦莱拉伸过手来，他将德瓦莱拉的手高举起来对听众宣布：“德瓦莱拉，你把你的手给了我；作为回报，我把我的教民的心给你!”德瓦莱拉大获全胜，获得的选票比议会党团候选人多了一倍以上。

在德瓦莱拉的领导下，这场新的政治运动很快就在原有的“新芬党”的名称下正式联合起来。但是，该党的目标并不十分明确。但可以肯定的是，新芬党主张建立一个独立的主权共和国。不过，许多人仍然认为，比起当时已载入法律全书却仍未实施的那部自治法，这是在整个爱尔兰实行更广泛自治的最有效的途径。在补选中，一些发言者宣扬新芬党的传统立场，主张当选的议员不要去威斯敏斯特，而是在都柏林组建自己的议会。但是，他们对如何使英国政府承认这个议会，却语焉不详。其他一些发言者没有提到这个问题，而是提议越过英国政府首脑，向将在战争结束后召开的国际和会提出申诉。还有一些人主张向美国人民提出申诉，而迈克尔·柯林斯另有不同的看法。

1917 年 9 月，一个严重的事件导致民众掀起支持这个新运动的热潮。托马斯·阿什是一名志愿军成员，曾参加复活节暴动，获释后成为柯林斯在爱尔兰共和兄弟会的一个出色同事。他在夏季由于发表煽动性讲话而重新被捕入狱，因在绝食时被强迫喂食致死。柯林斯将阿什的葬礼变为一场大规模的全国性示威。阿什的灵柩由身穿军服、手持步枪的志愿军士兵护送，后面跟随的是 9 000 名志愿军官兵和 3

万多名其他送葬者，葬礼队伍缓缓通过十分拥挤的街道。在公墓中阿什的墓前，仪仗队鸣枪致意，身穿军服的柯林斯致悼词："我们刚才听到的那排枪声就是在一位逝去的芬尼亚人墓前发表的最适宜的演讲。"

伦敦发行的《每日快报》（*Daily Express*）对阿什之死及其葬礼所作的评论是："将10万宪政民族主义者变为10万新芬党党员"，但如果认为新运动已经完全左右了爱尔兰公众舆论，那将是一个错误。许多宪政民族主义者认为新芬党的政策不够严密，对爱尔兰再次陷入暴力冲突感到担心，所以仍然忠于雷德蒙的党。当雷德蒙去世之后，他的儿子在他原先的沃特福德郡选区参加补选，竞选他空出的议席。他的儿子身穿英军军服，以"爱尔兰军官"自居，结果击败了新芬党的候选人。但是，另一个外部事件即将发生，它将使新芬党获得的支持大增。

世界大战对英方来说进展得十分不利。尽管数万名来自南北两部分的爱尔兰人以志愿兵的身份与英军并肩作战，但英国政府考虑将征兵制的施行范围扩大到爱尔兰，而英国的其他地区已从1916年起施行这种兵役制度。征兵制的威胁使得各种各样的民族主义者大为不满，爱尔兰志愿军和新芬党的支持者充分利用了这种新的民族不满情绪。反征兵制的宣誓活动在爱尔兰展开，许多人在公众集会上签名参加。政府放弃了在爱尔兰实现征兵制的打算，但已经造成了损害。

英国政府向爱尔兰派驻了一名军事总督——弗伦奇将军。他收到一则不够确切的情报，称新芬党卷入了一起"亲德的"密谋，并据此将该党的大部分领导人逮捕。柯林斯通过警察内线，预先得到了警报，并将它转给同事们。不过，他只是少数几个躲过逮捕的领导人之一。这样，当1918年停战后的几个星期举行大选时，他进一步掌握了新运动的人事关系。

这是英国在8年中第一次举行大选，爱尔兰民族情感在此期间也发生了变化。选民登记簿也变得面目全非。选民人数是1910年的3倍，首次包括30岁以上的女性选民和所有21岁以上的男性选民。

一系列的因素都对新芬党有利。奉行宪政主义的议会党团从一开始就处于守势。这不仅是因为该党团在许多具有轰动意义的补选中败北，而且在于竞选过程中不少议会党团成员公开变节投奔新芬党。议会党团实际上甚至无法在四分之一的选区推出自己的候选人。同时，许多在英军服役的爱尔兰军人没有收到选票，而他们本来有权通过邮寄方式投票，而且他们中的大多数人会投议会党团的票。军人投票的比例不到三分之一。新芬党含糊不明的政纲在吸引选民方面也有好处。支持爱尔兰自治的民主主义者会认为投票赞成理论上的共和国，就是给英国政府强加了最大的压力。最后，还有一个因素对新芬党的帮助无可估量：新芬党支持者通过伪装身份重复投票。不少选区都设有为男女选民存放大衣的存衣室，新芬党支持者穿上存在这里的大衣，冒充已经去世的、生病的或到外地去的选民重复投票。为此选民名单在投票前都做了精心的研究。一些人后来表示，他们用这种方式投了20次票。

大选的结果是新芬党大胜。原有的议会党团实际上已销声匿迹。新芬党获得了爱尔兰全部议席的四分之三。不少当选的议员由于同年早些时候的“德国密谋案”而被监禁，但其他议员则到都柏林召开爱尔兰议会，宣布成立主权独立的爱尔兰共和国。英国政府以为此举不过是徒有虚名而已，宣布独立并不等于获得独立，因此表示同意。其他被捕的当选议员获释，更说明了这一点。但是在大英帝国的强权之下，这种理论上的独立如何才能变为真正的独立呢？

当爱尔兰议会首次在都柏林市政厅召开时，外面的人群挥舞着美国国旗和爱尔兰共和国三色旗，希望美国总统伍德罗·威尔逊坚持承认包括爱尔兰在内的所有小国的权利。结果，威尔逊却不打算与英国首相劳合-乔治发生争执，以免破坏盟国获胜的喜悦气氛。

那么，新芬党如何应对呢？参加补选和大选的竞选者都曾经常强调，随时可以使用暴力手段。1919 年中，德瓦莱拉前往纽约进一步设法争取美国的支持。他受到了爱尔兰裔美国人的热情接待，为共和事业筹措了大笔捐款，但在争取美国政府对爱尔兰共和国的正式承认方面毫无进展。因此，巴黎和会和美国都未能满足爱尔兰的愿望。但是，爱尔兰还有另外一条路可走，一个标志性事件已经指明了这条路的方向。

在 1919 年 1 月爱尔兰议会开幕的同一天，两名皇家爱尔兰警察押送一辆装载葛里炸药的运货马车前往蒂珀雷里郡索洛海德贝格的采石场。突然，蒙面的志愿军成员冲上前来用左轮枪将他们近距离射杀。执行谋杀的是两名年轻的志愿军——丹·布林和肖恩·特里希，他们并没有接到柯林斯或其他人的命令。“假如我们等待总部或议会的命令，”布林事后说，“什么事都不会发生。”

恐怖开始逐渐降临到爱尔兰的土地上。那天不久之后有两个女孩开车从那条路前往索洛海德贝格。她们看到了躺在那里的警察尸体，但毫不犹豫地径直碾了过去。

几个星期之后，柯林斯在新芬党行政会议上作出了让一些与会者感到不安的预测，按照他的看法，在政策上只有一个选择：“由战斗造成的全国大乱来得越早，”他说，“对国家就越有好处。爱尔兰从天下大乱中得到的好处很可能比继续维持现状要多。”

这就是柯林斯要竭尽全力推行的政策。柯林斯通过他的情报网络确定那些对志愿军构成危险或令他们痛恨的爱尔兰警察名单，开始对他们采取恐怖攻击。到 1920 年 1 月的一年时间里，14 名警察被枪杀，20 多名警察被击伤。英国当局在蒂珀雷里郡和其他地区实行军事统治，但柯林斯继续采取强硬措施，在全国范围内造成强烈反英的民族主义氛围。

这个时期，柯林斯过着一种双重生活。作为爱尔兰议会的财政部长，他通过英国当局无法知晓的秘密银行账号为爱尔兰共和国筹措了大笔资金。与此同时，他在都柏林指挥和协调全国范围内志愿军（不久就逐渐被称为“爱尔兰共和军”）的行动。

柯林斯精力充沛，组织能力强，个性专横，是一个天生的领袖人物，受到了几乎所有与他一同工作的同事的爱戴。丹·布林说他愿意在任何时候为柯林斯献出自己的生命，尽管他后来成为柯林斯政治上的对手。柯林斯有点孩子气，充满热情，喜欢开玩笑，但又残酷无情。就像一个了解他的人所说：“这个人从不会给你第二次机会。”他无所畏惧，尽管从1919年后期起“遭到通缉”，但他很少想到要伪装自己，无拘无束地在都柏林骑自行车出行，依靠他卓有成效的情报系统和亲手挑选的“卫队”来保护自己。

在一天夜里的午夜时分，柯林斯出人意料地邀一个年轻同事外出散步。这位同事感到这不是外出散步的合适时间，但他按捺住这个想法，跟着柯林斯走过都柏林的街道来到一个警察局。他们与一个值班警长见面，他是柯林斯手下的爱尔兰共和兄弟会的会员。他们被带到楼上的督查办公室，在那里系统地查阅文档，找出负责政治任务的侦探的姓名和地址，记录下来。他们先对这些侦探发出警告，要他们趁早离职。如果侦探对警告置之不理，就会派出像丹·布林这样的人去“把他们抹掉”（布林本人的说法）。

1920年3月15日发生的一个事件，标志着事态新的发展。它将确定此后16个月英国当局与爱尔兰民族主义者之间的冲突模式。一个热忱的民主主义者——科克市市长托马斯·麦柯腾被一伙身穿便装头戴面罩的人枪杀。不过，这些人是由皇家爱尔兰警察组成，他们开

POLICE NOTICE.

£1000 REWARD

WANTED FOR MURDER IN IRELAND.

DANIEL BREEN

(calls himself Commandant of the Third Tipperary Brigade).

Age 27, 5 feet 7 inches in height, bronzed complexion, dark hair (long in front), grey eyes, short cocked nose, stout build, weight about 12 stone, clean shaven; sulky bulldog appearance; looks rather like a blacksmith coming from work; wears cap pulled well down over face.

The above reward will be paid by the Irish Authorities to any person not in the Public Service who may give information resulting in his arrest.

Information to be given at any Police Station.

性情耿直的丹·布林（“柯林斯……欣赏他”），于1919年1月在索洛海德贝格始开杀戒。

肖恩·特里希与布林一起开始杀戮，后在塔尔波特街被击毙。

柯林斯乐见的英军行动：非政治组织的爱尔兰人面对英军的刺刀。

始反击了。在受到如此严重的挑衅之后，警察这样做并不出人意料。但让人感到蹊跷的是，这伙人几天之前试图在科克谋杀另一位知名的新芬党支持者，他们讲话带有英格兰口音。

皇家爱尔兰警察到英格兰招募新人。随着警察人数的增多，原有的深绿色警服不敷使用，于是一些新招募的警察就穿上了卡其布的裤子和外衣，最先被派往蒂珀雷里郡执勤。人们按一种黑棕色相间的猎狗的名字把他们称为“黑棕部队”。这并不是一支特种部队，而是皇家爱尔兰警察新增补的一部分。但是，这些警察的民族身份和为金钱工作的特性使他们在爱尔兰警察中独树一帜。他们的总人数最终达到了约 7 000 人。

不久之后，皇家爱尔兰警察又在英格兰招募了一支特种辅警部队，招募对象都是参加过“一战”的军官，他们的报酬要比“黑棕部队”高一倍。到 1920 年底，这支部队的人数将近 1 000 人，但从未超过 1 500 人。然而，他们的勇气和侵略性弥补了人数的不足，行动时乘坐庞大的克罗斯利卡车，在爱尔兰乡间横冲直撞，成为爱尔兰共和军的强劲对手。

在这样的形势下，英国政府摆出为时已晚的政治姿态，提出一项新的爱尔兰自治议案，由都柏林和贝尔法斯特分别召集的议会实现分开的自治。这对解决当时的问题并无帮助。当议案获得通过，成为《1920 年爱尔兰政府法》（*Government of Ireland Act of 1920*）之后，爱尔兰两方分别举行了议会大选，新芬党利用这次大选选举全爱尔兰的议会。而英国的“南爱尔兰议会”（Southern Parliament）只不过是一个暂时存在的有名无实的空壳机构而已。

到 1920 年下半年，新芬党竭力在政治上确立爱尔兰共和国的地位，而英国政府解决爱尔兰问题的努力却演化成两个越来越凶残的武装集团之间的一场游击战，其中一个是“黑棕部队”（口语中通常也

死亡场景：特伦斯·麦克斯威尼在伦敦坚持绝食 73 天后死去，这是在爱尔兰为他举行的葬礼。

内政大臣哈马尔·格林伍德检阅辅警部队。

8个月里，处决了24人。但他们是战俘吗？

“武装人员正在海关大楼，长官！”英国文件被焚，但爱尔兰共和军遭受了最惨重的失败。

包括那支辅警部队)，另一个是爱尔兰共和军。爱尔兰人民被夹在当中。

当然，“黑棕部队”和辅警部队的凶残和力量很快就产生了重大的政治影响，这与柯林斯的预料相一致。如果这些武装人员在搜查武器和嫌疑分子的过程中表现得严厉和凶残，而这是英国政府除爱尔兰政权分治议案之外对建立爱尔兰共和国的要求所作出的唯一反应的话，那么爱尔兰民众必然会越来越认同爱尔兰共和国。爱尔兰共和军也经常对爱尔兰同胞采取残忍的手段，但如果爱尔兰人必须在以上两者间作出选择，那么其最终的选择将不言自明。

除了对警察和告密者大开杀戒之外，爱尔兰共和军还在道路上掘坑阻拦军警车辆（通常在其后消灭车里的人员)，破坏全国的桥梁和英方的通讯设施。交战的双方都认为使用凶残手段具有正当的理由。在英国军警遇袭出现伤亡之后，“黑棕部队”或辅警部队就会捕捉嫌疑人进行问询，而问询的方式完全不会按照法定形式。通常的做法是：警察在树上贴出告示，称若有一个警察或辅警部队士兵被打死，那么就要枪决两名“新芬党人”。如同1798年的情形一样，报复与反报复以无休止的恐怖循环方式持续进行。

焚烧房屋是警察使用的一种常规报复措施。在一个名叫巴尔布里根的小镇，有25座房屋被焚，住户被从家中赶走。合作乳品站（牛奶站）也被列为打击目标被焚毁，这样更多的人会受到打击。当然，这使得爱尔兰人更容易倾向于把这一切视为英爱之间的一场战争。此时，英国正规军在爱尔兰有大量的驻军，只有他们还受到某种程度的尊敬甚至爱戴。但英军军纪涣散的现象也时有发生。

爱尔兰共和军组建了20－30人为一组的突袭队，住在乡村地区，对警察或辅警部队发动突然而有力的袭击，然后迅速撤离。

一首流传很广的歌曲唱道：“11月的28号，马克卢姆小城外；

爱尔兰在注视和祈祷：1921 年 7 月，都柏林人在等待停火会议的结果。

实现了停火，但“政治解决将会难得多”。德瓦莱拉在他第一次尝试后回到都柏林。

德瓦莱拉派去谈判的有亚瑟·格里菲斯（当中）、厄斯金·奇尔德斯和罗伯特·巴顿（亚瑟·格里菲斯的右面），他本人未去。但关键人物是柯林斯。

货车拉来了黑棕部队，通通扔进阎王殿……”这首歌赞颂了爱尔兰共和军的突袭“战争”中最成功的一次行动。在原英军士兵汤姆·巴里的指挥下，科克郡的一个突袭队在基尔迈克尔歼灭了一支由 18 名辅警部队官兵组成的巡逻队。

巴里和突袭队员冒着倾盆大雨在旷野中走了一整夜，去抢占道路旁的有利地形，并于早上 8 点钟进入预定位置。他们在那里等了大半天，没有吃东西，不敢抬头瞭望。就在突袭队在下午 4 点打算放弃伏击时，天色已经开始黯淡下来，载着辅警部队的克罗斯利卡车出现了。巴里在壕沟里立起身来，示意军车减速。他身穿志愿军军官制服，看上去与英军军服差不多，车上的人看到他的手势不知何意。道路两边隐蔽起来的突袭队员突然投掷炸弹，举枪齐射。9 名辅警部队士兵和 1 名突袭队员在交火中丧生。突袭队喊话要对方投降，并派出几个人起来接收俘虏。辅警部队官兵将步枪扔到地上，而突袭队员再次开枪，击毙 2 人。巴里发出命令继续开火、拒收俘虏。只有 1 名负伤的辅警部队士兵活了下来。这次伏击使得这支突袭队惊魂不定，于是巴里就在尸体旁边带领他们操练了几分钟，以恢复士气。

“战争”也在都柏林街头进行，经常整个地区都被封锁起来，以搜捕嫌疑人和搜查武器。枪战也使平民的生命受到威胁。在都柏林的塔尔波特街，一个名叫普莱斯的情报军官堵住了肖恩·特里希和丹·布林，他们已经在索洛海德贝格开始了反英活动。普莱斯和特里希都被打死，他们的尸体被像垃圾似的扔到等候在那里的军车上，旁边就是围观的人群。这个事件也被写进了一首歌，传唱下来。歌中唱道：“……我们可爱的肖恩，已然逝去不再回来，中枪倒在塔尔波特街头……”

另一个同样壮烈献身的人物是被捕的科克市市长特伦斯·麦克斯威尼，他在伦敦的布里克斯顿监狱经过 73 天的绝食之后死去。他的尸体被运回科克举行了葬礼。亚瑟·格里菲斯走在送葬队伍的前头，强烈地表达了民族的团结。麦克斯威尼事件引起了世界对爱尔兰的关注。

在都柏林爱尔兰人对英军运送面包的车辆进行的一次街头伏击中，1 名英军士兵被打死。一个 18 岁的爱尔兰共和军成员被捕，他名叫凯文·巴里，还是个学生。警察将他带到附近的军营，把他打得死去活来。英军军士长将他从警察手里救了出来，但不是救他的命，而是要将他送上绞架。尽管都柏林举行了大规模的游行声援，妇女打出的巨幅标语是：“英国处死战俘”。但这是一场没有公正规矩的战争。巴里是此后 8 个月中被处死的 24 名爱尔兰共和军成员中的第一人。

1920 年 11 月 21 日是爱尔兰在 20 世纪的第一个“流血星期日”。迈克尔·柯林斯在上午 9 点发动的一场惊心动魄的政变，拉开了这个流血日的序幕。他已经在都柏林发现了不少隐蔽的英国情报官员，其中一些人假装是新芬党的支持者。那天上午，柯林斯挑选一些新芬党党员组成了“行刑队”（其中一些人刚刚参加过弥撒归来），枪决了 14 名英国情报官员。

那天下午，一场重要的足球赛在克罗克公园球场进行，球场以知名民主主义者——爱尔兰大主教的名字命名，比赛的双方是都柏林队和蒂珀雷里队。在都柏林队被判罚点球、蒂珀雷里队队员汤米·瑞安正准备踢点球时，球场一端的机关枪和步枪突然开火。瑞安本人恰好是爱尔兰共和军的一名高级军官，经验丰富，马上辨认出枪口射出的是真子弹，立刻倒地躲避。他比另一名蒂珀雷里队队员走运，后者被击中头部，当场丧生，成为被打死的 12 人之一。

但是，流血星期日还没有结束。为报复当天早上发生的屠杀，英国当局在都柏林城堡的警卫室里，处死了前一天夜里抓获的两名爱尔兰共和军高级官员和一名来自克莱尔郡的新芬党支持者。爱尔兰具有悠久的传统：将葬礼变为显示民众对“事业”支持的大规模示威。这一次葬礼由于爱尔兰头号通缉者的到场而显得非同寻常，迈克尔·柯林斯亲自来献花圈。他本人完全未作任何的伪装。一个女人在墓前认出了他，失声叫了起来："看呐，柯林斯就在那！"柯林斯用眼盯着她低声说："你这个该死的贱货！"

在下一个月，警察和辅警部队展开了最大规模的复仇行动：纵火焚烧科克市中心，以报复造成辅警部队11人伤亡的袭击事件。辅警部队K连的约25名士兵组成敢死队，由该连指挥官领头，冲进市中心的酒店，大吃大喝一通之后便开始抢劫和放火。当火势构成危险时，他们阻止消防队前往现场，甚至切断到现场救火者的水管。英国政府对此事作了调查，但调查结果从未公布于众。

到此时，诸如此类的事件引起了英国和世界其他国家的困窘和反感。自由党受到越来越大的压力，要求作出政治上的妥协。但到1921年春，双方的争斗仍然僵持着，劳合-乔治颇有信心地宣称："我们已经扼住了杀人犯的喉咙！"

1921年5月末，爱尔兰共和军在都柏林展开了最大规模的行动：放火焚烧英国在爱尔兰的行政统治中枢所在地、位于利菲河畔的18世纪精美建筑——海关大楼。爱尔兰共和军都柏林旅的120余人在上班时间包围了这座建筑，闯入大楼，将公务员赶了出去。其中有一男一女两位公务员，正安详地坐在那里享用办公室的咖啡，突然有一个怪异的平民要他们离开。

"你不可以这样做，"那位女公务员回答说。她并不知道，这个闯进来的人就是在流血星期日上午残忍杀害英国军官的行刑者之一。这时，这个人把枪掏了出来。

"我可以取我的帽子和外衣吗？"她问道。

"你能拿走你的性命就已经是很走运的事了。"他答道，说着便把文件柜里的东西倒在地上，将汽油浇到上面，把火点着。

与此同时，一个辅警部队成员正在与他的指挥官在都柏林城堡共进告别午餐，因为他预定在当天晚上结束服役期返回英格兰。突然一个传令兵进来说：“武装人员正在海关大楼，长官！”

这个即将服役期满的辅警部队成员决定“跟兄弟们再走一趟”，赶到海关大楼，看到浓烟从门窗里冒出来，爱尔兰共和军的子弹向他射来。但此时，被包围者成了爱尔兰共和军。辅警部队和其他皇家警察部队及时赶来。一两个共和军成员被击毙，其余的120多人悉数投降。这不仅是爱尔兰共和军发动的最大规模的行动，也是其遭受最沉重打击的行动。

这个事件在总体上对爱尔兰共和军造成的影响如何？共和军在乡村地区依然强大和活跃，组织和士气状况都不错。但在都柏林，柯林斯几乎损失了他所有的人马以及急需的武器。爱尔兰共和军的弹药出现短缺，一个成员用左轮枪发射了6发子弹之后，很难再得到子弹补充。

陷入相持僵局的双方已经开始进行相互试探，此时的试探更具有实际意义的内容。1921年7月9日，新芬党和爱尔兰共和军的代表德瓦莱拉等人与英军驻爱尔兰总司令麦克里迪将军和政务次官安迪·科普等英国代表会面。两天之后，英国皇家警察部队和辅警部队与爱尔兰共和军达成停火协议。就在此前，《爱尔兰时报》还这样写道：“整个爱尔兰血流成河。”而此时，这一切突然之间宣告结束，真是令人难以置信。

但是，将停火变为和平的政治解决之路则更为艰难。政治上的活动余地微乎其微。德瓦莱拉坚持要建立一个主权独立的爱尔兰共和国（尽管可以与大英帝国保持“外部联系”），亚瑟·格里菲斯在宪政问题上则不是那么僵硬教条。他们两人都前往伦敦与英国政府举行预备谈判。但是能够制造或打破这个僵局的人是迈克尔·柯林斯，正是他首先促使英国政府愿意向爱尔兰共和军发出邀请。

停火生效之后，柯林斯出访伦敦，仍然留着在逃亡期间蓄起来的八字胡。

内战前夕。1922 年 6 月，反对《英爱条约》的爱尔兰共和军成员在都柏林街头。

第十一章　内　　战

由迈克尔·柯林斯和亚瑟·格里菲斯为首的爱尔兰代表团与英国内阁进行了为期数月的、艰难的、时而陷入僵局的谈判，最终于1921年12月6日在伦敦唐宁街签署协定。该协定被称为《英爱条约》。

双方对这项条约的达成持有完全不同的看法。英国方面认为该条约最终解决了造成两大岛屿之间长达750年痛苦关系的古老难题。而据报道，迈克尔·柯林斯在签署条约后不久却表示："我刚刚签署了我的死亡执行令。"后来的事实证明的确如此。

《条约》授予爱尔兰32个郡中的26个郡与当时的加拿大自治领相同的宪政地位，拥有自己的陆海军，享有处理内政外交事务的全权，仍作为英联邦的成员国，"……基于爱尔兰与大不列颠的共同公民身份和它坚持留在……英联邦之内的状况"宣誓效忠于英国国王。这个新国家将使用"爱尔兰自由邦"的名称，而不使用爱尔兰共和军一直为之奋斗的"爱尔兰共和国"的名称。

谈判及其最终结果有两个方面未能引起人们的重视，但可以在一定程度上解释为什么英国政府对爱尔兰问题满怀希望完全是错误的。第一，邀请爱尔兰代表到英国谈判的做法已表明，谈判目的在于如何能够最好地将爱尔兰"民族主义诉求"与大英帝国的利益保持一致。这些代表将是爱尔兰的代表，厄尔斯特则未加提及。第二，《条约》本身在法律意义上将爱尔兰全境的主权授予爱尔兰自由邦。但在《条约》获得批准一个月之后，这种主权在厄尔斯特的6个郡（伦敦德里、安特里姆、唐、阿马、蒂龙和弗马纳）暂停实施；主权暂停实施状态本身必然表明了主权的存在。

《条约》规定：如果到月底，这6个郡选择不加入新成立的爱尔兰自由邦，它们有权这样做。所有人都知道这6个郡将会这样做，而且确实这样做了，而且从此置身于爱尔兰之外。但是，《条约》至少承认了一点，即爱尔兰民族主义者的有关爱尔兰是一个国家的要求具有获得承认的坚实基础。而爱尔兰方面认为尚未得到解决的问题是：这6个郡的多数人要与爱尔兰其他地区分离的要求到底具有何等程度的法律基础，但英国方面认为这个问题已经得到了处理。考虑到在回答《条约》中有关这6个郡选择不加入的条款的问题时表现出的不可动摇性，以及此后历届英国政府在这个问题上同样表现出的不可动摇性，我们有必要回顾30年之前格莱斯顿在这个问题上所说的话："我不同意这样的说法：作为少数派的厄尔斯特的新教徒……能够为整个爱尔兰决定这个问题。我知道任何宪政学说都不会接受或验证这样的结论。"

这并不是要指出这种对两个相互冲突的要求所作的某种解决方法正确与否，而是要说明今天我们在回顾历史时发现这个问题仍然在制造麻烦，这并不出人意料。

当时，这个问题被《条约》的其他方面所掩盖。其中一个方面就是当中的一项条款规定：在北爱尔兰6个郡选择不加入爱尔兰自由邦的情况下，任命一个边界委员会"按照居民的意愿"对边界作出调整。包括柯林斯在内的许多民主主义者相信，如果这项条款得到切实的贯彻，蒂龙和弗马纳两个郡由于有大量的天主教和民族派居民，将会脱离北爱尔兰，加入爱尔兰自由邦。而剩下的4个郡会发现无法作为政体生存下去，将被迫加入自由邦。这样，当时的"分离"问题就会迎刃而解，而不会继续存在下去。

《条约》将爱尔兰统一问题变为并不具有迫切性的另一个方面就是对英国国王宣誓的问题。这个问题在许多爱尔兰民族主义者看来仍然是更重要的问题。《条约》第四条规定爱尔兰自由邦议会的议员所立誓言如下：

> 根据法律和对爱尔兰自由邦宪法的真诚效忠，我庄严地宣誓……基于爱尔兰与大不列颠的共同公民身份和它坚持留在由一些国家组成的英联邦之内的状况，我将忠于国王乔治五世陛下和他的法定继位者。

对于许多共和派成员而言，这是大逆不道之举。从1919年起坚持共和主义暴力道路的丹·布林指出：《条约》“否定了我为之奋斗的一切……我不会被迫去向一个外国国王表示效忠”。

事实上，柯林斯在与劳合-乔治进行的艰苦谈判中，直到谈判的最后一刻仍然试图拉远条款中的“效忠”一词与“国王”一词的距离。他完全了解像布林这样在谈判中支持他的人对于这个问题的想法。但柯林斯争辩道宣誓只不过是一个获取宪政地位的象征而已，以后尽可以将它废除。他的一个爱尔兰共和军支持者说：“你宣誓就是宣誓要废除它。”另一方面，爱尔兰共和军中对此持反对立场的人则表示：宣誓是英国统治的象征，从而清楚地标明了他们战斗的目标。

于是，一般爱尔兰民众对《英爱条约》的反应是一种解脱和感激，感到最近两年半的恐惧生活终于结束了，而且爱尔兰的大部分地区在多个世纪之后终于摆脱了英国政府的统治。但是爱尔兰共和军本身却陷入分裂，超过一半的成员认为《条约》是一种背叛之举。

柯林斯本人签署《条约》的事实，使得不少爱尔兰共和军成员能够更容易地接受《条约》各项条款，即《条约》授予了“赢得自由的自由”。由于他继续控制仍然存在的爱尔兰共和兄弟会，所以柯林斯能够以此来大力宣扬他的观点。不过，该组织作出的最终决定是将有关《条约》的问题交由会员个人自行决定。另一方面，埃蒙·德瓦莱拉反对《条约》的立场，使得爱尔兰共和军中反对《条约》的成员能在必要的条件下赢得政治上的尊敬。

德瓦莱拉是与英国政府进行谈判的共和“政府”的名义首脑。他留在都柏林，主要是考虑到在共和制方面会不可避免地作出一些让步，而他的政治手腕将可以用来说服人们接受这些让步。德瓦莱拉任命到伦敦去的代表团为自己的“全权代表”，同时下达指示在最后文本上签字之前要首先向都柏林请示。代表团确实在谈判陷入僵局时不止一次地返回都柏林征求他的意见，但在谈判的最后一个紧张夜晚，受到劳合-乔治强调紧迫性的强大压力，代表团甚至没有与都柏林通电话就在《英爱条约》上签字。当然在 1921 年，打电话联系绝不是像今天这样简便。德瓦莱拉撇清了他本人与《条约》的关系，爱尔兰共和军的分裂延伸到了共和派政治家之间。

但至关重要的是爱尔兰共和军本身的分裂。爱尔兰议会进行了十分痛苦的辩论，德瓦莱拉曾在此过程中潸然泪下，最后《条约》以微弱的多数获得批准。国内民众对《条约》的赞成比例尽管不是压倒性的，但要更高一些，这在 1922 年 6 月自由邦的第一次大选中得到了反映。但是，爱尔兰共和军中几乎没有人会把对爱尔兰议会名义上的效忠当一回事，爱尔兰共和军也从来没有在民主的基础上征求民众关于其使用暴力的意见。于是以那些纳入原爱尔兰共和军部分成员组成的自由邦军队为一方，以脱离共和军但仍然保持武装和组织、通常还占据原英军军营的武装力量为一方的爱尔兰内战于 1922 年 6 月爆发。在此之前，一系列严重的事件先后爆发。

七个半世纪历史的平淡终结。1921 年 1 月，迈克尔·柯林斯（中）、凯文·奥希金斯（前）、埃蒙·达根（后）在都柏林城堡接管英国的行政权。

一些爱尔兰共和军穿上爱尔兰自由邦军队军服去接管英军军营，并接收了 10 000 支步枪。

其他的爱尔兰共和军在干什么？“《条约》否定了我为之奋斗的一切……”他们正在接受德瓦莱拉的检阅。

在1922年4月，爱尔兰共和军内部拥护和反对《英爱条约》的派别之间的紧张状态加剧，有关消除双方敌对的良好愿望正在逐渐消失。反对派的领导人已经占据了都柏林的法院大厦，在此设立了总部。总部内最著名的共和主义领导人有：罗里·奥康纳，曾任柯林斯的工程总监；利亚姆·梅勒斯，1916年在都柏林以外地区采取行动的为数不多的志愿军领导人之一，他们都认为柯林斯签署《条约》之举是一种出卖行径。反对派得到了在反英“战争”中的一些最成功的突袭队指挥官的支持，如来自南方的利亚姆·林奇、汤姆·巴里和都柏林的厄尼·奥马利等人，其中奥马利是柯林斯在爱尔兰共和军中的主要组织者之一。正如《22岁的士兵》（*Soldiers of '22*）中唱到的那样：

将共和的旗帜从旗杆上降下来吧，
爱尔兰的叛徒。
它永远不会属于自由邦，
你们带给它的只有耻辱。

许多原在英军服役的爱尔兰人加入了自由邦军队，他们具有共和主义思想，将这个新国家视为英国统治在伪装下的一种延续（即今天所说的新殖民主义统治）。事实上，新国家的领导人都是些前朝旧臣，如柯林斯和格里菲斯，这只能加重共和派的痛苦。

在这样的情况下，柯林斯本人的心境可想而知。1922 年 1 月，他写信给与他订婚的爱尔兰女青年："我真的感到度日如年，沮丧之极。我的上帝啊，这实在是太可怕了。"而"北爱尔兰"此时的事态发展更加重了他这样的感觉。新教徒担心边界委员会也许真的会破坏他们的新国家，开始像多个世纪以来面对爱尔兰占人口多数的天主教徒的威胁时的方式行事。1922 年初，一场严重的骚乱爆发。仅在 2 月，贝尔法斯特的伤亡人数就有 138 人（其中四分之三是天主教徒），一个夜晚就有 30 人被杀。天主教徒纷纷越过边界向南逃难。

南爱尔兰和北爱尔兰的共和军采取一切措施保护民族派同胞，柯林斯尽管根据《英爱条约》尊重北方这个国家的主权和领土完整，但他同样感到不能"袖手旁观"（这个说法在近 50 年后的类似形势下成为名言，参见原文第 237 页），不会听任民族派遭到杀戮。这样，柯林斯就处于一个尴尬的境地：一方面向北爱尔兰共和军反对派提供武器装备，一方面要面对在法院大厦的共和军反对派对他的权威和自由邦的挑战。6 月，这双重危机终于在伦敦由于一次左轮枪枪击事件而引爆。

到这个时候，北爱尔兰的形势进一步恶化。1922 年前 6 个月，北爱尔兰 6 个郡教派冲突造成的死亡人数为 264 人，其中三分之二为天主教徒。由北爱尔兰的詹姆斯・克雷格爵士政府组建的武装警察部队（即 A/B 特种部队）完全没有按照法律秩序的原则行事。克莱格的安全顾问是英国陆军元帅亨利・威尔逊爵士，他在爱尔兰事务中坚持强硬的统一派立场。1922 年 6 月 22 日，威尔逊在伦敦伊顿宫自家门口被两个爱尔兰共和军成员暗杀。奇怪的是，尽管这两个人是自发采取这次行动，但他们在停火前曾得到柯林斯要"除掉"威尔逊的命令。这次暗杀将柯林斯拖入更加痛苦的危机深渊，但他的良心驱使他竭尽全力要求英国政府不要处决这两个杀手。

英国政府在这几个月里一直越来越焦虑地注视着自由邦的动向，发现自由邦政府对设在都柏林的反对派总部继续保持一种被动的容忍，因而得出错误的结论，认为反对派总部下达了暗杀威尔逊的命令，坚持要柯林斯对法院大厦采取打击措施。否则，英国政府将《英爱条约》视为已废除之条约。经过几天的僵持之后，共和反对派绑架柯林斯手下一位将军的事件促使他下定决心，通知法院大厦内的反对派总部在 20 分钟内投降。在遭到拒绝后，柯林斯下令架在利菲河对岸的两门从英军那里借来的野战炮对准法院大厦开炮。大炮的炮击距离近得不得了，但还好可用的只有榴霰弹，所以炮击持续了两天才显出效果。其他反对《条约》的共和派武装占据了奥康内尔街上建筑物内的有利位置。爱尔兰共和军命令在哈曼宾馆用早餐的宾客上楼打点行李迅速离开。一个星期之后，这条大街再次成为废墟，爱尔兰内战爆发。

经过 8 天的战斗，都柏林有 60 人被打死、300 人受伤。在法院大厦的反对派总部宣布投降后，奥康内尔街的反对派武装也宣布投降。卡瑟尔・布鲁阿是 1916 年的英雄，因拒绝投降被打死。罗里・奥康纳、利亚姆・梅勒斯等爱尔兰共和军领导人被关入蒙乔伊监狱，许多

迈克尔·柯林斯身着爱尔兰自由邦军服。“我签署了我的死亡执行令。”

德瓦莱拉会见选民。1922年都柏林的反对《英爱条约》集会。

仍然寻求团结，1922年2月。第一排左四起：亚瑟·格里菲斯、埃蒙·德瓦莱拉、迈克尔·柯林斯、哈里·布兰德（不久就被自由邦军队打死）。

共和军成员也被关入英国监狱。但在爱尔兰其他地区，特别是南部和西部，反对《条约》的爱尔兰共和军的势力强大，控制了科克市。

事态的爆发好像使柯林斯从最糟糕的焦虑状态中解脱出来，他抖擞起精神，像对抗英国那样来打击其原先的战友。他从英国政府那里额外获得了一万支步枪，征募英军和美军的退伍老兵、爱尔兰皇家警察部队的老战士和乡下的毛头小伙子加入新建立的爱尔兰自由邦军队。一些新兵刚刚学会了装子弹就投入战斗。扫荡行动在乡间进行，直抵利默里克郡的地界。拖拉机将一门曾轰击法院大厦的英国野战炮牵引到了预定炮位上。

压力转移到了零散分布的反对《条约》的共和派身上，他们再也不能依靠民众的支持。而在反英战斗中，民众曾给予他们很大的支持。由于爱尔兰南部的通讯依然受到共和派（不久之后被称为“非法分子”）的干扰，柯林斯派遣自由邦军队从海上绕道进攻科克市，于1922年8月轻易地攻陷该城，进击内陆地区。自由邦军队小心翼翼地穿过科克市街道，看到墙上的标语写着：“柯林斯进军科克，为何不去进军贝尔法斯特?”

受到压力的不仅仅是反对《条约》的共和派。在攻陷科克的一个星期之后，年仅50岁的亚瑟·格里菲斯因过度劳累倒下，死于心脏病，这个消息令全国震惊。柯林斯离开南部的战场，到格里菲斯的葬礼上亲自肩扛他的灵柩。之后，柯林斯重返科克一带，巡视自由邦军队刚刚夺占的阵地。一个名叫埃默特·道尔顿的军事助手对他的安全感到担心，身为科克本地人的柯林斯很有把握地答道：“我敢肯定，他们不会在我的家乡对我开枪。”

8月22日下午约7:30，柯林斯的车队（包括一辆三轮摩托车、一辆克罗斯利卡车、一辆装甲车和柯林斯自己乘坐的劳斯莱斯敞篷车）行驶到麦克鲁姆和班登之间的一条横跨比尔纳姆布拉思

(Bealnamblath) 溪流的路上，突然发现路上放置了一堆障碍物。一伙反对《条约》的共和派武装已经在这里等了整整一天。车队刚停下，枪声立即响起。半个小时之后在天色还没有完全黑下来时，柯林斯阵亡了。

一位英雄的逝去总是伴随着一些神话的出现。人们总是会设法使这样的令人无法接受的消息变得能够为人们所接受。如同在描述古代盖尔神话中的英雄库丘林（Cuchulain）一样（只是20世纪的神话的语调转为平淡），人们依样讲述了柯林斯的故事。据事后的说法，而且直到今天，爱尔兰仍然有人相信：柯林斯是被自己一方的火力击中。开枪者要么是装甲车上的机枪手（他后来的确投向了共和派一方），要么是他的亲密战友——埃默特·道尔顿。还有一种说法称整个伏击行动由德瓦莱拉一手策划，他当时确实就在附近地区活动，但没有在共和派武装的伏击现场出现。因为作为一个政治人物，他暂时还无法亲自上火线拼杀。当时的实际情况好像是这样：当枪声停息、伏击结束时，站在路中央的柯林斯被坡地上狙击手的最后一发子弹或是一发流弹击中。柯林斯的头部后侧被豁开一个大口子，埃默特·道尔顿跑上前去痛悔不已，对着这个将要死去或已经死去的人耳语了几句。

内战双方都有许多人听到这个消息后感到十分痛心，特别是这件事发生在格里菲斯死后的仅仅一个星期；但同时也有人听到这个消息后觉得十分高兴，内战因此透出了如此巨大的苦涩意味。有一个都柏林妇女，她在一年前曾情愿为柯林斯献出自己的生命，但在事发的第二天看到报上的这则新闻时两眼放光，高声喊道："这消息不是太棒了吗?"爱尔兰民族主义运动四分五裂，但更严峻的局势即将到来。

随着共和派采取的各种规模军事行动的减少，他们转而越来越频繁地采取"非常规的"手段：谋杀特定个人、毁损财物、炸断桥梁和

陆军元帅亨利·威尔逊爵士。

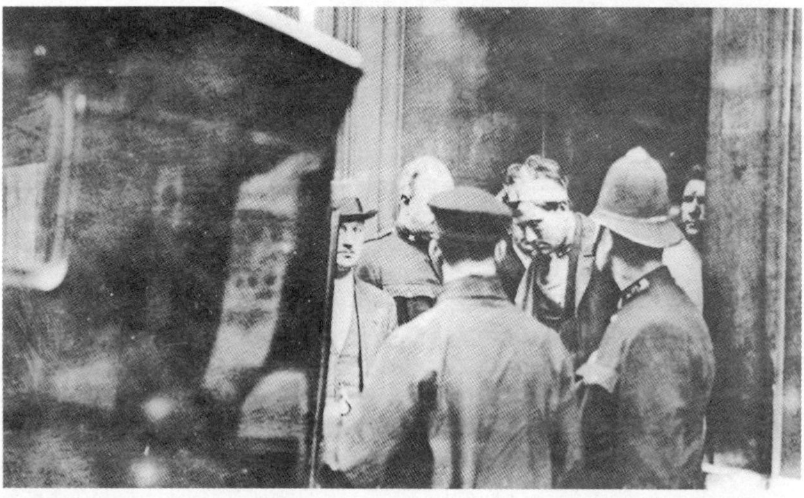

1922年6月，一名爱尔兰共和军成员被捕，这个人刚刚刺死陆军元帅亨利·威尔逊爵士。他后来被执行绞刑。

1922 年 7 月，都柏林历时一星期的内战。奥康纳街的自由邦军队正在开炮，无暇停火。

自由邦军队“到处都是”。

反对《英爱条约》的爱尔兰共和军投降，失败了但没有垮掉。“将共和的旗帜从旗杆上降下来吧，爱尔兰的叛徒。”

洗劫银行。在自由邦方面，由于柯林斯和格里菲斯的辞世，新任领导人决定不惜一切代价来证明他们维持国家统一的能力。这些领导人主要有：总理威廉・科斯格雷夫，曾参加1916年暴动，被判处死刑，后被赦免；凯文・奥希金斯，曾就读法律专业，是新芬党的坚定支持者，在1918年大选中当选爱尔兰议会议员；欧内斯特・布莱思，在1914－1918年大战之前曾是格里菲斯的支持者；理查德・马尔卡希，一直担任柯林斯的参谋长，现任职务是自由邦军队总指挥。他们无懈可击的民族主义斗争经历给予了他们行动的力量。

爱尔兰议会提出和通过了一项《紧急权力议案》。政府决定在规定的投降宽限期结束之后，对所有持有武器的共和派成员格杀勿论。11月，第一次处决在都柏林执行。当时有4名反对《条约》的共和派武装成员被抓获，随即被行刑队枪决。在此后的7个月里，政府共进行了77次处决。

但是，正是这些随之执行的处决，给新近获得自由的爱尔兰的政治生活造成了长达一代人，乃至数代人的创伤和疤痕。当时最出色的共和派反英宣传家厄斯金・奇尔德斯此时在从事反对自由邦的宣传工作。他于1922年11月24日凌晨被枪决，罪名是拥有柯林斯送给他的一把小型左轮枪。当被激怒的共和派领导人下达命令：所有投票赞成《紧急权力议案》的爱尔兰议会议员，一经发现即予击毙，并开始执行这项命令时，自由邦政府将5个月前在法院大厦抓捕的4名共和派主要领导人，包括罗里・奥康纳、利亚姆・梅洛斯在内，于一天深夜押出牢房，未经审判就予枪决。所有内阁成员一致作出了这项处决决定，只有奥希金斯有所迟疑："难道就没有其他办法了吗？"这使人想起了他曾是罗里・奥康纳结婚时的男傧相。

这种短暂的谨慎想法在自由邦内阁中再也没有容身之地。仅仅在1923年1月，34名共和派成员就在爱尔兰的9个城镇被处决。5月，最后一次处决在恩尼斯进行，被处决者是威廉·肖内西。此时，共和派的军事行动已经失败，其政治领导人德瓦莱拉开始发挥领导作用，下达了“放下武器”的命令。他在命令状中还附上了致“后卫战士”（soldiers of the rearguard）的一封短信，称：“必须寻求以其他的方式来保护民族的权利。”德瓦莱拉将用他的余生来进行这样的追求。这样，爱尔兰共和军这个神秘的团体开始以不同的方式来改变领导权。德瓦莱拉与共和军的冲突越来越多，但共和军存在的时间却比他更长。

与此同时，自由邦竭尽全力保卫政权的斗争终于取得了胜利。这不仅意味着爱尔兰民族主义运动陷入分裂的苦涩和严峻现实（13 000名共和派成员被囚禁，许多人为其失败的事业进行了长期的绝食），而且柯林斯签署《条约》所寻求的长期目标也迷失了。此时，保住《条约》本身成为一种目标。而且，德瓦莱拉在被囚禁一年之后尽管当选爱尔兰议会议员，并能够与其他共和派政治人物在议会中组成一个有力的反对派，但他们都拒绝宣誓效忠，这样他们就不能行使议员的权利。这样，这个国家真正的政治反对派（相对弱小的工党除外）在未来的 4 年中未能在政治上发挥作用。在这样的情况下，自由邦政府就能轻易地集中精力巩固其地位，而这就意味着爱尔兰分离问题自然不会占据显要的位置。

直到 1924 年，自由邦政府才要求英国政府按照《英爱条约》的规定，设立一个边界委员会。此举立刻给英国方面和北爱尔兰首席部长詹姆斯·克雷格爵士带来困窘的难题。克雷格由于没有在《英爱条约》上签字，所以尽管他完全有权参加该委员会，但他还是表示拒绝。英国只有在其正式代表——拥护帝国的南非法官菲瑟姆之外，任命克雷格的密友约瑟夫·费希尔出任厄尔斯特的代表。自由邦代表是约恩·麦克尼尔，他是盖尔同盟的共同创建人之一，1916 年志愿军

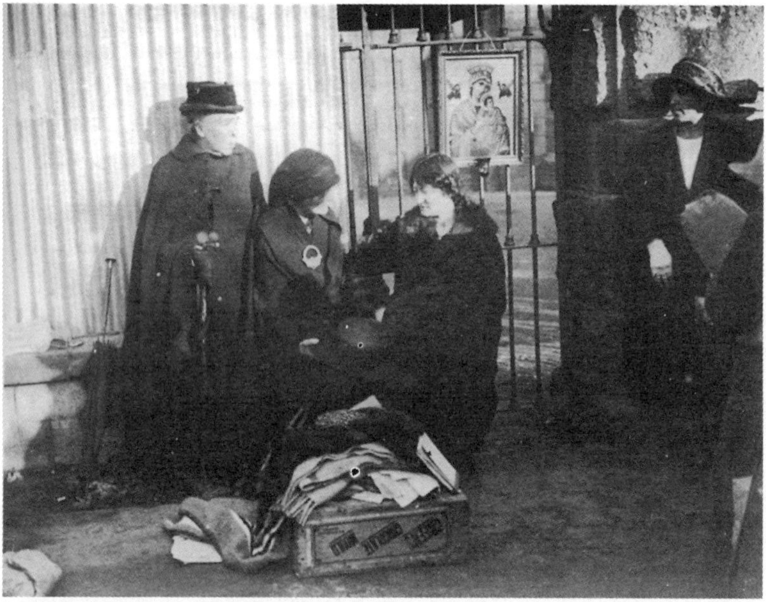

帮助缝合“苦难”，妇女支持在自由邦监狱里绝食的共和派囚犯们。莫德·戈恩·麦克布莱德（居中）和安妮·麦克斯威尼。

1922年秋，自由邦内阁讨论处决问题。威廉·科斯格雷夫（居中）、欧内斯特·布莱思和凯文·奥希金斯（在威廉·科斯格雷夫的左侧）。（“难道就没有其他办法了吗?”）

MERRY WIDOW'S SECOND HUSBAND: COURT STORY

DAILY SKETCH.

No. 4,272. [illegible] LONDON, SATURDAY, NOVEMBER 25, 1922 [illegible] ONE PENNY.

ERSKINE CHILDERS EXECUTED IN DUBLIN

Mrs. Erskine Childers is an American with strong Irish sympathies. An invalid for many years, she collapsed on receiving news of her husband's execution.

Erskine Childers (left) was executed in Kilmainham Gaol, Dublin, yesterday. The Irish Master of the Rolls had refused to grant a writ of habeas corpus applied for on his behalf. Childers is here photographed with Mr. E. J. Duggan (right) when in London at the time of the Irish Treaty negotiations.—(Daily Sketch.)

Erskine Childers had a distinguished war record. He served in the R.N.A.S. and was awarded the D.S.C.

Erskine Childers first became famous as author of "The Riddle of the Sands." Latterly he was De Valera's right hand.

[illegible]

Mr. Patrick Lynch, K.C. (left), appeared for Erskine Childers before the Military Court in Dublin, by whom Childers was tried and sentenced to death. Counsel also applied to the Master of the Rolls for a writ of habeas corpus.

The news of the execution of Erskine Childers, after a four days' legal fight for his life, was officially announced by the Free State [illegible] Wicklow and charged with "having possession of an automatic pistol without proper authority."

“（厄斯金·奇尔德斯）凌晨被枪决，罪名是拥有柯林斯送给他的一把小型左轮枪。”

名义上的领袖，并不是一个咄咄逼人的谈判者。

在“按照居民的意愿”对边界作出调整的原则是否是指可以超出微调范围的问题上，谈判各方出现了重大分歧。事实上，蒂龙郡和弗马纳郡相当多地区以及德里郡、唐郡南部和阿马郡南部少数地区的居民肯定想要与民族派同胞们的自由邦合并。而多尼戈尔郡东部和莫纳亨郡北部一些地区的居民想要并入北爱尔兰。但是，英国方面《条约》签字者的声明为当时的形势定下了基调，其作用是简化和巩固了北爱尔兰政府对六郡的统治权，而且英国任命参加委员会工作的两名代表将肯定会照此精神行事。经过一年断断续续的争论，自由邦在这个问题上的反应十分迟钝，令人不解。当委员会不可避免地以三分之二多数决定边界只作微调时，麦克尼尔宣布辞职。边界微调的内容包括将多尼戈尔郡的部分地区划给北爱尔兰。

我们可以想象，假如柯林斯能听任边界委员会的谈判走得这么远，接下来又会做何反应。自由邦政府领导人随即于 1925 年 12 月前往伦敦，同意对《条约》作出修正：完全废除边界委员会，同时英国政府取消自由邦政府承担的某些财政义务。科斯格雷夫和奥希金斯回到都柏林时公开宣布：“今天我们播下了和平种子……”

具有讽刺意味的是，他们在厄尔斯特问题上达成的妥协，连约翰·雷德蒙和爱尔兰议会党团都从未考虑过，给爱尔兰民族主义统一事业造成的损害要严重得多。但是，雷德蒙和议会党团毕竟是过于想在厄尔斯特问题上作出让步，以至于新芬党能够在爱尔兰选民中获取支持，取而代之。“播下了和平种子”之说远远站不住脚，北爱尔兰问题在近 70 年之后仍然存在，处于某种战争状态。

这样，这个妥协除了在法律上巩固了爱尔兰分离局面之外，还使北爱尔兰新教统一派的思想得到了心理上的极大巩固。奥希金斯本人对此作了最好的总结，十分痛心地在爱尔兰议会就内战对于厄尔斯特问题的影响和南爱尔兰的无政府状态进行了阐释：

> 我们本来有机会建立一个了不起的国家，能够及时地吸引、吸纳和同化那些因素……我们却焚烧我们自己的家园，炸毁我们自己的桥梁，洗劫我们自己的银行，给我们自己套上维持一支军队的沉重债务枷锁……总之，我们加给我们自己的羞辱比英国自克伦威尔以来加给我们的羞辱更甚……而我们到现在还弄不明白奥伦治人并不像这么多跳过边界的跳蚤那样急于来到我们的怀抱和管辖范围之内……

作为对北爱尔兰新教统一派问题的阐释，当时没有人能对此作出回答。而自 1970－1994 年以来由相同的共和事业造成的北爱尔兰新教徒本身的无政府状态问题，似乎比以往任何时候都更加找不到答案。

1946 年都柏林：维多利亚女王不得不离开。

第十二章　从自由邦到共和国

“当所有的枪声都停息、所有的死者都掩埋、政治人物都接管政权时，你能留下的是什么呢？是失败的事业！”

这是康诺利手下的爱尔兰市民军的一位老兵，在多年以后写下的几句话。他曾参加 1920 － 1921 年爱尔兰共和军的战斗，并在 1921 年的《英爱条约》和 1922 － 1923 年共和派在内战中的失败之后，继续为他心目中的真正共和主义理想而奋斗。

从纯理论的角度来看，他的观点可以理解。1920 － 1921 年爱尔兰共和军战斗的目标是建立爱尔兰共和国，将此作为与英国最大限度分离的标志，因此很有必要实现爱尔兰的统一。但是，他们的这两个目标都未能实现。这位“后卫战士”以及其他像他这样的人构成了一类具有坚定恒心的爱尔兰共和军成员，持之以恒地追求共和主义圣杯。这些人的难处在于这个圣杯的复制品是由“政治人物”授予爱尔兰人民，而且这样的圣杯还不能立刻可以得到，但处于合理的、非暴力途径可及的范围之内。换言之，这些“政治人物”特指一个政治人物——埃蒙·德瓦莱拉。既然大多数爱尔兰人已经接纳了自由邦，并愿意在其范围内采取可选择的民主运作方式，所以爱尔兰共和军的主要敌人始终是其处于体制外的地位。只是到了 1969 年，真正介入体制的新机会才确实出现，共和军也的确紧紧抓住了这个机会。在 1923 － 1969 年之间，爱尔兰共和军除了定期地制造流血事件之外，基本上都是处于沮丧和痛苦之中。

遭到重创的法院大厦的重建，很快就成为都柏林人每日关注的风景线，成为在新领导人领导下努力建设这个新国家的象征。所指的新领导人主要是指行政会议（Executive Council）主席威廉·科斯格雷夫和内政部长凯文·奥希金斯。新成立的警察部队——国民护卫队开始艰难地恢复法治和秩序。在内战制造的激烈和野蛮动荡之后，正常的工作和闲暇生活在田间、工厂和市镇中得到延续。然而，新国家是建立在可怕的痛苦创伤之上的。在法院大厦的武装人员投降之后的将近一年里，对持有武器的共和派成员的处决一直在进行。当那些被都柏林行刑队处决的人的尸体交给其家人和朋友之后，所有教堂都拒绝接纳，因此被处死者的传统“唤醒”仪式只得在剧院举行。狱中共和派成员举行的痛苦的绝食，伤害的绝不仅仅是那些绝食者的身体而已。许多共和派成员绝望地承认他们的事业已经失败、自由邦已经打下了坚实的基础，于是只得移居美国，不再问国事。

但有两个共和派集团没有失去希望。它们在过去曾是在一个战壕里战斗的战友，后来逐渐分为相互敌对的两个阵营。一个集团直接来自反对内战的共和军的领导层。这些幸存下来的领导者决定进行组织重建，继续为与以前相同的目标而奋斗——建立一个独立于英国的、包括整个爱尔兰在内的共和国。在情况适宜时，该集团将使用与以前相同的武器——枪炮。另一个集团以埃蒙·德瓦莱拉为首，主张走一条更加精心设计的、非暴力的道路。

德瓦莱拉在上一次与“放下武器”命令同时下达的消息中，向“后卫战士”再次保证：爱尔兰人民虽然现在需要休养生息，但不久他们就会恢复元气团结起来。事实上，1923 年 5 月大选清楚地表明，相当大比例的爱尔兰人站在他们一边。共有 44 名共和派成员当选议员，约占当选议员总数的 30%。不过，这些当选议员并没有到爱尔兰议会的议席就座，因为作为坚定的反对《英爱条约》的共和派成员，他们拒绝宣誓效忠这个“忠于乔治五世国王陛下及其继位者”的自由邦。无论如何，大选的结果再次确认了德瓦莱拉的民众基础和影响力，进而反过来引起政府的不安，其主要原因是这个政治反对派从一开始就决定置身于体制之外。自由邦政府绝不敢掉以轻心，甚至在大选期间就派兵将德瓦莱拉逮捕归案。当时德瓦莱拉从他的隐身之地走出来，到恩尼斯的一个讲台上向选民发表演讲。虽然他后来以压倒多数的选票当选，但仍被监禁一年。德瓦莱拉获释后立即回到恩尼斯，继续发表同样言辞的演讲，抨击自由邦背叛了共和理想。他和他的追随者仍然拒绝在爱尔兰议会宣誓效忠。

与此同时，内战中共和派的更为极端的集团——经过重建的爱尔兰共和军，正在寻求以更有效的方式重操旧业。由奥希金斯推出的严厉打击恐怖主义措施，包括鞭刑在内，大大约束了其活动余地。另一个不利因素是该集团缺乏广大民众的支持，民众对历时已久的暴力行动已经感到不快。这支新建的共和军在一段时间里能做的只不过是破坏在都柏林一带能够找到的与大英帝国有联系的象征物，如绘制或雕刻在石头上的皇冠、狮子和独角兽，或者是在民众集会时鸣枪骚扰。迟至 1925 年 11 月 11 日停战日这一天，都柏林都会举行大规模的集会游行，人群挤满街道，挥舞英国国旗，纪念“一战”中牺牲的南爱尔兰人，其伤亡人数远远高于 1916 年暴动和“独立战争”伤亡人数的总和。

爱尔兰共和军的一大战绩就是部分损毁了博因战役的胜利者——威廉三世在学院绿地的塑像。当时共和军的一名成员在一家夜总会打工，他在那里找到了必要的用具，帮助一个战友趁着夜色爬上塑像的底座，他最后在奥伦治国王坐骑抬起的前腿处找到了捆绑炸药的地方。这是这支爆破小组延搁已久的行动，他们在炸药包爆炸之前成功撤离。这次爆炸行动没有炸倒这座国王塑像，但就像其中一个破坏者所说的那样，“发生了巨大的震动”。1926 年末，共和军发动了一次规模更大、流血更多但同样没有效果的行动，袭击了全国 12 个警察营房，打死两名国民护卫队队员。

面对共和军沦落到无所作为境地的局面，一些共和军成员希望能沿着詹姆斯·康诺利的社会主义路线给共和军指出一个新的激进思想方向。但是，正如政治人物出于可以理解的原因，迷恋于为按照《条约》创建自由邦这个压倒一切的需要，而只是承继英国最为保守的社会经济原则并排除其他政治考虑一样，一个具有神秘象征色彩的难以捉摸的共和国形象牢牢占据了共和军成员的头脑，使他们认为社会政治思想分散了实现唯一真正目标的力量。具有社会主义思想的共和军成员中，最具进步性的是皮达·奥唐奈和乔治·吉尔摩。他们在此后的许多年里，继续率领领导层向着这个方向努力，但未能收到成效。奥唐奈回忆道：有一次，他向本地乡村地区的共和军下属单位下达指示，要他们对与当地一家巴士公司发生工资纠纷的工人提供支持，但这些下属单位却认为此举干扰了他们炸毁一辆巴士的行动，而他们随后确实就实施了这项爆炸行动。20 世纪 30 年代，奥唐奈和吉尔摩都在失望之中脱离了共和军，因为共和军拒绝承担更多的社会责任。而另一个左派分子弗兰克·瑞安（Frank Ryan）则率领一帮共和军成员与西班牙的共和派并肩作战，以证明共和主义运动之间的关联性。他被佛朗哥逮捕入狱，在“二战”爆发后不久获释。具有讽刺意味的是，他的余生是在纳粹德国的庇护下度过的。

然而，对于爱尔兰自由邦的大多数民众而言，爱尔兰共和军面临的找不到出路的问题只不过是一个不值一提的小问题，他们根本没有时间加以关注。不过，对于德瓦莱拉和他的共和国来说，这却是个重要问题。1926 年，德瓦莱拉将他的支持者重新组建成一个新政党。先前，他们使用了“新芬党”这个老名称，此时开始采用“共和党”（*Fianna Fail*，字面意思是爱尔兰勇士）的名称。但同时，虽然该党拥有出色的具备强大凝聚力的政治纲领，但由于拒绝在议会宣誓效忠，而使本党在政治上无所作为，并剥夺了相当比例国民的政治民主权利，这些国民其实都愿意看到共和党的政治纲领能够得到落实。他们自我遏制的严重性能够从1927年大选的结果得到充分的显示：共和党在大选中获得的议席几乎与科斯格雷夫和奥希金斯所属执政党获得的议席相当（44席对47席）。实际上，共和党能够获得的议席本应该更多一些，因为该党的许多支持者感到投票给拒绝进入爱尔兰议会的政党是一种浪费，才将票投给了另一个反对党——工党。

事实上，德瓦莱拉此时迈出了进入自由邦民主制度的第一步。他和其他当选的共和党议员前往议会大厦，试图进入议会大厅。他们拒绝根据程序宣誓效忠的要求，结果被关在议会大厅门外。德瓦莱拉等人迅速走出议会大厦，来到共和党总部。德瓦莱拉在二楼向街上的大批民众发表了得体的激动人心的演讲，声称绝不放弃原则，绝不进行虚假的宣誓效忠，绝不“背弃爱尔兰人民的意志”。

几个星期之后，一个暴力事件的发生改变了爱尔兰自由邦的政治形势，并间接地导致德瓦莱拉通过似是而非的方式，在未背弃爱尔兰人民意志的情况下宣誓效忠。1927年7月10日，内政部长凯文·奥希金斯在去参加弥撒的路上，就在自家门口被枪击身亡。实施暗杀的是一些独自行动的共和军成员，目的是希望以此使得共和军的政策更具侵略性，共和军领导层并没有参与此事。

政府立即推出严苛的新《公共安全法》（*Public Safety Act*）和《选举修正案》（*Electoral Amendment Bill*），规定此后任何候选人都必须事先立誓：在大选后按照议会的要求宣誓效忠，否则不得作为候选人参选。在这个有关爱尔兰民主的关键时刻，德瓦莱拉曾为了民族事业而与共和军脱离了关系，此时他不得不进入议会。他和追随他的议员们又一次来到议会大厅门前要求到他们的议席上就座。议会工作人员又一次要求他宣誓效忠。这一次，德瓦莱拉坚定地宣布他不会宣誓效忠，但把桌上的《圣经》和宣誓效忠签名簿取了过来。他在这本签名簿上签下了自己的名字，有关方面认为此举已符合必要的程序要求。

德瓦莱拉这个神通广大之人将类似神学的魔法施于政治之上（F. S. L.莱昂斯将他称之为“一代宪政胡迪尼”[①]），其手法是如此的高超，以至于几乎没有人在此时提出这样的疑问，如果他在1927年克服宣誓方面的障碍并不困难，那么为何不在几年前就这么做呢？不过，此时爱尔兰拥有了正常运作的两党民主制度，其中一个政党主张要在一个取消宣誓效忠的新宪法框架下对《条约》进行修正，该宪法将在理论上有朝一日实现爱尔兰的统一。共和军则比以往任何时候都更加远离主流政治。

但爱尔兰共和军却在此后的5年里一度恢复了元气，甚至取得了一定的地位，但在作用上仍从属于共和党。德瓦莱拉的“后卫战士”此时并没有拿起武器，但在议会中采取攻势，并能够调动议会外的先锋武装力量。科斯格雷夫政府与其他长期执政的民主政府一样，正在经历着丧失民心的过程，而且必须采取强硬措施来应对困难的局面。而且，世界经济大萧条正在到来。共和党领导人在议会热情洋溢的讲话拨动了议会外共和派军事组织的心弦，受到了狂热的追捧。曾为德瓦莱拉得力助手的肖恩·勒马斯表示：“……毕竟我们是一文不名的宪政政党。”德瓦莱拉本人宣布将像1922年那样再一次捍卫共和国的旗帜，并赞成继续坚持爱尔兰共和军的传统。

较之一个如此执着于宪政道路的政党，共和军越来越频繁进行的

---

① 胡迪尼（Harry Houdini），匈牙利裔美国魔术师，以表演各种惊险脱身术见长。——译者注

1932 年，爱尔兰内战的失败方赢得政权。不需要废除拿起武器的号召。

威廉·科斯格雷夫，1922－1932 年爱尔兰自由邦的捍卫者。

约恩·奥达菲将军，原爱尔兰共和军成员、前任国家警察总监，希望能成为爱尔兰的墨索里尼。但他和他的蓝衫军只能在佛朗哥统治的西班牙找到用武之地。

非法军训，乃至不时以“继续”共和事业名义进行的处决行动，对创建自由邦的科斯格雷夫政府来说，前者倒并不显得那么十恶不赦。而反过来看，政府出于自卫的公共安全措施，如设立有权判处死刑的军事法庭，采用针对共和军的措施来对待共和党似乎有点可耻。无论如何，共和党和共和军都具有共同的共和主义目标，要求废除现有宪法，所不同的是共和党选择了宪政路径。

这样，共和党几乎是与非法的共和军携手参加 1932 年 2 月的大选。共和军在街道上、甚至在投票站的影响力对共和党以微弱的优势获胜，有可能起到了决定性的作用。共和军以团队方式挨家挨户地为共和党助选，他们一面问应门的住户是否打算投共和党的票，一面以凶神恶煞般的目光盯着对方。同样，共和军玩弄重复投票的手段，冒名顶替死人、病人和缺席者投票。这些做法在爱尔兰选举中早已是司空见惯，但从未达到共和军这样炉火纯青的地步。一些共和军成员承认投了 50 次票。在下一年的大选中，这些伎俩已经不再需要。德瓦莱拉和共和党获得了更多的议席，并得到了工党的支持，在议会拥有明显的多数优势。共和党此后连续执政 16 年，在此期间不仅废止了自由邦宪法，而且极大地加强了爱尔兰 26 郡独立于英国的国家构架。

当初德瓦莱拉的“一文不名的宪政”政党，已经成为爱尔兰新的政治体制中一个重要组成部分。这种状况已经使人们忘记了该党开始执政时的环境。一些共和党党员认为科斯格雷夫的盖尔党（*Cumann na Gaedheal*）将会阻挠他们获取新的权力，肖恩·麦肯蒂甚至在共和党议员进入议会之前给他们发放左轮枪，但他辩称没有给他们发子弹。甚至还有一个不足为信的说法，称有一个共和党议员甚至在一个电话亭里安装了一挺机枪。但是，所有这些谨慎的防范措施都被证明是毫无必要的。

确实，在此之前有人向卡勒军营的自由邦军队指挥官提出过这样的问题：如果共和党人进入议会的话，他将采取什么行动？这位指挥官怀疑这是有人放出了一个政治风筝。他坚定地回答说：就他本人而言，如同《英爱条约》是以民主表决的方式获得接受一样，他也准备接受人民对德瓦莱拉的选择，看这位新领导人能为国家做些什么。接着，有人问道："军队其他官兵的意见如何？"这位指挥官答道："我不知道其他部队的情况，但我负责指挥国内最大的军营——卡勒军营。假如有任何人打算发动任何形式的政变，我将严惩不贷。"

政变没有发生，甚至连政变的苗头都没有出现。那场血腥内战中失败的一方顺利平稳地以民主的方式从胜利的一方那里接管了国家权力。科斯格雷夫和他的自由邦政府努力确立选票箱高于枪杆子的原则，他们已经证明自己确实言而有信。与此同时，那些在1922年曾不顾人民的选择认为自己有权决定人民意志的人，看到军队表示愿意接受其指挥时的冷漠态度而感到局促不安，这是可以理解的。

事实上，德瓦莱拉和共和党在得到军队和文官系统的支持成功上台执政之后，采取了同样正确的举措，立即将已宣布的政纲付诸实施，改变了接纳他们进来的宪政制度的结构。

德瓦莱拉十分高兴地宣布：

> 这是爱尔兰新一天的黎明。自1921年以来，我国在美国、英国和澳大利亚的同胞将第一次感到欣喜不已。长期对立的老朋友欢聚一堂带来的喜悦，令我国年轻人热血沸腾……

德瓦莱拉并没有谈及一个十分有趣但又微妙的问题：共和派军事组织——爱尔兰共和军与共和党这一次到底能在多大程度上欢聚一堂。

共和党政府废除宪法中关于宣誓效忠的条款，完全剥夺总督的实权。根据《土地购置法》，爱尔兰农民必须向英国国库缴纳类似于抵押贷款性质的土地年费（Land Annuities），才能获得所耕种土地的所有权。共和党政府武断地中止这项年费的征收，导致了一场与英国的经济战争，相互征收报复性关税。总之，共和派政纲开始得到贯彻，只有北爱尔兰的6郡问题仍然没有取得任何进展。而且这个问题在此后的许多年里也不会取得进展。但在那时，这种背叛行为像今天一样被说成是一种“非正义”的分离，这样除了一些极端的共和派成员之外，民众认为这个问题一直得到了政府的妥善处理。

在这样的情况下，除了对北爱尔兰问题的分歧之外，共和军的处境如何？其最直接的获益就是在共和党新政府上台的几天，甚至几个小时之内，被科斯格雷夫囚禁的共和军成员获得释放。即使是在这个方面，共和党政府也表现出了一丝不苟的责任心，指派1916年被处决的一名暴动者之子肖恩·麦克布莱德（此时为共和军领导成员之一）宣布：那些按照共和军领导层命令犯罪的共和军囚犯可以获释，但自行犯罪的共和军囚犯不具备获释资格。

在都柏林举行的一次大规模公众集会上，大幅标语上写着：“共和派囚徒获释，爱尔兰民众欢颜”，表明曾经是一个战壕里战友的共和运动两大派别已经捐弃前嫌，重新走到了一起。刚刚获得大赦走出监狱的肖恩·拉塞尔宣布：“今天，我和我的难友庆祝最近大选的胜利，并以此来庆祝科斯格雷夫杀人帮的垮台！”肖恩·麦克布莱德的母亲、诗人叶芝一度十分迷恋的茅德·冈尼大声疾呼：“爱尔兰已经在此团结起来。爱尔兰共和军意志坚强，打败了科斯格雷夫及其高压统治分子。”“杀人帮”（murder gang）和“高压统治”（coercion）这两个词汇都唤起了爱尔兰民众的历史记忆，前一个词专门用来指1920－1921年间的恐怖活动高潮期间，英国便衣人员采取的反暗杀行动，后一个词是19世纪的用语，专门指动荡时期英国议会频繁中止爱尔兰公民自由的手段。同一年在格拉斯奈文公墓举行的纪念1916年遇难者的仪式上，爱尔兰共和军总参谋长莫斯·图米宣读了“军事委员会”的一项声明，这项声明在同一天全国各地举行的类似仪式上多次宣读。声明称：那时人数不多、不具有代表性的武装集团成员通过1916年暴动确立了“我们民族为自己不可剥夺的主权独立权利而战斗的权利和权力”。

政府允许共和军成员加入自由邦军队，并在1934年向参加过内战的共和军成员发放养老金（这项政策打消了许多共和派成员对支持共和党政权的疑虑）。而一年之前，政府创建了一支特别辅警部队，从共和军成员中进行招募，并以其首任警监的名字——布洛伊·哈里斯（Broy Harries）命名。

这支部队的创建是用于对付科斯格雷夫麾下的国民护卫队总监约恩·奥达菲对新政权的威胁。奥达菲在科斯格雷夫政府实施《反恐法》期间的严苛手段，遭到了共和派武装分子的痛恨。他在共和党政府执政之后不久就被免职，于是开始领导一场新的运动，以对付两个方面出现的新紧急状况：其一是共和军公开招兵买马，准备争取暴力行动；其二是共和军内部的一些成员正在呈现“共产主义”趋向。奥达菲领导的运动自称为“民族卫队”，其意识形态的某些方面来自当时墨索里尼的社团国家理论思想，而且还选用了类似的袖章。这支队伍不久就被称为蓝衫军。不过，公平而论，尽管奥达菲的一些素质能够使他成为一个独裁者，但他本人总是拒绝承认有这个想法。他领导的运动逐渐低落下去，最后一次露面是作为一个爱尔兰军团前往西班牙为佛朗哥将军一方作战。而真正给政府制造麻烦的却正是爱尔兰共和军。

爱尔兰共和军继续在公众场合显示其武装组织的特性，举行阅兵式和军训来表明与共和党政府的密切关系。这些做法对于任何猜忌其势力的政府来说，都是无法长期容忍下去的。德瓦莱拉要求共和军交出武器和停止公开军训，后者提出除非德瓦莱拉在 5 年内把自由邦变为共和国，否则就拒绝这项要求。德瓦莱拉别无选择，只得像科斯格雷夫曾经做过的那样将共和军宣布为非法组织。在此以前，蓝衫军已经被德瓦莱拉宣布为非法组织。1936 年，共和军制造了 3 起杀害平民的惨剧，令爱尔兰民众感到震惊，迫使德瓦莱拉于同年 6 月作出了以上的决定。

共和党政治家与共和军强硬保守派的痛苦分裂由此开始，并愈加严重。长期以来，共和党较为缺乏逻辑性的思想使之对共和军具有某种矛盾的心理，这种矛盾的魅影至今仍然萦绕在他们的心头。但迟至 1939 年双方关系的又一个转折点方才出现，共和军对位于凤凰公园的政府主要军火库发动了触目惊心的突袭，抢走了大量武器弹药（但很快就被追回）。于是，政府对“这个非法组织”的态度更加强硬。突袭发生时，共和军副司令还任职于国防部。在此后的数年里，共和军继续在 26 个郡不断采取暴力行动，破坏当地社会的安宁和秩序。德瓦莱拉政府也像科斯格雷夫政府或英国政府一样，成了“高压统治者”。4 名共和军成员因在都柏林杀人而被处决，其中一人参加过 1916 年暴动。

20 世纪 50 年代的一首歌曲表达了后人对早年爱尔兰共和军成员心境的一种同情和理解：

> 我的爱尔兰至今只获一半自由，
> 六郡国土仍在约翰牛的桎梏之中。
> 那德瓦莱拉当然难辞其咎，
> 对爱国之举漠然规避不从。

上图：《英爱条约》和数世纪的英国统治结束了。德瓦莱拉、肖恩·勒马斯（身后）与驻伦敦的爱尔兰高级专员兰蒂（Dulanty）在赢得港口控制权后步出唐宁街（1938）。

中图和下图：爱尔兰共和军企图挤进主流的微弱尝试。1939－1940 年在伦敦的地铁和多莉斯鞋店等处发动炸弹袭击。

爱尔兰共和军的确吃尽了种种苦头，但这转化为持续的动力。这个组织承受着自身失去活动能力的压力和政府使之失去活动能力举措的压力，分化成一些不同的派别。激进左派因共和军缺乏社会政策而脱离了该组织，暴力派则分裂成两派：一派主张对北爱尔兰发起攻击，此举至少能使德瓦莱拉紧急介入分离问题的处理；另一派则主张到英国去攻击英国人。在肖恩·拉塞尔的鼓动下，后一派 1939 年在英格兰实施了一系列的炸弹攻击行动，将炸药包放置在邮箱和公共卫生间里，还在考文垂一条热闹的街道上的一辆自行车上安置了一枚炸弹，炸死了 5 个人。而 1920 年基尔迈克尔伏击战的指挥官汤姆·巴里和肖恩·麦克布莱德此时都脱离了共和军。麦克布莱德后来还通过在国际上从事和平亲善工作而获得诺贝尔和平奖。

1939 年，大战降临了，这在传统上意味着爱尔兰的机会和英国的困难同时到来。肖恩·拉塞尔的共和军与德国进行勾结，但双方都没有从中得到好处。拉塞尔本人在搭乘一艘德国潜水艇前来爱尔兰的途中丧生。他的这个无能的结局甚至还不如 30 年前的罗杰·凯斯门特。

战时，德国派到爱尔兰的大特务名叫赫尔曼·戈茨，他于 1940 年 5 月空投到这个国家。他的无线电通信设备用另一个降落伞空投，但他未能找到。戈茨按计划与爱尔兰共和军建立了联系，但他们未能给他提供可替代的有效通信设备。戈茨在下一年被捕入狱之前，无疑将自己对共和军能力的看法告诉了对方。“你们知道如何为爱尔兰而死，”据报道他这样告诉共和军，“但一点都不知道如何为爱尔兰而战。”

在战争期间，共和军爆出了不少黑色幽默笑话。共和军总参谋长差一点就被内部的一些成员毙掉，不得不跑到德瓦莱拉的国民护卫队那里去避难。如果有人将共和军看作是一支永远成不了气候的队伍，也不是完全没有道理。

到 1945 年，德瓦莱拉担任总理已达 13 年之久，进一步改变了 26 郡组成的自由邦的性质，在最大程度上将爱尔兰自由邦建成了主权独立国家，只有名称除外。他从两个方面完成了这项壮举，一个是法律方面，另一个是心理方面。

首先，德瓦莱拉在 1937 年推出了一部新宪法，将国家命名为“*Eire*”（即“爱尔兰”），宣布主权范围包括北部 6 个郡在内的爱尔兰全岛，在法律上规定只是暂时搁置对这 6 个郡行使主权。1937 年宪法承认天主教是“大多数公民”的宗教，但没有用“确立”这个词，因为（英国）曾确立新教在爱尔兰的宗教地位。事实上，这是德瓦莱拉和他的内阁在罗马天主教教士集团的强大压力下作出的妥协和方案，天主教会本来要求将天主教定为国教。德瓦莱拉本人是一个虔诚的天主教徒，但他强烈反对这样做，宪法中这个引起争议的条款（将在 1972 年被取消）其实是他规避的一种方式。

除了名称之外，1937 年宪法将爱尔兰定为一个共和国。（德瓦莱拉政府）没有使用共和国这个词的唯一原因是认为这样做会使北爱尔兰问题的最终解决更加困难。这个说法的可信度并不高，但使得“共和国”一词的弃用变得更加容易。爱尔兰只承认英国君主是爱尔兰与澳大利亚、加拿大、英国、新西兰和南非“合作的象征”（完全没有涉及“帝国”和“联邦”），因为爱尔兰与这些国家“存在着关联性”。

这部宪法自然废除了英国在 1921 年《英爱条约》中坚持的所有基本要点，但英国政府十分大度地接受了这部宪法。而且，英国政府在次年（1938 年）更进一步，与德瓦莱拉政府达成协定，不仅结束了由拒绝交纳土地年费引发的“经济战争”，而且放弃了根据《英爱条约》在爱尔兰特定港口享有的某些陆海军特权。

爱尔兰共和国（Republic of Ireland），而不是“The Irish Republic”① 成立了。德瓦莱拉生怕触及后面一个名称。（首任总统肖恩·T. 奥凯利为立在高台上者）

当英国参加第二次世界大战时，大部分为防备战时来自爱尔兰的危险准备的安全措施，都已一笔勾销。英国政府曾在《英爱条约》中为英国设置了这样的措施，并基于这方面的需要维持其在爱尔兰的统治权达多个世纪之久。对于英国而言，此举的实际重大影响很快就显现出来。在放弃了爱尔兰南部港口和领空之后，英国的西南部通道显得更加薄弱，而且对不列颠战役和大西洋海战的进程也产生了严重的影响。同时，此举对爱尔兰的影响也十分巨大，因为这使得爱尔兰在

① “The Irish Republic”也是“爱尔兰共和国”的意思，但这种英语表达方式一直为爱尔兰共和军使用。爱尔兰各政党，包括德瓦莱拉的共和党都不愿因此与共和军扯上关系。——译者注

整个二战期间都保持中立地位。德瓦莱拉在 1937 年宪法中确立的主权国家地位，给爱尔兰带来的精神财富真可谓无与伦比。

只要绝大多数爱尔兰人乐于置身于战场之外，乐于最终肯定他们的民族地位（他们对此含义再清楚不过了），中立就肯定是大得人心的政策举措。与此同时，如果用“中立”一词来描述南爱尔兰大多数人对于参战双方的感受，很难说是恰如其分。就像经常出现的情形一样，英爱关系中充满了矛盾之处。正如共和派一位成员凯文·布兰德所言：大多数人都不愿意看到德国获胜，同时又有一部分人肯定会在英国受挫时感到高兴。而所有人都抱着坚韧不拔的决心，不惜一切代价维护法律上的中立地位。当英国政府一度认真考虑要进入爱尔兰重新控制南部港口时，爱尔兰军队立即进入紧急状态，在阿思隆的驻军也调往与北爱尔兰接壤的边境地区。

尽管时常有传言称德国潜水艇开进爱尔兰港口加油，甚至卸下运给爱尔兰共和军的军火，但没有这方面的证据。只是不时有德国潜水艇在近距离内浮上水面，向爱尔兰海上的渔民询问是否有鱼货出售。如果有的话，德国人就会用爱尔兰货币支付。

爱尔兰 26 郡的中立地位应当在很大程度上视为德瓦莱拉个人的胜利。这一点在大战结束时温斯顿·丘吉尔与德瓦莱拉之间通过无线广播的交锋得到清楚地展现。德瓦莱拉于 1945 年造访在都柏林的德国大使，对希特勒的去世表示慰问，令英爱两国的许多人大为震惊。

丘吉尔暗示，英国战争中遇到的困难和危险是由爱尔兰的中立和被剥夺对南爱尔兰港口的使用权造成的，此言一出，双方的交锋就拉开了序幕。（丘吉尔本人曾强烈反对 1938 年的协定。）他首先抨击了德瓦莱拉维持爱尔兰中立的立场：“……成千上万的南爱尔兰人在禀性和直觉上完全不同，他们迅速奔赴前线，证明了他们自古以来的勇气……”之后他继续说道：

……如果不是来自北爱尔兰的忠诚和友谊，我们就会不得不——我们就会不得不被迫与德瓦莱拉先生交手，或者永远从这个地球上消失。然而，以历史上无与伦比的克制和镇定，国王陛下的政府尽管有多次轻而易举和自然合理的机会，但并没有对他们（爱尔兰人）下手。我们听任德瓦莱拉先生的政府与德国政府代表，后来又与日本政府代表尽情地在一起嬉戏逗乐。

丘吉尔以这种傲慢的语气谈论英国对爱尔兰下手的可能性，必然会招致德瓦莱拉强烈的回应。实际情况确实如此，但以他典型的作派和与他的对手完全不同的风格，德瓦莱拉怡然自得地肯定了自己的成就。

德瓦莱拉平静地说："我知道我会如何回答。我知道每一个爱尔兰人听到或读到那个讲话时会立即作出的回答。我知道我本应在25年前就给予的回答。但是，我特地决定我今晚不作这样的回答……"他接着说丘吉尔的这番说辞，可以将在欧洲战场获胜的喜悦作为借口。他补充说："但在我国更加宁静的氛围中，就不要跟我提这样的借口。"在谈到丘吉尔辩称侵犯爱尔兰中立的合法性时，德瓦莱拉评论道：

本人感到奇怪的是，丘吉尔先生并没有看到，如果人们接受他的说法，那么就意味着英国的需要就是道德准则。而当这种需要十分紧要时，他国人民的权利就可忽略不计。事实上，其他大国也坚信同样的准则……这也就是我们经受了一场又一场灾难性战争的原因。

之后，德瓦莱拉对以往800年里两国人民的复杂关系作了民族主

Taoiseach's Broadcast to the Nation

Reprinted from "The Irish Press," Thursday, 17th May, 1945

PRICE ONE PENNY

Eamonn de Valera

“我知道我会如何回答。”1945 年 5 月，德瓦莱拉与丘吉尔在广播电台上交锋。

统一党的约翰·科斯特洛，出任爱尔兰共和国首任总理。

共和之家党的肖恩·麦克布莱德，20世纪30年代爱尔兰共和军的前任总参谋长，出任外交部长。

诺埃尔·布朗出任卫生部长。一位新理想主义者，但教会对他说“不”。

义的简单化阐释。他以自言自语的方式对丘吉尔提问：

> 难道他就没有宽宏的气度承认，有一个小国奋起抗击侵略不只是一年两年的时光，而是已有好几个世纪之久，那种持续不断的掠夺，有许多次已经把它打压得失去了感觉，但一旦意识得到恢复，它每一次都会重新投入战斗。这个小国永远不会承认失败，也永远不会出卖灵魂？

必须承认，如果说有人能够将这种极端简单化的爱尔兰历史观弄得像真的似的，那么这个人非德瓦莱拉莫属。一大群人在他走出电台时向他喝彩，而且他在第二天下午在爱尔兰议会受到起立欢呼的礼遇，这些都证明了这个事实。但是，德瓦莱拉还为爱尔兰做了些什么？

当德瓦莱拉在1933年大选后首次上台执政时，他概述了共和党政纲的目标：

> ……恢复爱尔兰统一，赢得爱尔兰独立，在国土上安置尽可能多的家庭，这样爱尔兰劳工就可以使用本国资源尽最大努力生产我们吃的食品、缝制我们穿的衣服、建造我们住的房屋，制造我国人民日常所需的各种商品。爱尔兰的统一、自由、自给自足和自主自立，使用自己的语言，将古老的基督教盖尔文化的财富奉献给世界，这些就是（共和党的）理想。

德瓦莱拉未能预见到实现最后一项理想存在着不可避免的缺陷，这缘于以上政纲声明中反映出的本土狭隘视角。自亚瑟·格里菲斯时代和新芬党创建以来，那种虔诚的武断作风在很大程度上阻断了最高尚的民族主义者的思路。德瓦莱拉掌管的国家在这种精神的感召下，在宪政方面实现了某些古老爱尔兰民族主义的梦想，但在精神上却存在着很大的差距。共和党政府在社会和经济事务上显得保守，很少关注诸如房屋、贫民窟清理和社会福利问题，死心塌地（有人说是沾沾自喜地）沉溺于当时天主教会的正统道德和社会教义之中，几乎没有对年轻人产生任何的激励作用。对外移民继续进行，而在民族主义者看来，这表明了英国统治下的罪恶，系由缺乏自由而引发。政府实行严格的文学审查制度，曾在不同时段查禁过几乎所有一流现代作家的作品，包括爱尔兰作家的作品，其中一些还是经典名著。这样的国家对北爱尔兰的新教徒几乎完全没有吸引力，所以尽管政治人物虔诚地表达了结束分离的愿望，但人们很难不去怀疑他们是否真的要将北爱尔兰新教徒纳入国家范围之内。

1948年，随着民主钟摆的摆动，德瓦莱拉及其共和党被一个新的、十分出色的政党联盟所取代。组成联盟的一个政党是爱尔兰统一党——（*Fine Gael*），党的领袖是约翰·科斯特洛（John Costello），其前身是科斯格雷夫的政党——盖尔党；另一个政党是新成立的激进共和主义政党——共和之家党（*Clann na Poblachta*），党的领袖是肖恩·麦克布莱德。政党联盟最终完成了宪法程序（德瓦莱拉曾担心对结束分离状况更加不利而暂停了这个程序），宣布爱尔兰为共和国，理论上包括整个爱尔兰，实际上包括26个郡。共和之家党年轻理想主义者进入政府，带来了重新关注社会事务的希望，但在诺埃尔·布朗推出了内容保守的国民保健计划，即“母婴计划”（Mother and Child scheme）时受挫。由于天主教会对内阁施加了压力，该计划被迫取消。

1968 年德里的民权进军。

第十三章　斯托蒙特议会

毫无疑问，北爱尔兰政府必须因处理自 1921 年《英爱条约》以来半个世纪本地事务的方式而受到指责。该政府应当对这个时代的纷争负有相当大的责任。但是如果人们没有重述北爱尔兰政府采取这种行为方式的原因就进行指责或要求其负责的话，就显得不够公正，也不符合历史的真相。

如果一个外人认为 1921 年创建一个分离的北爱尔兰政体是对北爱尔兰新教徒的个性和自由意志所作的让步，这是可以原谅的。但是，北爱尔兰新教徒强调的重点并不在于此。他们最深刻的历史记忆不断地由每年举行的博因战役和德里围城纪念活动激活，有理由认为自己是从一个受到重重包围的位置上起步的。

早在 1911 年，北爱尔兰新教徒就已同意为了爱尔兰大部分地区的利益，而必须放弃对爱尔兰自治的反对。这个态度促使他们下定决心要尽最大努力、无限地加强厄尔斯特防卫，依靠卓有成效的卡森和厄尔斯特志愿军的军官的力量。几年之后，在卡森的建议下，他们又不得不认可厄尔斯特的 9 个郡中只有 6 个郡能够守得住。在此后的两年中，由于英国政府交出了 32 个郡中 26 个郡（包括厄尔斯特失去的 3 个郡）的主权，爱尔兰笼罩在恐怖袭击与反恐行动的暴力冲突之中。

英国方面向“恐怖分子”的代表发出邀请，请他们代表“爱尔兰”参加谈判。此项邀请可以被认为是对已经分离的 6 个郡的政体的一种质疑（爱尔兰谈判代表就是这么认为的）。甚至连谈判达成的

《英爱条约》及其有关 6 个郡列在自由邦之外的条款，都不能保证北爱尔兰的独立存在。有关授权边界委员会按照居民意愿调整边界的条款，从一开始就被视为对这个新政体生存的威胁。尽管北爱尔兰首任首席部长詹姆斯·克雷格爵士立即清楚地表示他不会承认这个边界委员会，但该委员会在北爱尔兰单独存在的最初几年里一直是英国政府属下的委员会。

在新政体诞生后不久，克雷格在奥伦治组织大型集会上发表讲话时，受到了来自南蒂龙地区（将会受到边界调整影响的地区之一）人们高举标语牌的欢迎，标语牌上写着："我们捍卫我们拥有的一切!"德比勋爵来到北爱尔兰检阅新成立的皇家厄尔斯特警察及其"B 特种部队"的预备役军人。受阅部队由身穿卡其布军装的军官打头，受阅部队肩扛步枪，胸佩作战勋章，步伐整齐划一，一队队地走过英国国旗和检阅台。不久之前，卡森的厄尔斯特志愿军也举行了类似的阅兵。新闻片的标题称他们是"厄尔斯特和平捍卫者"。

从一开始，每一个厄尔斯特新教徒的心中都明白破坏和平的敌人是谁。不仅爱尔兰共和军在南方战斗，试图以包括整个爱尔兰的共和国来取代自由邦，而且自由邦还有人企图将共和军的力量引向边界以北，以此来解决南爱尔兰的内部冲突。1922 年夏天，贝尔法斯特发生了严重的骚乱，导致 232 人死亡（大多数是天主教徒），数千名天主教徒难民成群结队地逃到边界以南。这反映出新教徒在街上引发的危险和不安，以及边界委员会造成的威胁。共和军继续使用各种手段，企图以此永远取消边界和废止英国主权。几十年里，这样的行动对英国来说只不过一种间歇性的、难以言喻的骚扰，但对于北爱尔兰新教徒来说就是一种极端凶险的威胁，因为共和军的行动总是极隐秘地进行的。1922 年《特别权力法》（*Special Powers Act*）正是针对这种威胁，为爱尔兰新教徒提供了必要的保护，规定对持有武器者处以

伊恩·佩斯利牧师，“……对政治十分敏感的长老会牧师和出色的民众演说家”——上帝不是供食用的食品。

特伦斯·奥尼尔，1963－1969 年任首席部长，伊顿卫队和奥伦治协会成员“……具有智慧和悟性”。

爱尔兰总理杰克·林奇，1969 年 8 月。“不会袖手旁观……”

查尔斯·豪伊，1969 年 8 月任财政部长，1979 年任爱尔兰总理。对北爱尔兰伸手相援。

鞭刑和死刑等严厉的刑罚。在当时的情况下，甚至连贝尔法斯特交警也不得不佩戴左轮枪执勤。

占人口少数的天主教徒的态度使得北爱尔兰的不安全感愈加强烈。天主教徒约为当地人口的三分之一。后来成为北爱尔兰议会民族派领袖的埃迪·麦卡蒂尔回忆道："在那时，我们认为这只是暂时性的，纸糊的房子坚持不了多久。"当时，不仅当选的天主教民族派议员拒绝到新议会就座，而且连天主教学校管理者都拒绝接受政府的拨款，一些天主教学校教师还拒绝领取政府发的工资。直到1925年边界委员会被撤销之后，民族派议员才到议会就座，行使议员职权。即使到这个时候，新教统一派仍然认为议会中的天主教民族派反对党的目标不只是要推翻政府，而且要毁掉北爱政体本身。

1932年，威尔士亲王为坐落在贝尔法斯特近郊斯托蒙特（Stormont）的新议会大厦剪彩。大厦门前耸立着一座气势压人的卡森塑像，他的姿态呈咄咄逼人状。在议会存在期间（到1972年暂时关闭为止），新教统一派（Protestant Unionists）① 一直在各次大选中以四比一的优势压倒天主教民族派（Catholic Nationalists）。北爱尔兰新教徒的优势和安全地位是这个新政体政治生活中最重要的一个因素。因此，这在政治上呈现出一种畸形的民主。20世纪20－30年代，与世界其他地方一样，北爱尔兰也经历了万分危急的经济和社会危机。但在长时间里，经济和社会问题与新教政体安全的宪政问题相比，一直居于次要的地位。

北爱尔兰在这方面的特性甚至因经济和社会问题而得到强化。尽管位于英国的经济劣势地区，北爱尔兰统治者总是能够通过向居民灌

---

① 新教统一派主张保持与英国的统一，反对天主教民族派主张爱尔兰全岛的统一。——译者注

输一种特权意识，来安抚其怀有不满的新教支持者。与居少数的天主教居民相比，新教居民在住房和就业方面得到了政府的特别照顾。这种安抚在失业率居高不下的情况下显得尤为必要。在 20 世纪 20－30 年代的大部分时间里，北爱尔兰的平均失业率在已投保的人口中占 25%。不过，只是在 1932 年的贝尔法斯特失业骚乱中，工人阶级在利益驱使下才一度冲击了政体的基本结构，但这显然是一个例外。同一年，德瓦莱拉和他拥护共和事业的共和党在南爱尔兰上台执政，这个事件很快使得新教工人阶级退回到更深刻的焦虑和利益意识之中。1935 年的贝尔法斯特骚乱造成 5 人丧生，标志着传统的派别冲突模式的复归。

北爱尔兰首席部长詹姆斯·克雷格爵士对其政体不可变更的特性，作了清晰的阐释。1934 年，他在北爱尔兰议会下院称赞唐郡奥伦治兄弟会会长时说：他“作出的贡献远胜过本人作为首席部长所作出的贡献……我一直说我首先是奥伦治人，然后才是政治家和本议会议员……我所引以为豪的是我们拥有一个新教议会和一个新教国家”。这个不可动摇的信念，在领导人物的更替方面得到了明白无误的体现。克雷格本人担任首席部长一职长达 20 年，直到他在 1940 年去世。他的继承人是 J. M. 安德鲁斯，自 1921 年起就是克雷格手下的内阁成员；安德鲁斯的继承人是巴兹尔·布鲁克爵士，他从 1933 年起担任克雷格内阁的农业部长，担任首席部长一职直至 1963 年。布鲁克曾经在公开场合自豪地宣布：他手下没有一个为他工作的人是天主教徒，声称天主教徒就是要“用他们的能力和力量毁掉厄尔斯特”。

北爱尔兰的政府机器实际上是通过地方政府，而不是通过斯托蒙特议会发挥作用。正是在地方层面上，天主教徒受到歧视，新教徒作为政体的宪政捍卫者主持社会公平正义。而且，我们有必要看清楚，即使是与 20 世纪 20－30 年代英国其他地区相比，北爱社会的这种歧视政策到了何种程度。就像历史学家 F. S. L. 莱昂斯在论证结语中标明的那样：这绝不仅仅是失业问题。人均收入整体水平相当于英国的五分之三，住房严重不足。尽管在 20 年代中期，政府就已发现 18％的人口生活在每间房间住两人以上的拥挤环境之中，但直到“二战”结束几乎没有采取任何解决措施。在北爱政权建立 18 年之后，乡村地区 87％的住房没有自来水。公共卫生状况比不列颠群岛的其他任何一个地区都要糟糕：那些在 15－25 岁死去的人中，有 46％患有肺结核。在北爱政权建立近 20 年之后，一岁以下夭折的婴儿中，有四分之一死在济贫院里。显然在这样的社会里，能获得这样的特权是令人眼红的，同时也是让人憎恶的。

统一派政治人物不断地否认任何形式的歧视存在。布莱恩·福克纳后来被视为北爱尔兰的自由派人物，但他迟至 1965 年仍然否认伦敦德里存在着任何歧视天主教徒的现象。然而，伦敦德里是一个最为突出的个案，最终成为炸垮斯托蒙特政权的炸药包。

在伦敦德里市人口中，天主教徒和民族派（这两个词的含义在北爱尔兰大致相近，而在伦敦德里尤为相近）约占五分之三，新教徒和统一派约占五分之二。自从北爱尔兰政体形成以来，这个比例大致保持不变。但对于北爱政权的最初 50 年而言，伦敦德里市辖区的人口构成却颠倒了过来：新教徒和统一派占五分之三，天主教徒和民族派占五分之二。这主要是通过“不公正地划分选区”来实现，即将大量持多数派立场的人口划入超大选区，而将其对手划入较小的选区。这样，民意代表通过各个选区选出，少数派当然是胜券在握。在伦敦德里，占人口大多数的天主教徒有 87％被划入一个选区，选出 8 名议员；人数少得多的新教人口的 87％则被划入两个选区，选出 12 名议员。这样年复一年，新教徒和统一派在这个市一直拥有 12∶8 的优势。

右上图：在德里，“唯一有能力保卫天主教区的人”：爱尔兰共和军和市民。

左上图和下图：“爱尔兰共和军恢复复仇行动。”共和军临时派在贝尔法斯特和克罗斯马格伦。

在北爱尔兰选举制度中，“不公正地划分选区”只是不公正的方面之一。选举在地方层面进行，只有本地居民，即房屋的主人或租客拥有选举权。这样，并不是所有成年人都在当地拥有选举权。但是，有人可以拥有多达6次的投票权利。这是因为根据有关规定，房主可以在其房产价值超过10英镑之外的部分，每10英镑另指定一人投票，最多可指定6人投票。这项规定当然对富裕的社会集团有利，而特别是在伦敦德里，这个社会集团就是指新教徒和统一派。如此一来，新教徒的选票不仅得益于选区划分，而且其人均选票还多于天主教徒。

在实际生活中，这些作法导致天主教徒处于十分不利的境地，特别是在住房方面。年复一年，伦敦德里新教徒控制的市议会通过投票将住房方面的权力授予一个委员会，这个委员会再将这方面的权力交给新教徒担任的市长。市长以个人的偏好行使权力，除自己之外不需要对其他任何人负责。由于分配住房本身事实上也是分配根据住房的投票权，因此他当然会以一个新教政体中的新教市长的身份恰如其分地施展他的个人偏好。

伦敦德里是地方政府实施针对天主教徒的社会歧视的典范例证，但还有许多其他的例证。在邓甘嫩（Dungannon）的市区人口中，天主教徒和新教徒各占一半，但迟至1972年，该市选举产生的市议会内，统一派议员为14名，民族派议员为7人。在弗马纳郡，天主教人口占53%，但选出33名统一派郡议员和17名民族派郡议员。在唐郡东部的乡村地区，天主教徒占总人口的一半，但选出19名统一派郡议员和5名民族派郡议员。天主教徒处于不利地位不仅体现在分配住房方面，而且还体现在分配工作方面。在弗马纳郡，75名校车司机中只有7名是天主教徒。而在贝尔法斯特，官方承认的天主教人口为26%，不过新教徒占据了97.5%的市政机关工作岗位。

英国议会在1920年《爱尔兰政府法》中规定了比例代表制，以防止这种情况的发生，但是北爱尔兰议会在1922年地方选举中取消了这项规定。这部法律还包括禁止宗教歧视的条款，而且还规定英国政府对于北爱所有事务的主权，英国议会的权力高于北爱尔兰议会的权力。假如上面第一项规定的精神得到保持，第二项规定得到实施，那么1972年以前的北爱尔兰历史就会迥然不同（北爱尔兰议会于1972年起暂时停止活动）。在《英爱条约》之后的半个世纪里，英国政府的态度是要么对北爱的事态发展置之不理，要么对事态发展的制度框架提供支持和襄助。

英国政府的这个态度在第二次世界大战中收到了丰厚的回报：不仅北爱新教徒以最英勇的行动表达了对他们所享有的特权的感激，而且北爱领土对英国的生死存亡起到了至关重要的作用。在法国被德国占领之后，它就成了大西洋护航的保障基地。新闻片解说员以柔和的语调向英国人展示了北爱尔兰的风貌："……北爱尔兰正在为战争行动作出卓越的贡献。粮食生产正在25万多英亩的土地上进行……她正在犁向胜利……"时任北爱商务部长的巴希尔·布鲁克爵士于1941年访问伦敦，去考察"我们用北爱尔兰的工业和人力资源，能够再为战争行动做些什么"。他满怀信心地对电影院的观众说："正如你们所知道的那样，我们是联合王国的一部分……"就好像英国观众对此并不知情。

在"二战"结束后的第四年——1949年，爱尔兰的26个郡（自1937年起称为"Eire"）自行宣布变为共和国，并宣布对另外6个郡拥有主权。此时，英国工党政府作为回报，对北爱尔兰表示感谢，同时保证这6个郡仍然是英国的一部分，直到北爱尔兰议会作出不同的决定为止（古希腊"绝不"说法的现代版）①。英国民众对于双方在

① 原文为Greek Kalends。Kalends是罗马日历中的第一天，但希腊不用罗马日历，所以这一天其实根本不存在。这里其实就是指北爱尔兰议会根本不会作出不同的决定。——译者注

这个事件上的表态都没有多加关注。而且，1956－1962年爱尔兰共和军针对北爱尔兰的作战行动造成19人被杀，同样没有在英国产生什么反响。布鲁克爵士（此时任首席部长，并成为布鲁克伯拉勋爵）在英国广播公司的“万象”节目中亮相，受人喜爱的理查德·丁布尔比代表英国公众提问：“I－R－A到底是什么意思?”就好像这个组织的名称本来是A－B－C似的。

但是，甚至在北爱尔兰，“旧的秩序发生变化”的程度也已相当明显，以至于英国对它的看法也正在发生变化。如果更仔细地考察一下电视节目内容，人们就能发现这个现象。

1963年，北爱尔兰40年来首次出了一个与这个政体创建之初没有密切关系的首席部长——特伦斯·奥尼尔上尉。作为一个真诚的厄尔斯特奥伦治组织——伊顿卫队（Eton and the Guard）的成员，奥尼尔具有智慧和悟性，认识到要对北爱尔兰进行调整，以适应60年代世界的需要。得益于1947年《教育法》，青少年获得了接受普及中学教育的机会，此时已长大成人。奥尼尔实际上做的并不多，但他改变了环境氛围，促成了两个政体之间自40多年前建立以来，北爱尔兰首席部长与爱尔兰政府总理的首次会晤（1965年与肖恩·勒马斯），还作出了一些表面姿态，如与天主教文法学校女生交谈等等。但在北爱尔兰，这些事件几乎等同于革命，足以对历史力量形成扰动，对社会各个方面都产生深刻和强大的影响。

新的狂热几乎立即使伊恩·佩斯利牧师出现了反常的举止。佩斯利是一个对政治十分敏感的长老会牧师和出色的民众演说家。他擅长于在新教教众中蛊惑人心，描述天主教徒在弥撒仪式上是如何吃掉“耶稣基督的骨头、身体、血液和肌肉”，因此教导人们不要咀嚼“薄饼”，而是“让他在口腔上方的硬腭处慢慢化掉”。当奥尼尔参观巴利米纳的一所女修道院时，佩斯利手下好斗的追随者跟着首席部长来到

1969年8月，皇家厄尔斯特警察在德里采取行动，“……几乎与新教暴民毫无二致”。

如同1920－1921年一样，此时负责法律秩序的英国军队仍在使用残暴手段。图中为1971年8月的拘捕场面。

北爱尔兰在斯托蒙特议会大厦前集会，“……绝不成为统一的爱尔兰一部分！”他们高举厄尔斯特旗帜或英国国旗。

卡森的志愿军后代们——新教的厄尔斯特防卫协会拥有2万以上的会员。

修女的队列前，挥舞着《新教电讯报》（*Protestant Telegraph*）上的一张大字报，指称“奥尼尔是大叛徒”“不要忘了看本星期对奥尼尔主义的揭露”。佩斯利创建了自己的新教统一党，与奥尼尔进行对抗。他持有新教教会和土地乡绅的偏见，开历史倒车，倒退到19世纪、甚至18世纪的新教异端激进主义之中。但是，历史受到了另一个方向的冲击。

1966年，伦敦德里郡马格拉举行会议，讨论在北爱尔兰开展民权运动问题。这场运动与美国由马丁·路德·金领导黑人二等公民争取民主权利的运动相类似。爱尔兰共和军总参谋长卡瑟尔·古尔丁也出席了这次会议，但需要指出的是，共和军由于行动不力而名声扫地，在1956－1962年的运动受挫之后已经被天主教民众抛弃，所以古尔丁只是作为观察员与会，并没有参与1967年北爱尔兰民权协会的创建。德里的一个年轻共和社会主义者（但不是共和军的支持者）埃蒙·麦卡恩十分准确地描述了民权运动的领导人员为“来自中产阶级、走中间道路的中年人”。

麦卡恩在他那本极为出色的著作——《战争与一个爱尔兰城镇》（*War and an Irish Town*）中，记述了他和德里的一群年轻人是如何在那座城市里以他们自己的方式，开展强有力的、非正统的反对社会不公正的运动，以及在民权运动于1968年被内政部长威廉·克雷格查禁之后，动员该运动成员在10月5日举行民权进军活动。这次进军被皇家厄尔斯特警察野蛮地驱散，使得北爱尔兰历史发生了不可逆转的变化。

首席部长奥尼尔上尉宣布政府将很快作出一些变革，比如设立德里开发公司，在3年内改革地方政府。但变革已经在他行动之前发生。

1969年1月1日，民权运动的一个激进主义分支组织——

“人民民主”发动了一次从贝尔法斯特到德里的进军，其口号是：要求得到就业、住房和“一人一票”。警察没有禁止这次进军，但只提供了最低限度的保护。1月4日，进军队伍到达距德里7英里的本托雷特桥（Burntollet bridge）。突然，新教教众从路边和高坡上发动袭击，向他们投掷石块，挥舞带刺的棍棒。电视新闻显示，身穿警服的皇家厄尔斯特警察身处攻击者之中，但没有实施抓捕。警察没有抓捕这些袭击者，却逮捕了约80名行军参加者，而警察本来是应当对他们提供保护的。当天晚上，警察开进德里的伯格赛区。根据英国政府后来的卡梅伦报告，这些警察“犯有行为失当的过错……攻击和棒击……恶意损坏财产……并且使用挑衅性和宗派性的标语口号”。这种行动模式在同一年里持续出现，加重了天主教民众的急躁情绪，起来抵制改革；同时又加剧了新教民众对这种急躁情绪的对抗。

民权运动本来想要通过这一系列的事件来使北爱尔兰走出斯托蒙特时代，进入现代世界。但事件却使得北爱尔兰倒退到爱尔兰历史上的一个更早的阶段，这一点很快就将得到证明。

奥尼尔上尉为强化他作为新教改革家的手段，决定举行大选，但结果却适得其反。4月，奥尼尔辞职，继任者是詹姆斯·奇切斯特·克拉克少校，一位同样心地善良，但吸引力更差的上等阶层的奥伦治组织成员。4月，邓甘嫩发生骚乱；8月，德里和贝尔法斯特发生可怕的骚乱，皇家厄尔斯特警察的B特种预备役部队几乎与新教暴民毫无二致，用冲锋枪扫射，发射催泪弹，追赶天主教骚乱者，一直追到他们的家里。后者只有石块和汽油瓶，但没有其他武器。在两个夜晚的骚乱中，6人被杀，300所住房被焚毁。英国军队于8月14日进驻德里、16日布防贝尔法斯特，任务是维护法律和秩序。之前在警察的掌控下法律和秩序已受到了严重的损害。

如同 1916 年及此后的情形一样，德里克莱根建筑物前的武装巡逻。

历史之狱：披毯者与列队行进的游行队伍。

在德里交战中，一面三色旗出现在伯格赛区罗斯威尔街最高的公寓楼的顶端。住在爱尔兰共和国的人们看到德里的民族派面临猛烈进攻所表现出的壮举，感到十分震撼。爱尔兰总理杰克·林奇在接受电视采访时说，爱尔兰政府不能再“袖手旁观”。一些政府官员在他知情或不知情的情况下，为北爱尔兰民族派的防御行动提供武器。在所有这一切中，共和军的名字实际上并未出现。在贝尔法斯特，有天主教徒开始用粉笔在墙上写“共和军，我逃跑了”，一些年轻的天主教徒指望在防御新教暴民和B特种部队的战斗中能得到共和军的帮助，但发现边界两边的共和军组织的装备状况很差。

爱尔兰共和军自从1956－1962年的行动失败之后，至少在其目标上已背离了其绿色的爱国共和传统，转向红色的社会革命道路。此时，由于民族派突然处于受到攻击的局面，英国军队在德里和贝尔法斯特的街头出现，共和军有可能重新重视原先的传统。对于传统的极端共和派来说，许多天主教居民欢迎英国军队前来保护他们防止警察和新教暴民的攻击这件事本身毫无意义。这些军队的来到毕竟是为了确立英国的法律和秩序，60岁以上的人能够记得，英国军队像1920－1921年占领爱尔兰街道那样，再一次来到爱尔兰街道上。1969年冬，共和军分裂成两派：马克思主义“正统派”和传统主义“临时派”（根据皮尔斯于1916年在都柏林邮政总局宣布成立的“临时”政府命名）。临时派决定利用新的形势，全面实现旧时的理想。

如同1920－1921年时的情形，英国军队为维护法律和秩序采取搜捕和偶尔的过激行动，不久就引起了民众的愤怒。共和军轻易地掌握了对德里和贝尔法斯特天主教区的控制权，为爱国主义的目标操纵民众的反抗行动。共和军在控制过程中并没有使用恐吓手段，因为该组织起初是天主教居民的唯一领导力量。在1969年8月事件之后，民权运动作为传统民族主义政党的使命宣布结束。年轻的社会主义激进分子博纳黛特·德夫林和埃蒙·麦卡恩等人的思想水平有限，既无经验，又无名望，难以承担领导的职责。这个时候，共和军通过向天主教区提供武器和保护，显示出他们是唯一有能力提供领导的力量。至少，共和军没有选择逃跑。当时，占少数的天主教居民中有不少人打算逃出这个新教国度，共和军能够利用这个情况。从过去的历史来看，北爱尔兰天主教居民的出路只能是共和主义。

如此贴近考察爱尔兰历史，是不是很危险啊？

爱尔兰共和军不断在天主教区制造暴乱，尤其是在贝尔法斯特。他们劫持公共汽车，向维持法律秩序的英军投掷石块、汽油瓶，甚至手榴弹，轻易地将英军推到了敌人的位置上。从 1970 年起，共和军开始谋杀皇家厄尔斯特警察的行动。1971 年 2 月底，两名未带武器的警察在贝尔法斯特街上被枪杀。接着，共和军袭击警察局、不当班的警察及警察家属。3 月初，3 名年轻的苏格兰士兵在贝尔法斯特的酒吧受人引诱，被带到城外从后脑处以枪杀。由于安全部队的无能，首席部长奇切斯特·克拉克受到抨击。新教徒要求再次动用B特种部队。

一位新教妇女的评价是："军队仍然受到尊敬，但却一筹莫展。我们协会的一名会员被杀。两个星期前，我们的大厅被放置了炸弹。首席部长说我们正在逼近恐怖分子，我想恐怖分子正在逼近我们。"

在厄尔斯特统一派委员会内部的强大压力下，无能的奇切斯特·克拉克辞去首席部长职务。接任者布莱恩·福克纳是一个雄心勃勃的统一派职业政治家，被认为是一个十分严厉的传统人物。1971年8月，他说已经得出了结论：通常的法律措施不再能够对付"邪恶的、残酷无情的爱尔兰共和军"。福克纳采用未经审判即予拘押收容的打击手段。一些人（不仅仅是那些共和派）对这种干预法律的正常民主程序的做法表示反对。福克纳表示："我们正在与恐怖分子作战，在处于战争状态期间我们不得不作出许多的牺牲。"

但也有一些牺牲会把事情弄得更糟。

近300名共和军的支持者未经审判被拘押。到年底时，被捕人数增加了4倍以上。此时虽然相当部分的被捕者不得不予以释放（表明拘押措施并没有能够抓到要抓的人），但被拘押的共和派人数超过了1921年以来的任何时候。被拘押者中，属于共和军临时派成员的寥寥无几，但拘押所起的作用就是驱使许多被拘押者加入这个派别。残酷无情的手段达到了无以复加的程度。

福克纳说过，他正掌控着一场"战争"，而这正是共和军希望民众所持的看法。拘押措施使得共和军的说法更具有可信性，声称他们与1919－1921年"英爱战争"中所做的一样，正在为爱尔兰人民的权利而战斗。在这里，共和军不正当地将两种完全不同的历史环境并列起来，而其说法的虚假性却由于政府政策看来很透明而很难加以揭露。

在“动乱”初期，社会民主工党领袖格里·菲特与副领袖约翰·休谟（右）在一座设防的住宅内。休谟将在1976年受到用火实施暴力的共和派的粗暴对待。

1972年贝尔法斯特事件，此后还要延续21年。

1972 年 1 月 30 日“流血星期日”，另有 12 名非武装平民被打死。

关于1972年1月30日“流血星期日”的威杰里报告，称“不分青红皂白地射击……”

不幸的是，爱尔兰共和军日益升级的暴行不仅遭到了统一派和英国安全部队的抨击，而且连北爱尔兰占少数的天主教民族派中的部分成员也表示难以苟同，尽管他们对共和军提供的保护表示满意。这些民族派成员主张通过民主程序来认可他们以合法形式表达的身份和诉求。

事实上，一个新的民族派政党——社会民主工党在1970年成立。创始人是格里·菲特，英国议会的一名“共和主义工党议员”。其助手是北爱尔兰议会民族主义反对派议员——约翰·休谟。这个新政党的追随者包括一些曾被拘押的人员，他们遭受的拘押、对待和狱中环境都导致了强烈的愤恨。英国海军突击队的一名军官在队刊上撰文写道：拘押使得“天主教社区和新教社区更加分裂，大幅度减少了十分需要的天主教温和派”。他的结论是：“在不断恶化的形势下，人们很难设想能找到解决方法。”

一般的看法是，军事解决方法依然有可能奏效，能够挫败共和军的暴力行动，至少能够将其遏止到只是小有危害的程度。此后25年的历史足迹，将足以从技术的角度考察军事解决方法不可能做到这一点的原因，即这个看法是建立在将近四分之一世纪中政府政策不断退缩的基础之上。很久以前，格里·菲特就在一个简短的声明中表述了社会民主工党的观点，在今天看来它一针见血地指出了那些年陷入令人麻痹的恐惧的问题所在，他说：“英国政府必须认识到对北爱尔兰问题，不存在任何的军事答案，必须采取政治行动才行。”这些年的实际情况表明，政府只是断断续续地偶尔采取政治行动，这些行动直到最近为止，离历史确定的任务还相差甚远。

在1971年年终时，又有174人被杀。其中15人是在12月份一次酒吧爆炸案中身亡，这是统一派准武装力量对共和军暴行的一次复仇行动。福克纳全力专注于军事解决方法，这一点可以从1972年1月30日的事件中得到验证。这一天后来被称为“流血星期日”，13

名手无寸铁的平民在德里街头被英军枪杀。

这个事件甚至在爱尔兰共和国也激起了强烈的历史情感。2万名民众袭击了都柏林的英国大使馆，放火将馆舍化为灰烬。当时的爱尔兰外交部长宣布："从现在起，我们唯一的目标就是将英国人赶出爱尔兰。"爱尔兰似乎又回复为历史的牢房，共和军则要执行一个复仇计划。

死亡人数稳步增加：1970年为25人，1971年为174人。在流血星期日之后的几个星期，共和军为对德里的流血进行报复，用炸弹袭击了奥尔德肖特的军营，造成5名妇女死亡；另一次对一家贝尔法斯特餐馆的炸弹袭击，炸死2人，炸伤130人；放置在贝尔法斯特商业街上的一枚汽车炸弹，炸死2人，炸伤100人。1972年3月20日，英国的爱德华·希思政府，不顾福克纳及其统一派政府的抗议，接管了北爱尔兰维持法律秩序的权力，宣告已存在半个世纪之久的斯托蒙特议会使命的结束。北爱尔兰政府的统治被英国政府的直接统治所取代。历史的牢房至少部分地改变了外形。

查验哈罗德百货公司中的汽车炸弹残骸。

第十四章 桑宁代尔与都柏林是一丘之貉

英国政府出于控制福克纳政府治下日益恶化的安全局势的考虑，对北爱尔兰实行直接统治，但在这方面所取得的成就却乏善可陈。共和军临时派领导人（此时据称是格里·亚当斯和马丁·麦吉尼斯）看到这个变化有助于将北爱尔兰问题简化为与英国政府之间的问题。他们表示："战争必须继续。"

他们作战行动的继续，就是大量不分场合、对象地引爆汽车炸弹。在英国实施直接统治不到3个星期的时候，有一天仅在厄尔斯特东北部就引爆了30枚汽车炸弹。1972年5月份的死亡人数达到了北爱尔兰问题出现后的最高峰。新教准军事部队升级报复行动，开始铲除天主教个人目标。同年，英军实施了自苏伊士运河战役以来规模最大的军事行动——"机工行动"（Operation Motorman），旨在"摧毁爱尔兰共和军制造恐怖和暴力的能力"，但这个目标没有能够达到。1972年的死亡人数达到了"问题"出现以来的最高纪录——476人，这个纪录在此后"问题"继续存在的22年中没有被打破过。但是，直接统治在政治方面产生的影响最大。

1972年3月，英国首相爱德华·希思和新任北爱尔兰事务大臣威廉·怀特洛都从一开始就宣布：直接统治不仅仅是控制这个地区法律秩序的一个举措，而且还是纠正北爱尔兰问题的一个机会。

如果说他们清楚地阐述了英国政府的行动计划，那还为时过早，因为连他们自己也没有弄清楚如何去做。

“暴徒肆虐之地”的袭击事件。一枚由收音机引爆的400磅炸弹，在南阿马地区炸毁了一辆撒拉逊（Saracen）装甲车，炸死一名英军士兵。

分享权力的行政机关领导人布莱恩·福克纳与格里·菲特在桑宁代尔。这个行政机关将存在6个月。

在北爱尔兰将近半个世纪的和平年代，没有一个英国政治家能够坐下来认真思考如何为了应对目前的紧急情况而妥善处置历史遗留下来的复杂问题——“爱尔兰问题”。尽管英国在1921年《英爱条约》的解决方法中已经放下了傲慢的架子，但其中的一个更为重要的目标就是要在英国政治制度中永远铲除这个令人头痛的问题。英国政府希望这个目标已经实现，而听由斯托蒙特议会随心所欲地行事达将近半个世纪，以至于局势失控。

经过这段时间之后，英国政府对爱尔兰历史上的这个敏感问题感到陌生。1969年5月，威尔逊工党政府国防大臣丹尼斯·希利甚至站在天主教徒和民权运动的立场上反对英国政府干预北爱尔兰事务，其理由是“我们对此一无所知”。4个月之后，英国政府采取了干预措施，但对北爱问题的了解并没有明显的增加，另一位政府官员理查德·克罗斯曼很失落地注意到英军疲惫不堪、不得人心，“……可怕的事情在于，如果唯一的解决方法能够奏效的话，将需要花费10年时间”。这个时间节点甚至要早于恢复元气的爱尔兰共和军有充分的时间展开行动。

希思政府至少已经打定主意要火中取栗。

在这个阶段，工党长期坚持的本党正统立场有可能为相当比例的保守党人接受，即一个统一的爱尔兰是唯一可取的最终解决方法。需要牢记在心的是，这个解决方法可以在不与北爱统一派发生对抗的情况下推行。以上的证据足以表明，两党对于现实的认识是多么的荒谬。而且，两党已经很长时间没有考虑过爱尔兰问题蕴含的历史情结，只是简单地继承了1914年《爱尔兰自治法》和1921年《英爱条约》中规定和确认的法律条文及其表达的设想：在原则上，统一的爱尔兰是值得追求的目标。工党预见到下一次大选会轮到自己上台执政，因此就使用很有意义的“阿尔及利亚”（Algeria）为代号，讨论北爱问题的政策选择。

现实的窘境很快就暴露无遗。原以为能够取得成功的直接统治本身也成了问题的一部分。

无论如何，各种各样的统一派组织团体都不愿意看到自己的权力被别人拿走。这种权力使他们在过去的50年里感到安全舒适。对于英国实施直接统治的举措，不仅北爱尔兰的天主教民族派，而且爱尔兰共和国政府都表示了欢迎，这令统一派领悟到这种权力的不可或缺性。从这时起到20世纪90年代中期，统一派源自1912－1914年、1919－1922年历史以及此后年间的、对于未来的焦虑，成为英国政府需要应对的一个政治难题。其难度并不亚于在安全方面与爱尔兰共和军的对抗，不过英国在这个问题上缺乏清楚的认识。这是英国通过《英爱条约》刻意回避的难题，而现在再也无法回避了。

在此后的20多年里，面对着迫近的变革，统一派的立场越来越倾向于以传统的态度关注内部安全问题。这个倾向使得较为极端的统一派政党团体，主要是伊恩·佩斯利的民主统一党从主流的厄尔斯特统一党那里争取到了越来越多的民众支持。1993年《唐宁街宣言》的一大成就，就是恢复厄尔斯特统一党的原有地位和声望。但在1972年，希思政府已经决定要选择富有胆略的路径，并在1973年12月以达成《桑宁代尔协定》作为其最高潮的标志。这样，英国官方不会敏锐地意识到统一派将会遇到的困难。

与1993年《唐宁街宣言》中使用的语言相同，70年代初的《桑宁代尔协定》同样旨在“克服历史的遗留问题”，翻开“新的篇章”。但与《唐宁街宣言》不同，《桑宁代尔协定》显得很不成熟，但最初提交讨论时相当谨慎。这是1922年以来在北爱尔兰的政治方面作出的首次具有创新意义的尝试，而且是1993年12月之前作出的最富有胆略的尝试，在尺度上已经超过了1985年的《英爱协议》，与我们的今天、希望和失望仍然密切相关，仍然为今天的人们所瞩目。

在过去的这个夏天里，被杀的英军官兵人数在骚乱开始后的第18个月达到了100人；7月的一天，贝尔法斯特发生了“流血星期五”，爱尔兰共和军的26枚炸弹炸死了11个人（一些人的尸体被炸成支离破碎的肉块，不得不从路面上刮除）、炸伤130人。1972年秋，英国政府发布了一个文件（讨论稿）。文件在开头处向统一派作出保证：在没有得到北爱尔兰大多数人民同意的情况下，北爱尔兰的地位绝不会改变。英国政府上一次对统一派作出法律上的保证，是在1949年通过的《爱尔兰法案》中，当时爱尔兰单方面宣布成立共和国。该法案规定在没有得到北爱尔兰议会同意的情况下，不允许作出任何的改变。但是，北爱尔兰议会已经不复存在，英国政府在新的条件下重新作出保证，是一个十分重要的出发点。

但文件中作出这个保证的同时，所列出的两点内容敲响了统一派的警钟。第一点是给予占人口少数的天主教民族派“分享行政权力”的选择。第二点是重新提出了在历史上占据核心位置的所谓“爱尔兰维度”（the Irish dimension）问题，即指整个爱尔兰及爱尔兰民族主义的条件和环境。这一点在之后1973年3月的《白皮书》中得到了阐释，所用的文字表述触动了统一派传统的心思，令他们焦虑不安。今天，我们可以很容易辨别出来。

《白皮书》称：（英国政府）“明确希望任何有关北爱尔兰的新安排，在符合北爱尔兰和英国的意愿的同时，要尽可能地能够、并为爱尔兰共和国所接受。”该共和国的宪法第二条和第三条规定：北爱尔兰是“国家领土”的一部分；北爱尔兰的“回归”“正在到来”。

事实上，《白皮书》的任何内容都不能视为对改变宪法地位现状所作的承诺。开篇处的保证就在逻辑上证明了这一点。然而，对于受过历史熏陶的统一派来说，这份官方文件的论调已经传达了这样的信息：英国已经为作为外国的爱尔兰共和国的“民族”要求，备好了一条干预北爱尔兰内部事务的途径。

在这个方面，英国的设想是设立“爱尔兰委员会”（Council of Ireland），来协调跨边界的利益和共同关注的问题。至于这样的协调是否能导致更紧密的政治关系的形成，这显然是一个敏感的问题。在1921年《英爱条约》中就曾规定设立这样的爱尔兰委员会，是给予爱尔兰民族派签字者的一个好处，作为对北爱尔兰划在自由邦之外的一种补偿。20世纪20年代，这个委员会被放弃，其原因主要是为确保斯托蒙特议会的安全，是统一派的安全感作祟而造成的后果。现在，斯托蒙特议会已经被废止了，而爱尔兰委员会却卷土重来。

甚至在斯托蒙特议会闭会之前，统一派的一般成员就已经不得不对传统秩序的变化做出妥协。在1969年事件的影响下，一系列改革已经开始进行：地方选举中实行一人一票；伦敦德里市政府被解散；皇家厄尔斯特警察被解除武装；B特种部队被遣散。北爱尔兰最保守的统一派50年来不得不第一次面向未来。但是，他们不得不对未来加以关注的，不仅有本岛占人口多数的天主教徒以“爱尔兰维度”的伪装出现的原有威胁的增强，而且还有行政权力分享的主张，占多数的天主教民族派将自动在行政机关中获得职位。

斯托蒙特时代的最后一位首席部长布莱恩·福克纳此时是一名候任首席部长，等候下一个新的行政统治机构的出现。他以往是“一个忠诚的厄尔斯特奥伦治人，其履历无懈可击，但他不是厄尔斯特的波旁王朝统治者，而是具有敏锐的政治智慧和天生的雄心大志之人。他已经准备好接受英国政府在《白皮书》中确定的路线，给北爱尔兰带来一个新的开端。”

在北爱尔兰统治机构——厄尔斯特统一派委员会的会议上，他以381票对231票击败了阻挠他支持《白皮书》的企图。这在正常政治环境中的正常的政党政治会议上，他可谓获得了相当宽裕的多数票。但是，北爱尔兰根本不存在正常的政治环境，统一派也从未组建过正常的民主政党。在这里，票数的差别表明了重大的影响，失败一方的政党立即退出会议的事实就清楚地表明了这一点。其领导人是奥尼尔政府的部长威廉·克雷格，他组建了一个新的政党——进步统一党①。该党毫不掩饰与准军事武装组织——厄尔斯特防卫协会的联系，认为目前面临着《白皮书》的局面，与1914年卡森面临爱尔兰自治的局面十分相似。

福克纳在厄尔斯特统一派委员会会议上赢得胜利的两个星期之后，英国政府为实施《白皮书》，提出设立一个由78名成员组成的北爱尔兰立法会议（Northern Ireland Assembly）。1973年6月，立法会议的选举举行，选民投票率很高。那些至少名义上支持分享权力的《白皮书》和"爱尔兰维度"原则的统一派以"正统统一派"（Offical Unionists）的旗号参加竞选，其他统一派的党派则直截了当地称为"统一派"（Unionists）。立法会议的选举结果是福克纳及其支持者，以52个席位对24个席位大胜。但是，在统一派内部，福克纳是失败者。在他获得的52个席位中，只有24个属于正统统一派，其余属于社会民主工党的民族派及其他党派。其他在统一派中的少数派，即使是那些支持他的人，也表现得较为冷淡。

这个局面造成的不确定性一度受到了程序问题的掩盖。3个星期之后，一项授予北爱尔兰立法会议以宪法地位的提案获得女王恩准，成为1973年《北爱尔兰宪法法案》（*Northern Ireland Constitution Act*，1973）。《法案》的第一条重申了自1921年12月以来历届英国政

---

① 即先锋进步统一党，英文全称为Vanguard Progressive Unionist Party，属右翼政党，与新教准军事武装组织的关系紧密，存在于1973年至1978年。——译者注

府处理厄尔斯特东北部问题时所坚持的一项原则，即北爱尔兰“……继续作为女王陛下治下自治领和联合王国的一部分……北爱尔兰或其任何部分都不得在没有得到北爱尔兰人民……通过投票方式多数表示同意的情况下，改变其归属”。

这部 1973 年《北爱尔兰宪法法案》至今仍然有效，是 1993 年《唐宁街宣言》的法律保障。《法案》规定如果北爱尔兰行政机关能够“得到社会公众的广泛接受”，如果“在合理的基础上同意建立北爱尔兰政府”，那么国务大臣就应将立法权授予立法会议，并受特别条款的制约，即任何人“不得基于宗教信仰或政治立场”采取任何歧视他人的措施。

这样，问题就在于福克纳是否能够建立一个得到广泛接受的行政机关。尽管福克纳在本党的地位岌岌可危，这一点可以通过立法会议中那些冷淡的支持者变为坚决的反对者而变得十分引人注目，但他仍然与民族派和其他占少数席位的党派一起知难而上，于 1973 年 11 月 21 日成功地建立了一个分享权力的行政机关。行政机关的组成如下：福克纳本人任首脑，5 名来自厄尔斯特统一党、5 名来自社会民主工党、1 名来自中间道路的自由统一派政党——联盟党。社会民主工党的格里·菲特任副首脑、约翰·休谟（另一个社会民主工党党员）任商务部长、奥斯丁·克里任住房部长。

这项宣布立即遭到佩斯利的民主统一党抗议，谴责这是“自伦迪以来最严重的背叛”（伦迪就是那个在 1689 年主张向詹姆斯国王的军队打开德里大门的英军军官）。几天之后，当福克纳带着其他行政机关成员在立法会议上亮相时，统一派立法代表向他们高喊：“叛徒滚出去！叛徒滚出去！”

事实上，权力还不能移交给福克纳，因为《白皮书》建议的另外一个问题必须在这之前得到解决：“爱尔兰维度”问题。这是存在于英国政府与爱尔兰政府之间的问题。

两国政府已经就这个问题谈判了好几个星期，已经就主要的方面达成协议（如改革警察和公务员体系，成立爱尔兰委员会）。双方同意于 1973 年 12 月 6 日在萨里郡桑宁代尔举行由两国政府加上北爱尔兰新的权力分享行政机关参加的会议。

1973 年 12 月 6 日是《英爱条约》签署 52 周年纪念日，现代的北爱尔兰危机就源于这个条约。这是英爱两国政府首脑以及北爱尔兰领导人自 1925 年（那一年负责调整边界的边界委员会被废除）以来的首次会面。因此，这次会议具有某种再现历史的意味。但起决定作用的是当今的现实。

不过，现实的一部分并不在爱尔兰本岛。英国总是有这样的现象：爱尔兰问题无论是多么的要紧，对爱尔兰来说是头等大事，但对英国政治来说只是枝节叶蔓而已。那年秋天，又一场中东阿以战争的爆发和随之发生的石油危机，吸引了希思政府的主要注意力。而在桑宁代尔会议预定召开的 3 个星期之前，希思政府与矿工之间围绕增加工资进行的斗争已经达到了危机的程度。希思将怀特洛（连同他的善于讲和的天赋）从北爱尔兰事务部调到就业部，以应对矿工的冲击。他任命弗朗西斯·皮姆接替怀特洛的职务，但皮姆对北爱尔兰事务缺乏经验。出席桑宁代尔会议的北爱尔兰外交部长加勒特·菲茨杰拉德，后来将皮姆说成是“一条离开水的鱼”。不过，正如事情所表明的那样，这件事本身倒显得无关紧要。

在北爱尔兰，许多统一派成员甚至在桑宁代尔会议召开之前就坚决地反对会议。尽管《白皮书》声称要听取“北爱尔兰当选代表的领袖的意见”，但极端派领袖克雷格和佩斯利只收到了到桑宁代尔午餐会“发表意见”的邀请，却没有被邀请参加会议本身。佩斯利称“这个待遇与厨师们毫无二致”。在桑宁代尔会议召开的当天，所有反对福克纳的统一派代表在贝尔法斯特举行集会，表示坚决反对权力分享。

此时，人们已经很容易地看到：桑宁代尔会议已无胜算。但十分反常的是，会议本身却取得了成功。经过 4 天的会议，英国政府、爱尔兰政府和福克纳的权力分享行政机关，就这个行政机关实施权力的基础达成了一致意见。其中的主要部分之一是关于新的爱尔兰委员会的运作问题，详尽地确立了此时看上去摇摇欲坠的福克纳的统一派少数派在贝尔法斯特（政权）中的地位。

会议决定在整个爱尔兰设立一个咨询会议，由 30 名北爱尔兰立法会议成员和 30 名爱尔兰议会议员组成。在此之上的是部长委员会，由北爱尔兰行政机关的 7 名部长和爱尔兰政府的 7 名部长组成。但是，社会民主工党在北爱尔兰行政机关中的成员有关设立一个包括整个爱尔兰的联合权力机构要求，只获得了部分接纳。所达成的协议规定北爱尔兰和爱尔兰共和国的两个分开的权力机构，将通过爱尔兰委员会进行合作。然而，社会民主工党的提议的含义，无疑是要使爱尔兰的最终统一变得更为顺畅。

对于统一派，会议作出了又一个重要的保证姿态。爱尔兰统一党政府为加强英国政府在《北爱尔兰宪法法案》中提出的保证，作出了他们自己的保证：声明“直到北爱尔兰人民的多数同意改变现状之前，北爱尔兰的现状不得改变”。

随着这个声明的发布，英爱关系的发展出现了一个新的里程碑。这样，爱尔兰政府立场中唯一与此相冲突的就是《爱尔兰宪法》的第二条和第三条，规定：“国家的领土范围”包括“整个爱尔兰岛”，同时规定爱尔兰议会通过的法律暂时不在北爱尔兰实施。当然，对于福克纳来说最好将这两条从《爱尔兰宪法》中删除。加勒特・菲茨杰拉德和出席会议的爱尔兰外交部长康诺・克鲁斯・奥布莱恩都认为应当删除这两个条款，但根据修宪必须举行全民公决的规定，他们感到公决的结果难以预料，不值得冒此风险。假如公决结果是反对修宪，那么就会使《桑宁代尔协议》变为废纸。当然，他们当时不可能知道，该协议最终恰恰就是沦为一张废纸。

菲茨杰拉德在好几年里一直在寻思，是否应该冒险一试，这样就能使《桑宁代尔协议》最终在统一派中得到更广泛的接受。但是，不久之后爱尔兰议会的一次投票表决表明，公决结果的确会反对修宪。在得到反对党共和党支持的一项动议中，统一党政府仅以多出 5 票的优势过关。该项动议要求恢复传统的反对分离的立场，以取代《桑宁代尔协议》中对北爱尔兰多数否决权的让步。爱尔兰最高法院此后作出一项判决：爱尔兰政府在桑宁代尔同意的各个要点，事实上只能等同于“政策声明”，不具有严格意义上的宪法效力。但无论如何，广大的北爱统一派十分担心爱尔兰委员会的威胁，绝不会为爱尔兰共和国的任何口头让步所打动。

但是，从长远的观点看，爱尔兰政府承诺的法律有效性如何并不重要，重要的是作出承诺这个行为本身。在桑宁代尔记入史册的协议和类似的承诺，对未来产生了重大的影响。

会议的其他参加者也对传统立场作出了调整。最令人惊讶的当然是统一派的福克纳作出的调整，当然由于他实际上不能代表北爱尔兰统一派的大多数，因此作用不大，但同样为未来打下了基础。这样一个忠贞的统一派领导人竟然会不顾其他许多统一派成员的反对意见，同意分享权力。

社会民主工党一直满怀信心地通过爱尔兰委员会来推进未来统一的爱尔兰的产生。该党也作出了妥协，至少放弃了建立联合警察权力机构的提议，因而接受了这样的看法：如果各方不能对原有立场作出某些调整，（北爱尔兰）就不会有建设性的未来。

英国政府此时的立场最为复杂，因为它仍然坚持传统的、自相矛盾的立场。一个立场是它所宣布的传统上的保证：除非得到北爱尔兰多数居民的同意，北爱尔兰的宪法地位不得改变。这项保证此时得到了爱尔兰政府保证的加强。但是，英国政府也受到从《爱尔兰自治法》（实际上是《英爱条约》）承继下来的传统责任感的约束，认为从长远的角度来看，理想的解决方法是建立一个统一的爱尔兰。在这方面，英国在桑宁代尔的贡献就是赞成设立爱尔兰委员会，这个行动包括英国不时地给福克纳施加压力，同时对社会民主工党表示支持。英国的作法在各方面都显得天真，特别是没有充分认识到占多数的统一派立场的重要性，这不久就使得《桑宁代尔协议》变成一张废纸。

决定桑宁代尔会议命运的是爱尔兰委员会。当福克纳率领他分享权力的行政机关成员启程前往桑宁代尔时，大多数统一派已经对他的用心深表怀疑。在福克纳返回的几天之后，新教准军事武装就成立了厄尔斯特军事委员会，支持所有反对爱尔兰委员会的统一派政治人物。

按照《桑宁代尔协议》，分享权力的行政机关在 1974 年的第一天正式就职。3 天之后，厄尔斯特统一派委员会投票否决了爱尔兰委员会。福克纳被迫辞去厄尔斯特统一党领袖的职务，另组自己的政党，以保住行政机关首脑的职位。

但是，这些都是政治人物玩弄的把戏。北爱尔兰普通民众对《桑宁代尔协议》的看法如何？立即就此问题举行公民投票的可能性确实存在。

英国首相爱德华·希思受困于与矿工之间的难题，大胆地宣布举行大选，希望以此增强他解决这个难题的权力地位。在北爱尔兰，这场选举完全是围绕桑宁代尔问题展开。统一派反对福克纳的口号是“桑宁代尔与都柏林是一丘之貉！”投票日是 2 月 28 日。在 12 个英国议会议席的争夺中，反福克纳的统一派获得 11 席，唯一被行政机关成员获得的 1 席是在西贝尔法斯特选区，当选者是社会民主工党的格里·菲特。伊恩·佩斯利立即要求举行下一次北爱立法会议选举。新成立的统一派组织——厄尔斯特工人委员会号召一旦这样的选举不能举行，就开展非暴力抵抗活动。

但是，福克纳在立法会议中还拥有多数席位（当然在统一派中处于少数）。5 月 14 日，一项反对权力分享和爱尔兰委员会的动议被以 44 票对 28 票挫败。厄尔斯特工人委员会随即号召举行全地区的大罢工。

在预定罢工的第一天，罢工行动显得迟缓。于是，名为“格子呢青年”的团体和准军事组织厄尔斯特防卫协会的成员迅速行动起来插手此事。防卫协会的成员有时会戴上面罩，身穿迷彩服，手持棍棒行动。《泰晤士报》发自贝尔法斯特的报道说：到中午时分“恐吓行动已经达到了很大的规模”。

采取恐吓行动本身并不表示人们不支持罢工的政治目标，而是因为店主们不愿意生意受到损失，工人们也不愿意拿不到工资，这种情况同样发生在新教区。此前进行的议会大选已经清楚表明了统一派的立场。英国政府将要得到的教训是：如果得不到统一派多数的支持，在北爱尔兰就会一事无成。

到这个星期的中段，停电的时间达到了一次 6 个小时，贝尔法斯特的街道上满是罢工者守卫的路障。当罢工进入第二个星期，罢工者对生活设施的控制已经造成了很大的不便。市面上出现了抢购食品的现象；电气供应断断续续；只有少数由军队控制的加油站还有汽油供应；邮政服务很不正常。到罢工进行了两个星期之后，整个北爱尔兰的供电几乎完全停顿。

在英国，哈罗德·威尔逊的工党政府在大选中挫败希思之后上台

1974年厄尔斯特工人罢工中，人们排队灌茶水。提出取消爱尔兰委员会。

1974年5月，厄尔斯特工人罢工取得胜利。权力分享和爱尔兰委员会都被废止。

厄尔斯特妇女和平运动的大型集会。和平还要等待18个月才能到来。

执政，但在下院中的多数并不悬殊，因此有些自顾不暇。福克纳要求采取强硬的政府行动来应对罢工，但他从威尔逊那里得到的只是一次古怪的全国广播讲话。威尔逊在讲话中指责罢工者及其支持者靠榨取英国纳税人的钱来过日子。

威尔逊的优柔寡断反映出工党政府在决定采取何种行动方面的举棋不定。他的关注重点，与其他英国首相一样，通常都是在爱尔兰以外的地方。他手下的北爱驻军司令拥有 17 000 人的部队，但认为还不够用于应对当地的局势。这位英军司令以无懈可击的简洁的军人作风说道："如果你让大批居民放弃特定的路径，那么要做到这一点无疑是难上加难。"这条途径继续存在着。

1974 年 5 月 27 日，福克纳提交辞呈。他领导的行政机关也不再像《宪法法案》所称的那样，应当"得到整个社区居民的广泛接受"。威尔逊手下的北爱尔兰事务国务大臣默林·里斯提出充分的理由宣布了解散北爱行政机关的决定。立法会议也被宣布解散，后于 1975 年被宣布闭会。《桑宁代尔协议》就此不复存在。

在理论上，随着英国政府重新实施直接统治，接着要做的事情就是勾勒北爱尔兰的政治未来。但有很长一段时间，这件事无人过问。威尔逊政府甚至一度考虑过从北爱尔兰彻底撤离的政策选择。

英国政府自 1921 年《英爱条约》以来处理爱尔兰问题的最有创意之举就是移交权力，但到此也已画上了句号。移交权力显然已被证明是过于幻想、极不现实的举措。重新采取类似的重大举措要等到将近 20 年之后。到那个时候，各个政党在应对这种危险和恶化的局势方面，显得更加注重现实。

1974 年的其他消息包括：到《桑宁代尔协议》沦为废纸时，北爱尔兰有 74 人被杀。在此之前不久，统一派准军事组织在爱尔兰共和国都柏林和莫纳亨郡引爆了多枚汽车炸弹，炸死 33 人。这是在动荡时期造成最大伤亡的一天。

在当时和从那以后，工党政府经常受到批评：未能采取强硬手段停止厄尔斯特工人委员会组织的罢工，未能确保北爱新制度架构的存在，从而缓解人们遭受的苦难。不过，工党政府有关不采取行动的决定也许是受到了英国本身问题的拖累和分心，也许是出于有意识的决策行动。在进行谴责之前，我们需要记住两个显而易见的问题：其一，假如决定实施军事解决方法，并力图一举成功，那么所造成的结果就是占多数的统一派被击败和蒙受羞辱，而英国政府恰恰是要保证务必与该派合作，以寻求政治解决方法。统一派的失败，将会重启北爱尔兰政治解决进程的最为糟糕的基础。其二，即使是尽最大的努力，军事行动的胜利也毫无把握。厄尔斯特工人委员会的准军事武装组织（主要是厄尔斯特防卫协会）的指挥官已经布置了在英国动用军队的情况下所使用的对策。一位指挥官后来作了这样的阐释："从第一天开始要做的事情就是避免与安全部队发生冲突。我们已经给厄尔斯特防卫协会的每一个成员都下达了命令：一旦发现对方到来，就马上走开，撤离街垒；等军队离开之后，再回来重建街垒。我们特地强调要绝对避免挑衅军队。"

假如这个对策付诸实施，《桑宁代尔协议》遭受的羞辱有可能更加严重。事实上，政治解决的努力至少没有留下任何后患。所留下的是一个失败的政治解决模式，可供有关各方加以研究，包括爱尔兰共和军和统一派准军事组织在内。这两个组织继续习以为常地采取恐怖行动。

第十五章　桑宁代尔之后

虽然历史是发生在过去的经历，但与本身的经历却存在着奇妙的差异。当然，最主要的不同之处是，在度过这段经历时，没有人能知道下一步会发生什么事，而人们了解历史时就能知道。这样，历史就占据了高傲的位置。人类存在的细节，无论在当时是多么的痛苦、多么的富有戏剧性，都分门别类为抽象的历史观点，但有的时候，人们会感觉到同时生活在现实和历史之中。1994 年下半年，爱尔兰共和军（与忠诚派准军事组织）实现停火之后的那段时期就是如此。

从那时回顾过去的 25 年时光时，那段时光能够很容易地浓缩为一段历史，其间发生了种种杀戮、暴行和物质损失的具体事件，其中最引人注目的特点是这些事件从没有停息过。

其后，由 1993 年 12 月 15 日的《唐宁街宣言》开始了一个“以和平进程为起点，最终实现政治解决”的进程。人们关注的重点已经变成想知道下一步将会发生什么，有朝一日会形成什么样的历史。过去的 25 年浓缩为一段历史，只有其突出的特点才能引起人们的兴趣，特别是那些对未来有意义的政治特点。

在做这样的历史压缩工作时，其历史紧迫性不言而喻。但我们应当首先对历史产生的细节原因作必要的探讨。

首先，死亡人数总共为 3 168 人，其中英军 648 人、皇家厄尔斯特警察 296 人（包括女性军警）、平民——男人、女人和儿童 2 224 人。

1984 年 10 月，爱尔兰共和军在布莱顿格兰德大酒店炸弹爆炸案中炸死 5 人，许多人被炸伤，但撒切尔夫人幸免于难。

平民死亡人数包括在“行动中”被打死的爱尔兰共和军和忠诚派准军事组织成员。如果说将他们与被他们杀死的平民不加区分地放在一起是一种冷酷无情的做法，那么这场悲剧的使人感到安慰甚至于和解的特点就使之显得合乎时宜，当人们意识到悲剧的规模时，就能够设法予以终止。换言之，死者能够帮助生者意识到这个问题：死去的人实在是太多了。

一种错误的做法是：将这些年来发生的具体事件完全湮没于被遗忘的历史之中。这些事件有助于人们最终认识到杀戮不能解决问题，必须停止杀戮。其中一些最恶劣的事件应当为人们所记取。

一些早期的恐怖事件已经在之前谈到《桑宁代尔协议》的失败过程时有所涉及。在这 19 年中最恶劣的杀戮事件如下：1974 年 11 月 21 日，爱尔兰共和军在伯明翰两个酒吧放置炸弹，炸死 21 人，炸伤 182 人；1976 年 1 月 5 日，阿马郡 10 名新教工人在一辆微型客车里被枪杀；1978 年 2 月 17 日，唐郡勒蒙大酒店 12 名新教徒被打死，23 人被打伤；1979 年 8 月 27 日，18 名英军士兵在唐郡沃林波因特被打死；同一天，女王的堂兄蒙巴顿与家人在斯莱戈郡近海乘船时被炸身亡；1982 年 7 月 20 日，8 名军人（6 人为乐队成员）和平民在伦敦各公园被杀；1982 年 12 月 6 日，11 名英军士兵在德里郡一家迪斯科舞厅被杀；1983 年 12 月 17 日，伦敦 3 名平民、3 名警察在哈罗德百货公司被炸弹炸死，另有 90 人被炸伤；1984 年 10 月 12 日，5 人在布莱顿格兰德大酒店炸弹爆炸案中丧生，包括 1 名下院议员和保守党党鞭的夫人；1985 年 2 月 28 日，纽里的一个警察局内有 9 名皇家厄尔斯特警察（内含两名女警）被杀；1987 年 5 月 8 日，在阿马郡洛夫高，8 名爱尔兰共和军成员和 1 名平民在交火中被打死；1987 年 11 月 8 日，在恩尼斯基林炸弹爆炸案中，11 名平民被炸死，63 人被炸伤。

爱尔兰“战争”在海德公园造成的死亡：1982 年，一枚汽车炸弹袭击了皇家骑兵队。

戈登·威尔逊在他女儿的墓前。他的女儿是 1987 年恩尼斯基林爆炸案中的 11 名遇难者之一。“不要恶意……不要仇恨……这些都不能让她回到我的身旁。”

西贝尔法斯特的民主派对恩尼斯基林爆炸案的看法。

1988年3月6日，上述冷酷杀戮的后续事件接踵而至。3名非武装“执行任务”的爱尔兰共和军成员计划在直布罗陀的军事庆典上引爆炸弹，被英国陆军特别航空队（SAS）击毙。10天之后，在贝尔法斯特共和军举行的葬礼上，3名出席葬礼者被一名忠诚派枪手打死。而在3天后为这3名死者举行的葬礼上，2名英军士兵意外误入葬礼现场，被残忍地折磨致死。

此后断断续续载入这张死亡名单的有：1988年5月15日，西贝尔法斯特一家天主教徒聚集的酒吧遭到机关枪扫射，3人被打死，9人被打伤；1988年8月30日，蒂龙郡一辆运送英军士兵的巴士遇袭，8人被打死，27人被打伤；爱尔兰共和军将一名天主教工人绑在一辆带有炸弹的旅行车上，逼迫他开车到德里附近的检查点引爆炸弹，这个工人连同5名英军士兵被炸死；1992年1月17日，蒂龙郡8名新教工人被屠杀，格里·亚当斯很奇怪地称之为“英国在爱尔兰政策失败的可怕例证”；1992 年 2 月 5 日，5 名天主教徒在书店被忠诚派准军事组织成员杀死；1993 年 3 月 20 日，“英国在爱尔兰政策失败”的又一个例证出现在英格兰沃灵顿，爱尔兰共和军杀死 2 名儿童；在《唐宁街宣言》和 1994 年停火最终到来之前出现了最后的疯狂杀戮：1993 年 10 月 23 日，10 名新教徒在尚克希尔路共和军实施的炸弹袭击中丧生；一星期之后，忠诚派准军事组织进行报复，在格雷斯蒂尔杀死了 7 名天主教徒；1994 年 6 月 18 日在最后一次杀戮中，6 名天主教徒在卢金岛酒吧遇袭身亡。据报道，70 年代的一个忠诚派杀手这样说过：“我能看到爱尔兰共和军正在接管厄尔斯特，我想如果我杀死这些天主教徒，就能阻止这种接管。”相比之下，他当时的这个说法到了近乎天真无邪的地步。

上面列出的只是 3 168 名死者中的不到 200 名。

与此同时，当爱尔兰两部分的政治人物和普通民众看到这一切发生时，他们内心的想法如何？

《桑宁代尔协议》的失败给北爱民众留下了冰封般的冷峻态度，似乎已将任何有创意的政治主动行为封杀干净。爱尔兰共和军则希望在这样的局势中获得政治上的好处。在 1974 年底与新芬党临时派官员的谈判中和从 1975 年一段与部分共和军达成的停火和“休战”中，威尔逊工党政府的优柔寡断得到了充分的展示。这些举措未能收到任何实际效果。正如时任爱尔兰事务大臣默林·里斯后来回忆的那样，英国政府在各种选择中，“认真考虑过”从北爱尔兰完全撤离的可能性。

在排除了撤离的选择之后，英国政府再次考虑政治解决方法。但北爱的基本政治现实没有变化，实际上还变得更加棘手。绝大部分统一派拒绝对居少数地位的民族派或爱尔兰共和国作出任何让步。爱尔兰共和国的《宪法》继续主张对北爱地区的主权。在这样的情况下，取得成功的机会极小，而且在可预见的未来也迅速消失殆尽。

这是3名爱尔兰共和军成员在直布罗陀被杀的后续场景：参加葬礼者在躲避一名忠诚派枪手的射击。

沃林顿爆炸案的遇害者蒂姆·佩里和乔纳森·波尔的父亲在前者的葬礼上见面。柯林·佩里（左）与威尔夫·波尔握手。

立宪会议的选举于 1975 年 5 月举行，其选举方法基于立法会议的选举方法，任务是考虑“何种北爱尔兰政府条例能够为社会公众广泛接受”。选举的确为这个问题提供了答案，但未能找到带来和平的答案。结果，反权力分享和反爱尔兰维度的统一派获得了明显的多数：在 78 名当选代表中，47 名为反桑宁代尔解决方法的代表，福克纳领导的统一派仅有 5 人当选。会议在一次表决中决定恢复斯托蒙特议会式的多数统治，宣布立宪会议及其目标毫无用处。这样，立宪会议于 1976 年 3 月解散。

同年，新的北爱尔兰事务大臣罗伊·梅森上任，英国政府重又采取军事解决方法。梅森推出严厉的安全政策，维护北爱经济利益，一定程度上削弱了爱尔兰共和军的力量。他加强皇家厄尔斯特警察和英国军队的力量，将大批陆军特别航空队部队部署到阿马郡南部地区。1977 年在冲突中的死亡人数为 112 人，不到上一年的一半；1978 年再降到 81 人。梅森还表明他同样能对统一派采取强硬的手段。当佩斯利号召北爱工人仿照 1974 年的先例，于 1977 年 5 月举行罢工，并要求重新召开立法会议和恢复多数统治时，梅森采取措施予以制止。

梅森解决方法的核心是使北爱地区远离政治冲突，同样对社会民主工党的民主民族主义诉求不感兴趣。梅森坚定地坚持他在 1978 年初对新闻界发表的声明，表示直到“大势改观”之前，将“挤牙膏那样去挤压恐怖分子……将他们挤出藏身之地……挤出社会，挤进牢房”。

事实上，在此后的 50 天里，北爱地区发生了 100 次爆炸，其中在勒蒙大酒店的爆炸致使 12 名新教徒死亡、23 名新教徒受伤。尽管总的死亡人数出现了下降，但同年年底，3 名英军精锐部队士兵在阿马郡克罗斯马格伦采购圣诞物品时，被人用机关枪打死。1979 年，撒切尔夫人领导的保守党在英国大选中获胜，梅森只得去职。

加勒特·菲茨杰拉德通过爱尔兰政治的“旋转门”与撒切尔夫人会晤（“北爱尔兰如同我的选区一样，都是联合王国的一部分”）。

约翰·休谟在都柏林与爱尔兰总理阿尔伯特·雷诺兹一道探讨现代爱尔兰民族主义。

玛格丽特·撒切尔在担任保守党领袖之初，曾抨击加勒特·菲茨杰拉德通报的有关北爱尔兰的局势极为差劲，但很快就得知了那里的实际情况。大选之前的两个月，她的一个老朋友、候任北爱尔兰事务大臣艾雷·尼夫在开车离开下院停车场的时候，被“爱尔兰民族解放军”① 的汽车炸弹炸死。撒切尔任首相仅 3 个月后，18 名英军军人在沃林波因特被杀。同一天，蒙巴顿在斯莱戈郡近海被谋杀。虽然她像大部分英国首相一样对爱尔兰不甚关注，但撒切尔在需要采取行动时绝不会等闲视之。如果直接统治不能发挥更好的作用，那么就需要作出政治方面的其他抉择。

北爱尔兰事务大臣汉弗莱·阿特金斯召集立宪会议，以寻找这方面可以取得的进展。他发现占多数的统一派与社会民主工党民族派都因桑宁代尔的后果而寸步不让。这次会议遂以失败而告终。

这样一来，一位有主见的英国首相将采取何种变通措施？

英国的立场只是处于某种矛盾的境地：一方面，基于历史原因，英国在理论上赞成爱尔兰的统一；另一方面，同样是基于历史原因，英国认为只要北爱尔兰多数民众不愿意统一，就不可能实现统一。求解这道奇特等式的另外一方爱尔兰共和国也处于某种矛盾的境地：爱尔兰《宪法》表明这道等式既已解出，又未解出——规定 6 郡是其领土的一部分，但无法行使统治权。北爱占少数的民族派持同样的观点，既然这个观点要通过社会民主工党来表达，而且这一点十分重要，所以不能让爱尔兰共和军和其他共和派组织占得上风。英国方面认可的是爱尔兰维度，并在这个十年剩余的时间里也坚持这样认为。英国政府在采取行动时，自然会将真诚的统一派置

① 原文如此。本书第一章曾指称这次谋杀是爱尔兰共和军所为。但经查证，制造这次爆炸谋杀案的应为爱尔兰民族解放军。——译者注

于一种不那么突出的位置上，当然统一派的力量基础正是来自英国政府的多次保证。

此时恰好是爱尔兰发挥作用的又一个大好时机。两大政党——共和党和统一党都是共和派，均起源于1919年第一届爱尔兰议会的新芬党。但共和党目前是执政党，与今天的爱尔兰共和军的历史渊源很深，认为1921年《英爱条约》是一场背叛。前任总理杰克·林奇在党内比其他人与统一党的私下关系更加密切，也同意给予占多数的北爱统一派对于爱尔兰统一的民主否决权。最近，共和党的领导人出现更迭，新任领导人查尔斯·豪伊是一个具有坚定共和立场的熟练政治运筹者，他的父亲在爱尔兰内战期间是北爱地区反对自由邦的爱尔兰共和军指挥官。玛格丽特·撒切尔的政治本能切中要害，睿智地决定与豪伊打交道。后者则认为民主共和主义传统在政治上最为现实，而爱尔兰维度必不可少。

不过，当撒切尔为即将到来的都柏林峰会作预先安排的时候，她再次向北爱统一派作出保证：北爱尔兰未来的宪法地位，“取决于北爱尔兰人民、英国政府和英国议会，而不取决于其他任何人”。这样都柏林峰会最终在1980年12月召开时，双方强调的重点已经很不相同。

无论怎么说，这都是一场历史性的会面。这是自《英爱条约》以来，英国首相与爱尔兰总理首次在都柏林见面。以狭义的外交来判断，这是一种个人层面的成功。从解决北爱尔兰危机的政治进程的启动情况来看，这次峰会只是为未来确定了指导方针。若不考虑其他方面的因素，峰会取得了一定程度的成功。只是由于不考虑其他因素，这些指导方针引起了许多统一派成员的警觉。联合公报谈到了“两国的独特关系”“对岛屿之间总体关系的特别考虑”以及“具有可能性的新制度框架”。

撒切尔后来坦陈她本人并没有花足够的时间参与这些文字的起草。但这也可以说撒切尔并没有充分认识到这些文字的意义。豪伊充分利用了撒切尔的疏忽大意，声称与英国方面举行了有用的宪法层面的讨论，当然情况并非如此。这是撒切尔在爱尔兰事务上的一个缺陷，她超强的政治自信使她觉得自己了解需要了解的一切，而不去进一步考察其复杂性。她在回忆录中表明，当时她认真关注的唯一问题是安全局势，此外她对北爱尔兰现实的了解十分有限。撒切尔所尊重的政治立场只是旧斯托蒙特政权的立场。

荒谬的是，正是那些具有旧斯托蒙特政权思维的人，真正对撒切尔与豪伊的会面作出了强烈的反应。伊恩·佩斯利牧师立即行动起来，于 1981 年 2 月组织了一场约 500 人参加的阅兵式，受阅人员身穿作战服，在巴利米纳的山坡上挥舞他们的持枪证。几天之后，他们仿照卡森的 1912 年《庄严盟约》，在贝尔法斯特市政厅签署了“厄尔斯特宣言”。

事实上，对于大多数统一派成员而言，撒切尔与豪伊发布的公报中的语言并不像第三个《爱尔兰自治议案》那样言辞激烈，所以他们也没有做出强烈的反应。但许多统一派成员担心英国与爱尔兰共和国之间建立更紧密关系的前景，有可能导致爱尔兰共和国政府直接介入对北爱尔兰的统治。而这恰好是统一派在《桑宁代尔协议》之后竭尽全力要阻止的势头。

同年 5 月举行的北爱地方选举意义重大。佩斯利的民主统一党获得的选票首次超过了莫利诺领导的厄尔斯特统一党，尽管后者获得的议席更多。这个差异更多地反映了选民反应的方式而不是力量。所有认为撒切尔不会背叛他们的人都大吃一惊。如果统一派知道豪伊在 1980 年初第一次与撒切尔会面后次日对记者的讲话，他们有可能会更加感到不安。豪伊当时说撒切尔给他留下的印象是：她对北爱尔兰不知所措，毫无章法可言。

豪伊本人的计划确实一清二楚。对此，他公开宣布："……要最终实现在爱尔兰完全消除英国的军事和政治存在。"爱尔兰共和军的目标与之相同，但不是采取基于对未来共识的和平方式。豪伊强调说：英国政府应当鼓励建立一个统一的爱尔兰，推动这种共识的产生。他知道，基于历史的原因，英国政府到此时为止一直保证要采取这样的行动。

豪伊针对北爱统一派的各种顾虑（实际上就是他们在北爱最终前途中的特殊利益和关注点）所作的公开提议，实际上没有起到任何作用。

"豪伊先生，"伊恩·佩斯利对公众慷慨陈词，"豪伊先生昨天在爱尔兰议会作了一次绝妙的讲话，他说如果北爱人民知道他的提议，就会感到惊讶不已。'请到我的客厅来，'蜘蛛对苍蝇说，'这是你见过的最棒的小客厅。'我要正告查尔斯·豪伊，厄尔斯特新教徒不敢飞入他的小客厅。我们不会去那里。我们对豪伊的回答是——绝不投降！"他的讲话赢得听众的热烈掌声。

虽然许多统一派成员不愿意用这样煽动性的语言来表达自己的恐惧，但他们的立场必须在任何"解决方法"中得到包容。至于爱尔兰共和军的立场，即使用暴力将英国的势力赶出去，进而逼迫统一派"投降"，显然是一个不可改变的因素。共和军的弱点在于，尽管他们能够很有效地破坏和平局面，但经过十多年的暴力斗争，完全没有出现能将英国人赶走的迹象。相比之下，统一派依然很有底气地表示：他们将维护他们所拥有的一切。

那么，达成解决方法所必要的灵活性到底在哪里呢？北爱尔兰以社会民主工党为代表的民主少数派，所享有的活动余地甚小。该党的立场十分明确：他们是争取爱尔兰统一的民族主义者，如果能以和平方式实现爱尔兰统一，他们愿意通过将民主进程与爱尔兰维度的作用相结合来加以实现。但是这与现实相差甚远，多数统一派坚决反对这样的民主进程，而且在北爱尔兰的政治架构中缺乏民主进程运作的空间。

不过，社会民主工党至少显示出了某些被动的灵活迹象。比如，为什么尽管民族主义理想受挫或者地方的权力分享未能兑现，但社会民主工党党员并没有想到要放弃民主进程和成为共和军的支持者呢？那些共和军支持者并非全无根据地声称，他们就是要用共和派的传统做法将英国人赶出爱尔兰。共和军用这个做法在 1921 年将大部分英国人赶了出去，因此他们现在仍然坚信这个秘诀，认为只要共和派能够“抓紧枪杆子不放”和绝不“背叛真正的事业”，就能把英国人统统赶走。

对于这个问题，约翰·休谟作出了明确的回答。早在 1980 年，他就明确地阐述了作为传统上顽固的少数派运动的立场。

“北爱尔兰许多人打出的共和主义旗号，根本不是共和主义，”他说，“这是一种极端民族主义，提出的是十分狭隘的对爱尔兰的一派之见。这种看法几乎无视这个岛屿存在的差异和岛屿北部存在着一种很强大的传统……这种对爱尔兰的一派之见认为在推行其看法时，不仅杀戮是正当的，而且死亡也是正当的……我认为这根本不是共和主义……共和主义的含义应当是天主教徒、新教徒和非国教教徒走到一起。我希望看到这个岛屿将是一个和睦共存的岛屿，所有的传统都能够和睦共存；希望看到一个当然是独立的爱尔兰，各个方面的爱尔兰人都能在这个国度各显其能。”

在这里，我们可以看出与爱尔兰社会结构质量的重要性相比，爱尔兰独立的重要性退居其次。

在北爱尔兰与爱尔兰共和国分离的 70 多年里，北爱少数派的民

绝食者的母亲们。1981 年，瀑布路。

格里·亚当斯和对天鸣枪的爱尔兰共和军向鲍比·桑兹致意，桑兹是一名下院议员，是 10 名要求承认政治犯身份绝食而死的第一人。

族主义与共和国多数派的民族主义必然会具有不同的特性。在北爱尔兰，民族主义对于少数派来说是在一个新教国家中面对新教徒的一种在当地的防卫手段，而且在动荡时期，他们将当时的爱尔兰共和军视为一种防卫组织。在这个意义上，南爱尔兰民族主义面对着一个完全不同的现实世界，特别是在德瓦莱拉成功地重立宪法以及共和国诞生之后。民族主义在这里主要是一种基于历史的义务、《宪法》规定的神圣不可侵犯的内容，得到了政治人物（主要是共和党）的尊重，但是在爱尔兰共和国公民日常生活中的重要性却逐渐减弱。在许多年里，南爱的几乎每个家庭的父辈中都有人参加过对英国军警的战斗，或是参加过 1922 — 1923 年的内战。但是，这些人大都已经离世，他们的所有战斗经历也随之湮灭，或至少已经留在富有情感的历史记忆中，离日常生活的现实十分遥远。约翰·休谟正是基于这种较少带有强制性的传统民族主义观点，努力地指导北爱少数派去思考那里的特殊环境。

因此，以撒切尔-豪伊峰会为标志的英爱两国政府合作的加强，并没有立即使北爱统一派因为峰会公报的文字而感到恐惧。

一个名叫鲍比·桑兹的共和军成员，因犯有非法使用武器罪被判处 14 年监禁。他于 1981 年初在梅兹监狱举行绝食，要求承认囚犯的政治犯身份。这个要求由爱尔兰共和军提出，但被英国政府拒绝。为此，在此后的 8 个月内，桑兹和 9 名共和军囚犯死于绝食。桑兹本人在绝食 66 天后死去，其间他在弗马纳和南蒂龙选区的一次补选中当选为英国议会议员。

绝食在爱尔兰的南北两部分都激起了强烈的情感反应。先后两代学生都从课本上学到了托马斯·阿什和特伦斯·麦克斯威尼在半个世纪之前的英勇事迹，将桑兹等人视为烈士。可想而知，爱尔兰共和军当然会迅速将烈士的称号加在桑兹等人的头上。桑兹死后，他的代理人欧文·卡伦在接下来的补选中当选，获得的多数比例和选票票数都有增加。每一次绝食者的死亡都在北爱尔兰造成了新的痛苦，引起了新的骚乱。国外（特别是美国）开始对爱尔兰共和军的事业加上了一些高尚的色彩。玛格丽特·撒切尔则以百折不挠的精神拒绝作出任何让步。如同预期的那样，她与豪伊及其爱尔兰政府的关系出现了恶化。

绝食事件不可避免地会对爱尔兰共和国普通民众的情感造成影响。但随着绝食死亡人数的增加和爱尔兰共和军从中获取尽可能多的政治资本，一种奇特的反弹出现了。

就像一位民族派历史学家所说的那样，“南爱公民对绝食支持者采取的行动感到某种程度的不安。这些支持者打出黑旗、拉出标语，产生了实实在在的恐吓效果，甚至在一些地方出现了无政府状态。支持绝食的人在一些乡村集镇接管了指挥交通的职责，在当地安排一个下午的活动，引起了严重的动荡”。

在都柏林的英国大使馆前的示威发生时，这种不安达到了高潮。这场示威主要由北爱方面组织，示威者向维护大使馆安全的爱尔兰警察发起了暴力攻击。另一位共和派历史学家指出，这“扑灭了曾被激起的情感……共和军每一次对我国机构的攻击，都使得共和国对他们的支持率大幅度下降。经年累月下来，10 到 15 年之前对共和军的广泛支持如今已经大大减少”。

“爱尔兰人民，”那位民族派历史学家评论道，“完全不喜欢他们的做法。他们这些外来的街头流氓在巴利斯布里奇区街上游行示威，使用他们带来的武器以最野蛮的方式与爱尔兰警察发生对抗。这是在爱尔兰共和国中，我们的国家和我们的社会受到外来异类威胁的最好例证。即使他们是北爱的共和派成员，但由于其行为也要被列为外来异类。”

通过多年分离而形成的南爱尔兰民族个性（分离来的26郡的个性）所形成的这种独特的视角，为爱尔兰未来的和平播下了希望的种子。

然而，撒切尔夫人此刻并不特别关注北爱尔兰的未来。她此时正因国内的局势而承受着巨大压力，觉得她自己以勇气和决断对付绝食斗争方面在北爱尔兰显示的权威已足够。在此年初，撒切尔的主要注意力将会放在福克兰群岛[①]问题上。

撒切尔对于寻求北爱尔兰问题“解决方法”感兴趣的程度，可以从外交大臣杰弗里·豪对她任命吉姆·普赖尔（Jim Prior）出任北爱尔兰事务大臣这件事的评价中得到衡量。杰弗里·豪称此项任命是“使她不再受他（普赖尔）的打扰”。

---

① Falklands，为英国对该群岛的称谓，阿根廷则称其为马尔维纳斯群岛。英阿两国对该地区主权归属一直存在争端，1982年曾有武装冲突，至今争端仍未解决。——译者注

民族派区的瀑布路：渴望和平。这是在1993年12月15日《唐宁街宣言》公布于众之前的一天。

第十六章　厄尔斯特说不!

普赖尔于 1981 年 9 月走马上任。他怎么也想不到爱尔兰海这一边的日子是这么的艰难。仅仅几个星期之后，在为被爱尔兰共和军谋杀的英国议会议员罗伯特·布拉德福德举行的葬礼上，沮丧和愤怒的统一派成员就对他恶语相加。普赖尔说爱尔兰共和军手上沾的“受害者鲜血”，与英国政府手中沾的一样多，因为它听任谋杀的发生而不加惩罚。一个记者向他提问，大臣遇到的混乱和鼓噪是否是对葬礼的不敬，普赖尔答道：真正的不敬是“普赖尔先生本人的手上沾上了鲜血”。

普赖尔的麻烦对于任何一位北爱尔兰事务大臣来说都不是新鲜事。他需要面对爱尔兰共和军成功实施的恐怖主义，在避免引起统一派担心被英国政府出卖的同时，提出具有创意的政治解决方案。统一派的担心因安全局势的恶化而日益加重。

从唐宁街那里，普赖尔也不大可能得到什么具有创意的政治帮助。平心而论，撒切尔既不能指责统一派的不是，同时又在尽力修复自与豪伊举行峰会以来受损的两国关系。另外，撒切尔也想对普赖尔酝酿中的“非主流”解决方法提供支持，她在下院发表声明：北爱尔兰“如同我的选区一样”，都是联合王国的一部分。事实上，普赖尔正在制定一项选举新的立法会议的计划，该机构拥有英国政府移交的权力，将再次获得“社会双方的接纳”。

所不同的是，该计划规定立法会议将自行决定行政机关的建立，这个原则被称为“渐进式的权力移交”。普赖尔说，这是一个“循序渐进方式”，一开始先建一个政治论坛，当英国政府认为时机成熟时，再逐渐形成行政体系。这种政治发展模式在当时不可能取得成功，但在 10 年之后将具有更佳的历史发展前景。

提出上述计划的《白皮书》在阿根廷出兵福克兰群岛的 3 天之后公布于众，撒切尔本人对此不感兴趣。在此后的 3 个月中，她和下院的注意焦点很难落到北爱尔兰之上。但是，在未能引起人们关注的情况下，那项设立立法会议的提案于 1982 年 7 月获得通过，立法会议的选举将在 10 月举行。

普赖尔表达了这样的看法：北爱尔兰人民真正愿意走到一起，共同讨论其未来的时机已经到来。但这只不过是一种良好的愿望而已。北爱尔兰人民只是作好了投票选举立法会议的准备，而他们对立法会议的兴趣仅仅是要表明他们无意讨论任何改变预定立场的问题。于是，历史又重演了一遍：占多数的统一派拒绝讨论权力分享问题；社会民主工党虽然参加了选举，但在这样的情况下，甚至不愿意到立法会议与统一派坐在一起共事。爱尔兰维度根本不在考虑范围之内；撒切尔与豪伊之间的关系由于绝食斗争而受到损害，此时再因爱尔兰在福克兰群岛战争所保持的不友好的中立立场而进一步恶化。立法会议沦为单方面空谈的场所，渐进式移交权力的进程随之触礁。

立法会议直到 1986 年中才宣布解散，但其存在早已毫无意义。政治聚光灯聚焦在一个事件之上，遮盖了立法会议的轮廓。尽管这个事件同样未能取得长久的成功，但它预示了未来的一种真实的可能性。这个事件就是《英爱协议》的签署。

在某种意义上，这是普赖尔未竟事业的间接产物。在立法会议的选举中，新芬党临时派首次参加选举，而参选的民主基础显得怪异，即刚刚宣布的“一手握选票、一手拿武器”原则。新芬党获得 10%的第一选择票，在 78 个席位中获得 5 个席位（格里·亚当斯和马丁·麦吉尼斯占据其中 2 席）。

格里·亚当斯是新芬党主席，两次代表西贝尔法斯特选区当选下院议员。他是一个富有现代色彩的传统民族主义者。

社会民主工党得票仍然远远超过新芬党，获得了略低于19%的第一选择票和14个席位。但是，英国政府已经有理由担心，如果在缺乏将占少数的民族派包括在内的政治解决方案方面仍旧不能取得进展的话，新芬党有可能会填补这方面的空缺。这个担心在1983年的英国大选中得到印证：格里·亚当斯在西贝尔法斯特选区的选举中击败社会民主工党的候选人格里·菲特，成功当选。这个选举结果使得北爱共和派（包括社会民主工党）获得的选票达到近30%。在这种情况下，英国政府自然会注重爱尔兰维度，以及使之与北爱尔兰是联合王国一部分的总体承诺相一致。

与爱尔兰政府再次合作的大好时机再次出现，但其原因却与上一次相反。当时，与坚持共和主义信念的共和党总理查尔斯·豪伊打交道的好处似乎在于：一旦与他达成了双边协议，就有可能具有持久的价值，因为豪伊能够对共和派的主张产生重大的影响。但是，撒切尔-豪伊峰会起初成功的幻觉破灭和双方的关系因绝食斗争和福克兰群岛战争恶化之后，所有的良好预期均落空了。此时是1982年底，统一党的加勒特·菲茨杰拉德所称的爱尔兰政治“旋转门”将他（而不是豪伊）再次送上了总理宝座。

菲茨杰拉德拥有扎实的共和主义背景，他的父亲曾参加了1916年在邮政总局的战斗。但是他对于爱尔兰统一的立场与共和派的固定说法相差甚远。菲茨杰拉德的立场是：愿意看到爱尔兰的统一，其基础是爱尔兰的新教传统与天主教传统的交融越充分，对它们的好处越多，所产生的实际作用也越大；同时他又承认“在中期或不确定的时期内”，北爱新教徒的恐惧使得爱尔兰的统一无法实现。

这与大部分北爱统一派坚持的完全排除爱尔兰统一的立场只相差一步之遥，甚至连英国政府也不支持这种立场。而且如果说有可能与北爱统一派达成某种形式的一致的话，以菲茨杰拉德的观点作为出发点要强过豪伊的。当然，统一派十分愿意听到爱尔兰方面修订《爱尔兰宪法》第二条和第三条，取消其对厄尔斯特东北部的国家主权要求。甚至在桑宁代尔的时候，菲茨杰拉德就在私下里表示同意作这样的修订，但是《桑宁代尔协议》只是同意恢复爱尔兰委员会和建立某种形式的北爱联合权力机构，统一派对此深恶痛绝。但是，对于英国而言，与菲茨杰拉德打交道，就可以将《爱尔兰宪法》第二条和第三条摆到桌面上进行讨论，将能够具备提出新的政治解决方案的基础。菲茨杰拉德思想的灵活性能够对传统的共和派教条产生影响。

这样，菲茨杰拉德接受了社会民主工党的约翰·休谟的提议，在爱尔兰共和国设立一个有关各方参加的论坛。各方应“放弃成见”，“将牌摊到桌面上”，共同探讨东北厄尔斯特的前途。

这个论坛在都柏林存在了一年多时间。论坛有创造性的理念之一就是，民主的爱尔兰民族主义其实已经准备好要放弃过去的一些成见。但是，在寻求解决北爱问题方面，从一开始就遇到麻烦，因为传统的统一派拒绝参加讨论。论坛所能提供的只是为寻找解决方法提供更多的、有限的数据。不过，论坛至少有助于这种努力的重启。

都柏林的这个论坛未能获得北爱大多数人的认同，认为这与佩斯利所称的查尔斯·豪伊设置的蜘蛛与苍蝇的圈套是一回事。1984 年 5 月，论坛发表的最终报告在某种程度上证明了这一点。报告以一种很传统的方式指责英国当局“拒绝接受爱尔兰人民以民主方式表达的意愿”（指历史上的 1918 年大选）和人为制造“北方的政治多数派”，从而制造了爱尔兰的分离。然而，对于这个单方面的报告的内容，统一派应当承担部分责任，因为该派拒绝参加论坛，所以无法将他们的观点写入这份报告。报告提出的解决方法也存在着同样的问题。

菲茨杰拉德急切地表示这些都是建议，而不是正式提议。按照传统的共和派标准，报告的建议（尤其是建议中的第一项选择）包含了他积极进步的观点。报告建议的3项（有关北爱前途的）选择是：第一，在同意基础上实现爱尔兰的统一；建立一个联邦制国家；或北爱尔兰成立“联合权力机构”。

对于上面的3个选择，玛格丽特·撒切尔发出了强有力的正统统一派的声音。她在1984年11月结束与加勒特·菲茨杰拉德的首脑会面时，在记者招待会上坚决地否定了每一项选择：“……划掉”，“……划掉”，“……划掉”。

但是，论坛创造了一种氛围，使得两国政府能够从桑宁代尔会议之后第一次寻求某种政治解决方案。

双方具有开明思想的官员进行了卓有见地的谈判。英国方面负责指导的官员是继普赖尔之后任北爱尔兰事务大臣的道格拉斯·赫德和汤姆·金。

北爱尔兰的两大派别的立场与以往一样僵持不下。统一派不愿接受任何包括权力分享的解决方案；社会民主工党不愿接受任何不包括权力分享的解决方案。既然统一派已经锁定了主要的要求（多数派坚持的与英国的统一），只有社会民主工党的第二项要求（爱尔兰维度）还有运作空间，但这需要英爱两国政府来进行运作。

1985年5月底北爱各区地方选举的结果给谈判提供了推动力。第一次参加地方选举的新芬党获得了将近12%的第一选择票，社会民主工党则获得了17.8%的第一选择票。与1982年的立法会议选举相比较，新芬党获得的支持稍微有所增加，社会民主工党则稍微有所减少。

1985年11月15日，《英爱协议》在希尔斯伯勒城堡签署。它包含了撒切尔夫人对论坛建议的3项选择的“划掉、划掉、划掉”，但创建了爱尔兰共和国部分介入北爱尔兰事务的明确架构。《协议》的第一条与《桑宁代尔协议》一样，英爱两国政府承诺在没有得到北爱

1974 年起，詹姆斯·莫利诺任厄尔斯特统一党领袖，温和派风格的他“绝不投降”。

再次“寸步不让”。在斯托蒙特大厦外，厄尔斯特统一派力图阻挡通向 1985 年《英爱协议》之路。

大多数人民同意的情况下，北爱尔兰的地位决不改变；同时将北爱大多数人民不愿改变北爱地位的意愿作为一个明确有关爱尔兰统一的意愿，写入英国议会和爱尔兰议会在此后提出相关的议案之中。其他条款则具有明确的创新意义。

新设立的政府间会议（Intergovernmental Conference）由英国北爱尔兰事务大臣和爱尔兰外交部长领导，为常设机构，负责处理北爱尔兰事务和两国之间的政治、安全和法律关系问题。会议在贝尔法斯特郊外的玛丽菲尔德设立秘书处，工作人员为来自英爱两国的文官。两国政府的共同目标是建立一个获得移交权力的政府；爱尔兰政府可以运用这个会议平台提出有关北爱少数派利益如何得到考虑和实现的主张。

统一派闻之感到困惑、震惊、愤怒、惊慌和沮丧。除了温和派小党——联盟党之外，统一派内各个党派都认为撒切尔夫人背叛了他们，都认为她的所作所为让统一派感到失望。

2 天之后的星期日，佩斯利在教区教堂祈祷上帝“要管一管我国的这个首相……哦，上帝！惩罚这个邪恶阴险的、谎言连篇的女人，惩罚她，请让我们能看到您的威力显灵”。

在英国下院，一位沉稳、正直的北爱统一党议员哈罗德·麦卡斯克告诉撒切尔夫人，直到他阅读《英爱协议》之前，并不知道何为悲哀。他先前曾要他所在选区的选民信任这位英国首相，现在他将把自己不公正对待选民的耻辱带入坟墓。

北爱统一党领袖詹姆斯·莫利诺在下院说，他从来没有遇到像这样的让人“暴怒”的事，并说他一直在强压这股怒火。

所有 15 名北爱统一派议员都宣布辞职，退出英国议会，接着打出“厄尔斯特说不”的口号，参加补选。他们获得了 40 万选民的支持，但失去了 1 个议席。当选者来自支持《英爱协议》的社会民主工党。

伊恩·佩斯利牧师在身旁的皮特·罗宾逊陪同下，朗读了致英爱两国政府首脑的公开信。当时两国领导人正在都柏林城堡举行会议。

《贝尔法斯特新闻报》写道：克伦威尔与伦迪的鬼魂“携手创制了近代历史上无与伦比的流血冲突的秘方”。《英爱协议》的结果之一将会是流血冲突。

11 月，北爱尔兰事务大臣汤姆·金本人在去贝尔法斯特市政厅的路上遇到了统一派的袭击。12 月，当英爱政府间会议首次在斯托蒙特召开时，38 名皇家厄尔斯特警察在这里和秘书处的所在地玛丽菲尔德与骚乱者发生的冲突中被打伤。元旦那天，大群抗议者早早来到斯托蒙特，推倒大门，烧毁 1 辆警车，还与警察发生了冲突。更严重的事态还在后面。

1986 年 3 月 3 日，统一派号召在这一天举行全地区的行动：所有 6 郡的道路都被阻断，或是撒上铁钉和油料使之无法通行车辆。各地发生了骚乱事件，有人向皇家厄尔斯特警察投掷石块，甚至向他们开枪射击。3 月底，当已被查禁的“学徒社”在波塔当举行游行时，皇家厄尔斯特警察进行了阻止，向他们发射塑料子弹，打死 1 名新教徒。于是“忠诚派”对警察发动了凶狠的攻击行动。在这个举行游行的季节里，波塔当由于其历史地位还将出现纷争。

在贝尔法斯特，许多皇家厄尔斯特警察的住宅受到了燃烧瓶的袭击。在警察搬离的住宅的墙上，有人已经写上了这样的文字“要么顺从，否则去死”。同年夏天，伊恩·佩斯利牧师被 4 名警察带出已停止活动的立法会议时，先是表示抗议，继而向他们高喊：“下次你们的家受到袭击的时候，不要来找我哭诉，你们将自食其果。”《独立报》（*The Independent*）记者大卫·麦基特里克在两个月后写道：

> 此刻，北爱尔兰是一个紧张的危险之地。（英国）政府的部长们只是在严密保护之下才敢偷偷摸摸地离开重兵把守的住地。

> 统一派政治人物拒绝与英国官员接触；一些统一派议员在半夜里与戴着面罩、手持棍棒的人一起参加经常性的显示力量的威胁行动……

尽管所有的统一派都坚决反对《英爱协议》，莫利诺与佩斯利还一度宣布了一项联合非暴力抵抗行动，包括拒绝交纳税费和扰乱地方政府工作等，但统一派的两个主要政党继续表现出温和派和极端派之间的不同，继续在政治上发挥作用。一个自称为“厄尔斯特抵抗组织”，至少得到了佩斯利和他的更年轻的、更咄咄逼人的、但个人魅力稍逊一筹的副手皮特·罗宾逊含蓄的支持。

莫利诺领导下的统一党于1987年初向英国女王提交了一份要求就《英爱协议》举行全民公决的请愿书，这一行动恰当地体现了该党抗议活动的特点。请愿书征集到了40万人的签名。上一年的11月，来自统一党或其他政党的20万名抗议者在贝尔法斯特市政厅举行抗议《英爱协议》签署一周年的示威。一群群的抢劫者支持示威的行动就是闯进市中心的商店洗劫一番，他们从一家体育用品商店用高尔夫球袭击皇家厄尔斯特警察，后者用塑料子弹进行回击。

以最激进的方式表达愤怒之情的是诸如厄尔斯特防卫协会及其分支组织这样的新教准军事武装组织。在此后的几年中，其发动的残忍和派系斗争式的恐怖主义袭击相应增加，激烈程度与他们的敌手爱尔兰共和军不相上下。

同时，北爱尔兰在这些年里出现了奇特的政治真空，奇特之处在于各个层面的政治氛围十分强烈，但除了地方行政委员会之外，缺乏表达政治意愿的民主架构。同样奇特的是，一个非民主的政治架构——根据《英爱协议》设立的政府间委员会却存在。这个委员会由英爱两国政府代表组成，定期开会讨论各种事务，安排和监督各党派的会谈。这几年充斥于政坛的是一种以谈判为主的虚幻景象。尽管谈判作用不大，但最终却能产生实质性的结果。对此，《英爱协议》起到了某种作用。

这时，统一派面对着《英爱协议》已经稳固确立、而且抗议行动已经无法将它改变的事实，因此“谈判”这个词也许不如“接触”更加精确。只有与英国政府（根据定义也要与爱尔兰政府合作）进行某种合作才能对《协议》作出改变，乃至取而代之。这意味着要创新营造谈判路径，莫利诺的统一党比佩斯利和罗宾逊的民主统一党更倾向于这个路径。为此目的，统一派于 1988 年汤姆·金仍然担任北爱尔兰事务大臣期间就与英国政府进行了最初的接触。皮特·布鲁克于 1989 年取代金担任北爱尔兰事务大臣。在他的主持下，双方举行了接下来的谈判。

政治氛围发生变化的标志是布鲁克于同年 11 月份发表的一项声明，称只要新芬党放弃对爱尔兰共和军暴力活动的支持，就可以参加谈判。布鲁克是第一个公开表示以下看法的北爱尔兰事务大臣：尽管用军事手段能够遏制爱尔兰共和军，但无法将它彻底击败；因此，假如共和军愿意放弃暴力，政府就应当采取一种“灵活的和有想象力的路径”。回顾历史，我们现在可以很容易地看到这 4 年为后来的《唐宁街宣言》打下了基础。但是，在当时的情况下，历史并不总是那么清晰。政治局势依然混沌不清。

1988 年，另外一种接触在社会民主工党的约翰·休谟和新芬党的格里·亚当斯之间开始进行。亚当斯在前一年的大选中再次在西贝尔法斯特选区获胜，但他仍然按照 70 年前的新芬党传统，拒绝到英国议会就座。休谟的目的是要说服亚当斯，他们共同追求的民族主义目标更有可能是通过和平的民主进程来实现的，而不是通过共和军的暴力道路来实现。经过 18 年的暴力斗争之后，将“英国人赶出去”

的目标反而越来越遥远，亚当斯这个十分聪明的共和派极端人物一定也会偶尔考虑休谟提出的这个看法。但是，他也会想到迈克尔·柯林斯仅用3年时间就将英国人赶出了爱尔兰的大部分地区。不过，亚当斯并不是以柯林斯为自己的榜样，因为柯林斯接受英国对北爱尔兰的控制。他的榜样是那些反自由邦的共和派，他们不畏失败继续奋斗，而不是让成功只作为共和派爱国主义的试金石。然而，亚当斯也许已经想到以他个人高超的政治手腕，也许能在更大的民主政治舞台上获得更满意的收获，这个念头可能已经令他心烦意乱。事实上，休谟和亚当斯在这个阶段未能在一同共事方面取得什么进展。亚当斯也一定会想到，假如他赞成和平道路，他会很难说服他的同志和那些牺牲者的家属改变看法。他本人还参加了这些牺牲者的葬礼。

在这个不甚明朗的政治阶段举行的这些接触和谈判的特点是，所有的党派（民主统一党除外）都已经想到，如果想在未来为自己取得任何有价值的进展的话，就不得不考虑调整原有的立场和作出最终的妥协。

出于《英爱协议》表述的那些良好愿望，英国政府在寻找打破僵局的选择方面负有最大的责任。无论从哪方面看，英国政府在北爱尔兰的主权都是问题的核心所在。如果让一个具有自尊的民主政权为北爱发生的悲剧以及未能采取更多的措施加以阻止负责，这就是一种耻辱。虽然“动荡”造成的死亡已比早年有了明显的减少，但在1988－1993年间平均每星期仍有近2人死亡。实际上，1988－1992年的每星期平均死亡人数都在按年持续增加，但总的死亡人数有所减少（减少到每年85人）。不过，平民死亡人数达到了自1976年以来的最高点，其中大多数是死于所谓的“忠诚派”准军事组织之手。

在某种意义上，爱尔兰政府受到的压力最小。虽然在《英爱协议》第一条中对《爱尔兰宪法》的主权要求作了让步，但在北爱多数人接受该《协议》之前不存在兑现这个让步的问题，况且爱尔兰政府已经在 11 年之前就在桑宁代尔作出了让步。而且在那之前的半个多世纪里，除了口头上说说之外，爱尔兰政府也从不急于兑现对北爱的主权要求。无论《爱尔兰宪法》如何规定，但经过 70 年的分离，一种自成一体的 26 郡民族主义已经在爱尔兰共和国形成。这反映出爱尔兰政府的重点已经放在对北爱民族派的利益的同情支持之上，而不再注重履行任何原有的采取相关行动的义务。历史已经表明，自 1798 年联合爱尔兰人协会受挫之后，成立统一的爱尔兰的热忱主要通过言语形式来表达。

北爱少数派自行决定民族主义的重点所在。对于大多数少数派而言，爱尔兰民族主义成了其身份的必要组成部分，并凭借其身份去争取多数派不愿给予的公平权利。爱尔兰共和国在很久以前就摆脱了英国的统治。在它看来，摆脱英国统治的需要与这种重要的守势立场之间不存在历史的相关性。现在，通过政府间会议和设在玛丽菲尔德的秘书处，爱尔兰政府能够依靠制度平台顾及北爱少数派的利益。尽管传统观念在某种程度上依然促使爱尔兰政府扩大发言权，但由于这在谈判中还与北爱统一派的要求（减少爱尔兰政府的发言权）发生冲突，因此扩大发言权问题并不是紧要的优先问题。

爱尔兰政府可用来使自己宽心的一种争论方式包含在 1920 年《爱尔兰政府法》中，目前也仍然可用于应对北爱尔兰问题。其中的一项条款规定了英国政府的权威高于北爱尔兰获得移交权力的政府。但是，对此项规定的任何改动都可能遭到统一派的拒绝，除非这种改动没有实际意义。而且，除此之外，因为爱尔兰政府暂时承认英国有权对北爱尔兰行使主权，所以只有英国议会才有权剥夺这种权力。

爱尔兰方面有可能作出的让步是对其《宪法》的第二条和第三条进行修订。由于历史上结盟的原因，几十年来 26 郡的政坛上只有两大政党，与奉为神圣的爱国主义情感的高调宣示不同，爱尔兰的国内政治习惯于低调行事。许多政治人物，不仅是来自菲茨杰拉德统一党的政治人物，都不愿意将宪法修正案提交全民公决。

在书面文字上，北爱统一派的立场最为稳固。英爱两国政府都作出保证：在未得到北爱尔兰多数人同意的情况下，北爱尔兰的宪法地位不会改变。这样的保证已载入《英爱协议》和《北爱尔兰宪法法案》。而且有关保证并不只是确定为原则而已，而是明文规定多数人的意见需要通过"投票"来确认。在这种情况下，统一派有可能在其他问题上作出让步，但这也许会忽视统一派历史上对于其在爱尔兰全岛少数地位的实质性忧虑。

英国政府尽管作出了各种各样的承诺，但在过去一直试图将这个少数派划出英国，置于统一的爱尔兰之中。如果不是厄尔斯特在20世纪初的拼命抵抗，英国可能已经做成了这件事。此后的许多代人绝不会忘记这些历史，绝不会忘掉这些鲜活的历史记忆带来的恐惧。即使他们想忘却这些历史，爱尔兰共和军这些年里在那里的所作所为也会使他们警醒他们这样做的下场，所以他们誓死绝不屈服。至于爱尔兰维度问题，这些北爱新教徒始终对此持有一种不正常的敏感。这一点已经在过去的20年里2次得到了显示：一次是在桑宁代尔，另一次是在希尔斯伯勒。除非将这种不正常的敏感考虑在内，否则任何一种"解决方法"、任何一种与交权政府挂钩的"解决方法"都不可能取得成功。这是那些寻求解决方法的人必须始终容忍的现实。虽然布鲁克与北爱统一派的谈判没有取得任何实质性的成果，但在未来取得进展的迹象已经出现。假如《英爱协议》将会被取代，莫利诺的统一党绝不会对跨边界实际事务，如南爱与北爱之间的旅游、通讯和渔业的和睦关系感到恐惧。更重要的是，他们会以放弃《英爱协议》为交换条件，不再坚持在桑宁代尔表达的、反对在立法会议中分享权力的立场。

亚当斯寻求平衡之举：既肩扛 1993 年萨基尔路制造爆炸的爱尔兰共和军成员的灵柩，又认真参加和平谈判。

约翰·梅杰与阿尔伯特·雷诺兹（中）以及迪克·斯普林（右），谈判后同时出现在唐宁街 10 号门前。

当然，后面这一点对于社会民主工党和约翰·休谟来说尤其具有极大的重要性。根据他本人的理解，爱尔兰人的含义（他为自己是一个爱尔兰人而感到自豪）明显受到了他所感受到的欧洲共同体预示的那种民族主义的影响。休谟是欧洲议会中一名代表北爱尔兰的议员。

无论休谟所认为的正确强调爱尔兰民族主义的方式如何，他都已经清楚地表明：传统的极端共和派的教条与时代相脱离；没有和平的环境，一切发展和进步都是空话。简言之，这就是说要说服那些对爱尔兰共和军有影响力的新芬党政治人物对共和军做工作，要让他们明白爱尔兰民族的最高利益就是停止暴力。在过去的将近四分之一世纪里，暴力没有带来民族主义的胜利，因此要考虑其他的选择。

90 年代初，休谟与新芬党的格里·亚当斯再次举行会谈，寻求作为民族派可以共同接受的原则；并以此为基础，与爱尔兰政府、首先是与英国政府打交道，促使两国政府提出能带来新的更好未来的框架方案。

经过多年不同级别的接触和谈判（其中一些不乏政治风险），以及休谟-亚当斯谈判的促进，约翰·梅杰首相和阿尔伯特·雷诺兹总理分别代表英国和爱尔兰，于 1993 年 12 月 15 日签署了《唐宁街宣言》。梅杰在 1992 年再次出任首相职务，雷诺兹则是共和党控制的联合政府的总理。

在某种意义上，与《宣言》有关的最后一个政治情况最具重要意义。具有强烈民族主义和共和主义传统的爱尔兰政党第一次在一份庄严的文件上签上自己的名字，这份文件在法律上保证北爱尔兰的宪法地位，宣布“在未得到北爱尔兰多数人民自由表示同意的情况下，任何实施爱尔兰统一的行为都是错误之举”。

休谟-亚当斯谈判达成协议的最重要的基础是基于这样一项决定：爱尔兰的统一应当是爱尔兰“自决”的结果。但是，爱尔兰自决本身又如何决定呢？统一派不可能接受如下的决定，即自决是由全体爱尔兰人投票作出的。事实上，爱尔兰方面在《宣言》中接受的有关北爱尔兰地位的专属“法律”基础，排除了以上决定。爱尔兰议会中最传统的共和派政党的领袖在此明确阐述和同意的具体内容是：一方面“只有爱尔兰人民才能行使他们的自决权”，任何有关爱尔兰统一的协定应当由爱尔兰“两个分离部分”之间达成；另一方面，“作为一个整体的爱尔兰人民的自决权”是“以多数北爱尔兰人民表达的赞同和同意为准”。这份文件是彰显文字功夫的经典之作，经由智力超群的两国政府文官们数月的辛劳才大功告成。

《唐宁街宣言》比《桑宁代尔协议》和《英爱协议》走得更远，承认在构成一个成功的解决公式的各个要素中，特别需要维持以下三个要素最微妙的平衡：北爱统一派的恐惧、北爱少数派对身份的焦虑和爱尔兰民族主义的整个传统。如果缺乏其中一个要素——北爱统一派的合作，任何未来的北爱尔兰民主架构都没有希望获得成功。爱尔兰总理在“承认统一派社区恐惧”的同时，称他将“与他的同事们要注意考察任何在……爱尔兰国家中有可能存在的……对他们的生活方式和民族精神特质造成实质性威胁的要素”。当然，大多数统一派可能会将这个说法说成是豪伊另一个版本的蜘蛛与苍蝇的圈套。但更为重要的是，要确定爱尔兰《宪法》第二条和第三条目前并不在北爱尔兰实施。雷诺兹总理认识到“北方的统一派对此颇有怨言”，因此他明确表示：“在通盘解决的时候，爱尔兰政府将……提出和支持有关修改《爱尔兰宪法》的建议，全面反映征得北爱尔兰同意的原则。”

总的来说，这样一份通常是以冠冕堂皇的措辞表达对未来展望的政府官方文件，却不同凡响地表述了真诚的信念和由衷的希望。两位主要参与者明显地讲明了他们的一些个人承诺。其给人印象最深和最为鼓舞人心的是其潜台词中有关爱尔兰历史的宏观意识。《宣言》明

1994 年 8 月 31 日，萨基尔路的统一派就是这样接受爱尔兰共和军的停火。

厄尔斯特统一派拒绝接受第三个版本的《爱尔兰自治议案》(1912－1914)。

示的目的为未来框架奠定了基础，即“认识到由于两个岛国人民未能持久地、令人满意地处理好相互之间的关系，而引发了持续不断的悲剧和痛苦……要消除导致冲突的原因，克服历史遗留问题，弥合所造成的分歧”。

毫无疑问，《唐宁街宣言》开创一个新时代的希望，要大于《桑宁代尔协议》或《英爱协议》这两个在过去的四分之一世纪里最有魄力的政治解决方案。与那两份协议不同，《唐宁街宣言》在破解北爱统一派与爱尔兰民族派传统之间的难题时，承认统一派传统始终是决定成败的关键。尽管民主统一党一如既往地抨击《唐宁街宣言》，但这也在一定程度上表明因为在实力上逊于参加谈判的另一个政党，它就需要尽可能地吸引别人的注意力。厄尔斯特统一党有节制地、但心悦诚服地表示接受该《宣言》，是这份文件大获成功的标志。

不过，爱尔兰共和军于 1994 年 8 月 31 日宣布停火生效，则是更为重要的实质性进展。接着，新教准军事组织也在 2 个月之后宣布停火。这样，“和平进程”看上去似乎已开始见诸于行动了。

美国参议员乔治·米切尔，当年以高昂的激情主持政治谈判，使“和平进程”变为现实。

第十七章　通往《耶稣受难节协议》之路

回首走过的路，人们有理由期望北爱人民会对爱尔兰共和军1994年8月31日的停火感到宽慰，并对未来感到乐观。但这并不是普遍的反应。停火的消息只是在北爱共和派地区受到了热烈的欢迎。格里·亚当斯抵达位于贝尔法斯特西区的新芬党总部时，人们向他献上一束鲜花，还喷洒香槟酒表示庆贺。一位在场的旁观者这样总结了人们当时的反应："每个人都感觉很棒。因为这件事的到来大家实在是等了很久，大家感到难以置信。"

但是，共和事业所激发的这种情感却在其他地方碰壁，最直接的反感来自统一派。伊恩·佩斯利此时面对政府与新芬党谈判的情况，认为这是自1922年以来"厄尔斯特历史上最严重的危机"。较温和的统一派领导人詹姆斯·莫利诺看到了统一派对北爱尔兰的传统的确定受到了突然的干扰，因而"干扰了所有民众……这不是值得庆祝的时刻，而是恰恰相反"。

英国首相约翰·梅杰从政府情报系统和其他渠道得知：一段时间以来，爱尔兰共和军成员已经开始想到，政治途径是比军事行动更好的实现共和主义理想的方式。所以，他对停火表示欢迎，同时对"停火"前缺少"永久"一词而深表遗憾。梅杰还注意到共和军并未提及解除武装的问题。他和在任的北爱尔兰事务大臣帕特里克·梅休共同发出呼吁，要求共和军解除武装。亚当斯的答复是：解除武装问题很显然必须是政治解决方案的一部分，没有必要单独处理这个问题，除非放在解决方案中一并解决。

伦敦《泰晤士报》发表了题为“前景堪忧”的社论，对北爱的前景作了恰如其分的评论：“共和运动靠谈判桌越近，统一派政党离谈判桌就会越远。”第二天，该报对期待的感觉作了归纳，称浑然陶醉或冷嘲热讽都是不当之举，但在“两年的血雨腥风”之后，需要谨慎从事。

在报纸背面一页的中心位置，一篇文章主张不要过分谨慎，认为停火为北爱尔兰提供了25年以来的最后机会，并与爱尔兰共和军的声明中所称的“历史十字路口”相呼应，写道：“我们相信取得最终解决的机会已经造就。”

那么，道路虽然已经开辟，但将会引向何方？

共和军声明的结尾是一个简短的句子“我们注意到《唐宁街宣言》并不是一个解决方法。”换言之，文件中表达的良好意愿应当让位于新的现实。

取得进展的前景变得越来越糟，因为所有的原教旨统一派都不信任这种情况：在“停火”前缺少“永久”一词；“解除”武装问题也只是作了涉及，还没有得到解决。

梅杰坚持在爱尔兰共和军确认永远停止武装斗争之前，新芬党不能参加和平进程，但约翰·休谟和当时仍然担任爱尔兰总理的阿尔伯特·雷诺兹告诉梅杰：与现在存在的政治发展机会相比，上面这个问题无关紧要。雷诺兹还补充说：不管怎么说，武装斗争已经永远结束了。虽然《每日电讯报》的民意调查发现，只有24%的被调查者认为停火能够持续一年以上，但6个星期之后的一项决定使得人们对局势的总体看法更加乐观。这项决定由忠诚派准军事组织（厄尔斯特防卫协会和厄尔斯特志愿军）联合作出，宣布本方停火，厄尔斯特防卫协会甚至还对过去25年里的所有无辜受害者表示了“内疚和真诚的悔过”。

从现实的角度来看，北爱尔兰政治环境已经作好了变革的准备。

为加深这样的印象，梅杰本人在同一个月也发表了鼓舞人心的声明，声称英国政府已经“正在设想”爱尔兰共和军打算永久停火。这项声明作出了某些受欢迎的姿态，即在即将举行的就诸如“解除”武装这样的难题的谈判中，英国方面准备保持一定的灵活性。

长期以来将新芬党、爱尔兰共和军与英国政府隔开的巨大鸿沟，不可避免地意味着走到一起来探讨未来的可能性绝不会一蹴而就。在英国方面看来，这肯定需要谨慎从事。梅杰的保守党政府尤其需要得到统一派议员的支持，来保住该党在下院的微弱多数地位。

直到 1994 年 12 月，由马丁・麦吉尼斯率领的新芬党代表团才在斯托蒙特受到了英国官员有礼貌的接待，进行了探索性的会谈。此时已是《唐宁街宣言》发布近一年之后，而且距宣布停火也过去了 3 个月时间。双方只是进行了简短和礼貌的交谈，但麦吉尼斯至少能够从这个曾经是“新教徒的新教议会”的台阶上远眺，体验到爱尔兰共和派已经最终来到这里的感觉。

但直到 5 个月之后，新芬党领袖格里・亚当斯才首次会见了一位英国大臣——北爱尔兰事务大臣帕特里克・梅休。梅休已经公开表示，英国政府认为在共和军解除部分武装之前，与新芬党的政治谈判不会取得任何进展。毫不出人意料的是，梅休在会面时只是重申了英国政府的立场，亚当斯得到的印象是对方并不想认真谈判解决问题。

虽然停火依然有效，但亚当斯和麦吉尼斯已经明白爱尔兰共和军强硬派的想法。他们认为新芬党的观点已被证明是错误的，新芬党坚持认为政治谈判是比军事行动更有效的取得进展的策略。新芬党与英国政府之间的鸿沟看上去过宽，以至于英国方面不能以牺牲统一派为代价去填平这道鸿沟。显然，情况就是这么简单。

在此后的许多年里，“解除武装”将一直是和平进程的主要问题。

此外，如何给新芬党和共和军的关系确切定性，也是亚当斯和麦吉尼斯通盘考虑的问题。

新芬党与英国政府至少在一个方面保持着非直接的关系，或者说是至少更为细致地了解对方的立场，这就是两者都与爱尔兰共和国政府保持着密切的联系。爱尔兰政府对于和平进程的继续参与，在寻找解决方法过程中的重要作用，可与达成《唐宁街宣言》的开启作用相媲美。

在停火生效两个月后，由于国内的一个不相干的事件，阿尔伯特·雷诺兹这位和平进程的重要伙伴失去了总理职位。加之他本人对这个进程的参与和对爱尔兰共和军实质的洞察，雷诺兹给梅杰上了一堂与解除武装相关的有意义的历史课。

雷诺兹提醒梅杰：在爱尔兰内战之后，他自己的共和党就是在那支被打败的反自由邦的爱尔兰共和军的基础上建立起来的，而且从未解除武装。共和党的做法要么像德瓦莱拉所要求的那样，只是将武器“扔掉”；要么甚至间或带着武器前往爱尔兰议会，只是将武器“解除”到裤兜里。从这些历史遗产中获得的骄傲不可能不对后来的共和军成员产生影响。虽然雷诺兹的提醒也许不会影响梅杰对付爱尔兰共和军的坚定决心，但有可能促使他今后更倾向于使用意义较为含糊的“解除”武装，而不去使用具有失败或投降含义的词汇。

约翰·布鲁顿接替雷诺兹担任爱尔兰总理。他来自1923年为自由邦赢得了内战的势力组建的政党——统一党。尽管他们作为共和派的历史已经超过了50年，但在根本上对现代爱尔兰共和军的了解要逊于共和党。布鲁顿本人对新芬党和共和军都不怎么信任。即使如此，在与英国保守党政府就形成推动和平进程的“框架文件”一起工作时，布鲁顿让梅杰尝到了共和派的味道。梅杰邀请统一派领袖莫利诺到唐宁街一道分享了这种讨厌的味道。

但是不久之后，一种新的、重要的影响力有助于填平英国政府与新芬党之间的鸿沟。这种影响力来自美国民主党总统克林顿。

克林顿在担任总统之初就了解到美国有约 4 000 万爱尔兰裔公民，他们的前辈或者是大饥荒时代的移民、或者是 20 世纪 20 年代内战中失败的反自由邦共和派成员。因此，他越来越关注爱尔兰的局势，不惜冒犯梅杰，发给亚当斯进入美国的签证（他此前被拒签）。克林顿在北爱和平进程中开始采取强有力的合作行动，于 1995 年 11 月对贝尔法斯特作了充分展现个人魅力的访问，在访问过程中还引人注目地与亚当斯握手。

克林顿任命美国参议员乔治·米切尔为他的爱尔兰事务顾问。米切尔委托英国政府和爱尔兰政府提供有助于取得进展的报告，并在合适的时候极大地推动了多边政治谈判的启动，以寻求最终的解决方法。

在回顾历史时，我们可以发现和平进程正在有序地迈向高潮。1995 年 8 月，北爱统一党领袖的更替增加了变数。新任领袖大卫·特林布尔主要因他支持新教徒传统游行线路经过杜拉克里的天主教区的强硬立场而当选。而且，他此前反对《桑宁代尔协议》权力分享的立场也对他大有帮助。但现在，随着以新芬党为代表的共和派改变策略，由恐怖主义路线变为政治解决路径，统一派也不得不对原先坚持的立场作出调整。特林布尔采取的最初举措之一就是通过爱尔兰总理约翰·布鲁顿与新芬党打交道。布鲁顿本人也改变了对北爱统一派的看法，将他们纳入爱尔兰人的行列之中。

尽管亚当斯和麦吉尼斯试图使爱尔兰共和军摆脱过去的阴影，但仍然有不少共和军成员不肯割舍过去的历史和情感。英国政府的底线是：在爱尔兰共和军解除武装之前就不能举行政治谈判。亚当斯和麦吉尼斯都知道这对于共和军来说无疑是一种羞辱，即使是作为他们以前的同志也很难说服他们这样做。

和平进程有待进行。马丁·麦吉尼斯在新芬党与英国政府首次接触之后对记者发表讲话（1995 年5 月）。

比尔·克林顿与格里·亚当斯。1995 年 11 月于贝尔法斯特。

粉碎和平进程：爱尔兰共和军在伦敦金丝雀码头引爆炸弹，终止了为时 18 个月的停火。

乔治·米切尔提交的第一份报告开始解开这个死结。米切尔作为一个局外人，很容易发现：虽然爱尔兰共和军“可以”在谈判前解除武装，但他们不会这样做，格里·亚当斯也没有能力说服他们这样做（皇家爱尔兰警察总监使他相信这一点），因此他提出了一条不同的路径。米切尔在报告中将解除武装列入一个另外的问题类别。他的主要建议是立即开始多边政治谈判，参加讨论各方面问题的论坛的代表需经由民主选举产生。

在经过 18 个月之后，这样的事情好像已经不再会发生。但在 1996 年 2 月，爱尔兰共和军“在十分不情愿的情况下”宣布结束停火。共和军谴责梅杰未能利用这个机会取得政治进展，在伦敦金丝雀码头引爆了一枚破坏性很强的炸弹。

这个事件也许使亚当斯困惑不安，显然就在一天之前他收到了警报。在与克林顿的国家安全事务助理通电话时，亚当斯表达了一种奇怪的、未加确认的看法。他与共和军一样表示了遗憾，称“这个前所未有的和平机会，因英国政府和统一派领袖拒绝参加对话而付诸东流”。

米切尔建议的多边论坛的代表选举，于 1996 年 5 月如期举行。新芬党出人意料地获得了 15. 5%的高支持率。但是当谈判在 6 月开始举行时，新芬党被排除在外，原因是爱尔兰共和军拒绝停火。事实确实如此：同一个月，一枚炸弹在曼彻斯特市中心爆炸；驻德国的英军基地遭到了一枚迫击炮弹的袭击。10 月，共和军在安特里姆郡利斯伯恩的英军驻北爱尔兰总司令部引爆两枚炸弹，炸死 1 名准尉军官，炸伤 30 人。

那些支持和平进程的民族派成员意识到所发生的这一切增加了亚当斯的工作难度，他们也希望共和军能够明白自己所作所为的影响。梅杰在回应这些事件时，给亚当斯出了更大的难题。他说在今后爱尔兰共和军的停火不再足以使新芬党具备参加政治谈判的资格。停火宣布后必须有一个间隔期，以便英国政府判定共和军对和平的承诺是否真诚。

与此同时，在米切尔的主持下，由统一派政党、社会民主工党和联盟党（但没有新芬党）参加的论坛对话继续举行。一些代表相当刻薄地认为和表示：梅杰主要关注的问题与其说是爱尔兰和平进程，倒不如说是北爱统一派对保守党在下院的支持，以保住其在议会的多数地位。

但这个多数地位就要失去。在 1997 年 5 月的英国大选中，托尼·布莱尔领导的工党以明显的多数赢得胜利，获得执政权。

这次大选立即对已经持续一年的了无活力的和平进程产生了健康的政治变革影响。下一个月爱尔兰政府的更迭则强化了这一势头：共和党（先前由阿尔伯特·雷诺兹领导的具有强大共和传统的政党）在伯蒂·埃亨的领导下，重新成为执政党。

大选后的两个星期，布莱尔在贝尔法斯特发表讲话。他首先向统一派再次确认，根据《北爱尔兰宪法法案》，在没有得到北爱尔兰多数人同意之前，其宪法地位不可能改变；然后他向新芬党发出呼吁，吁请他们参加谈判而不是动用暴力。布莱尔以为即使他们不这样说，其实已经倾向于谈判。几个星期之后，他与爱尔兰新总理达成一致意见：谈判不再以爱尔兰共和军解除武装作为先决条件。

在斯托蒙特举行的跨党派谈判（新芬党未获准参加），在米切尔参议员的支持下断断续续地进行了近两年时间，力图找出政治解决的可能形式。但由于爱尔兰共和军依然继续暴力行动，新芬党在一段时间内仍然被排除在谈判之外。

1997 年 7 月，由于亚当斯和麦吉尼斯对爱尔兰共和军的军事委员会产生了一定的影响，共和军重新宣布停火。新任北爱尔兰事务大臣莫·莫勒姆取代了保守的马休。莫勒姆是一个富有个人魅力的人物，他在等待了一段时间以确认共和军的停火属实之后，于 9 月批准新芬党参加多边谈判。最初阶段的工作是自 76 年前的《英爱协议》以来，在试图解决爱尔兰问题方面最具有雄心的尝试。

当与那些和爱尔兰共和军相关的人一同坐在斯托蒙特的谈判桌前时，其他党派的谈判者总有一种不愿饶恕的心理，这种隔阂导致了紧张气氛的出现。讨论进展得十分缓慢，还在涉及共和军的行动时一度陷入停顿，而解除武装问题甚至还远未触及。但在新的一年里，主持谈判的米切尔对谈判在这么长时间里未能取得进展而逐渐失去耐心，于是他规定达成最后协议的截止期为复活节周末前的那个星期四，即 1998 年 4 月 9 日。

英国政府和爱尔兰政府都同意接受这个截止期，但作为最终解决方法的联合参与者，还未能消除彼此间的分歧。迟至 4 月 1 日，在关于南爱-北爱委员会的章程和组成问题上，两国政府还存在着严重的分歧。该委员会最终解决方法中将北爱尔兰与爱尔兰共和国相联系作为总体计划中的一部分。

接下来的 8 个日夜，对于参加谈判的各方而言，就像是一场噩梦，但不幸的是这场噩梦就是严酷的现实。布莱尔和埃亨终于设法消除了分歧，但在 4 月 6 日，当米切尔将长达 65 页的文件定稿提交给各方的时候，埃亨的母亲因心脏病去世。他不得不乘飞机赶回都柏林，2 天后还要再赶回去参加葬礼。与此同时，与会各方已经在对米切尔提出的文件草案提出自己的意见。

特林布尔的北爱统一党表示坚决反对。据报道，他的副手约翰·泰勒说，他不会用 40 英尺长的船篙去碰一下那份文件（文件尚未公诸于众）；另一则报道称他说的是用 40 根船篙。统一党的主要意见是：这份文件草案过于偏向新芬党，集中抨击南爱-北爱部长委员会及其拟议中的北爱尔兰与爱尔兰共和国的这方面合作。自诩为特林布尔接班人的杰弗里·唐纳森（Jeffrey Donaldson），称整份文件与谈判初衷“相差甚远”，伦敦的《泰晤士报》的社论也持相似的立场。社论指出米切尔拟定协议的基础是“将《桑宁代尔协议》僵尸复活，再披上一件绿色的外衣……达成协议的前景似乎微乎其微”。

佩斯利已经对谈判过程表示了蔑视，他在新芬党参加谈判时退出。民族派的政党（社会民主工党和新芬党）也持有保留意见。但统一派的拒绝使得整整 2 年的运作看上去好像是误入歧途。剩下的时间只有约 72 小时。

那天（4 月 8 日，星期二）晚上，托尼·布莱尔从伦敦飞到贝尔法斯特，竭力避免谈判失败。正如他说的那样，他感到肩负着“历史的重任”。埃亨也在第二天早上飞到贝尔法斯特，与布莱尔共进早餐；但他在斯托蒙特访问了 1 个小时之后，又不得不飞回都柏林出席他母亲的葬礼；然后于晚上 6 时再到贝尔法斯特。这一天，布莱尔一直忙于准备新一轮的谈判，已经与北爱所有领导人进行了交谈，他们是：亚当斯和麦吉尼斯、社会民主工党的谢默斯·马伦、特林布尔、休谟、联盟党的奥德代斯（Alderdice）、2 个真诚派政党的大卫·欧文（David Ervine）和格里·麦克迈克尔（Gary McMichael），这两个政党都拥有其准军事组织。

除了南爱与北爱之间的关系外，各方还在许多其他重要问题上存在分歧，诸如行政机关的确切性质及其运作方式。新芬党一度将立法会议完全推翻，指出其“分离主义色彩”过浓，但这方面的主张后来湮没于近乎疯狂的谈判活动中。用餐和睡觉的作息时间完全被打乱，布莱尔、莫·莫勒姆和埃亨与一群拿着文件来回奔跑的官员一起通宵连轴转，偶尔停下来与美国的克林顿总统通电话。在耶稣受难节的黎

大卫·特林布尔在经过格里·亚当斯面前时一声不吭。两天后，他们都在《耶稣受难节协议》上签字。

托尼·布莱尔与莫·莫勒姆在耶稣受难节当天一直在工作。

经过一整天的艰苦工作，伯蒂·埃亨、乔治·米切尔、托尼·布莱尔共同手持已经签署的《耶稣受难节协议》，但麻烦就在前面。

明到来时，终于将大部分分歧点各个击破。谈判的气氛几乎每个小时都在发生变化，《泰晤士报》记者这样写道。他报道了第二天有关南爱-北爱委员会（South/North Council）的讨论情况，该委员会的任务是促进爱尔兰两个部分的行政官员之间的合作。协议文稿提出来，被推翻，再提出来。除此之外，埃亨从他母亲的葬礼上返回之后，在午夜时分面对着新芬党提出来的 78 个新问题。

直到耶稣受难节下午，令人着急的是那个关系到这份新协议成败与否的核心问题仍然没有得到解决，这个问题就是解除武装问题。新芬党继续阐明其立场：该党不能接受将解除武装作为其参加行政机关的先决条件，也不能负起这样的直接责任，而只能承诺运用其对爱尔兰共和军的影响力来促使他们这样做。新芬党称这个立场已经得到了英国政府的谅解。

受到各方接受的也许是整个协议中最为含糊不清和最为薄弱的部分。实际上，迟至那天下午的 4 点 45 分，特林布尔和厄尔斯特统一党才最终同意接受协议及经过重新谈判的南爱-北爱委员会。

5 点整，米切尔正式宣布协议已经达成。

“今天，”布莱尔说，“我希望历史的负担能够最终从我们的肩上卸除。”

“《协议》为我们所有人奠定了新的开端，”伯蒂·埃亨说。

克林顿显得更加乐观：“经过了 30 个寒冬的派别暴力，北爱尔兰肯定会迎来和平的春天。”

另外一些与会者的评论更加朴实，也更加注重自己的得失。

“当我们从这张桌前站起来的时候，”特林布尔说，“相信我们与英国的统一，已经比我们此前入座时更加稳固。”

亚当斯的评论更加慎重。他说：“一些民族派成员将会对此表示怀疑。大多数则抱有希望。”

《协议》具有明显的历史意义，在为时两年的努力过程中，谈判不断遇到几乎无法解决的难题，最终在复活节星期中的 30 个小时内成功地获得解决。这是一项外交上具有永恒历史价值的成就。

至于《协议》的历史影响到底如何，那是另外一个问题。

这个消息立即受到了人们的欢迎，并为之陶醉。乔治·米切尔与参加谈判的其他人一样为《协议》作出了同样重大的贡献，但他动身离开时的评论也许没有受到应有的重视。米切尔强调说谈判本身仍然完全缺乏信任，统一派与民族派之间“极不信任”，“任何人都不能排除这种可能性，即在 18 个月之后他们还不能将立法会议投入运作，整个进程陷入停顿”。

果然，在 18 个月之内，英国政府和爱尔兰政府不得不再次请他出山。

第十八章 《耶稣受难节协议》及未来

《协议》的开头是一个感情充沛的段落，声称代表们相信这提供了“真正的历史新开端的机会”，他们能够以此向那些在过去的悲剧中死伤的人们表示最真挚的敬意，并对“过去的苦难表示发自内心的遗憾”，从而踏上“新的起点”。《协议》宣布他们要将“相互尊重作为北爱尔兰内部关系的基础”，并且“完全彻底地用民主与和平的方式”解决政治分歧。

这些一般性的原则看上去十分完美，以至于人们一度很难记得这些原则来自长时期的混乱和最后1分钟的争论，也很难接受这样尴尬的事实：特林布尔与亚当斯仍然不会相互直接交谈（此后的5个月也是如此）。

《协议》接着以代表们在谈判过程中很难感觉到的那种超然，概述了目前北爱尔兰的宪政前景，以及有可能以某种方式建立具有逻辑性的民主基础。

《协议》称：根据爱尔兰两个部分的一致意见，“为了爱尔兰岛的人民”，在符合其意愿的情况下实现爱尔兰的统一。《协议》承认北爱尔兰“相当部分”的人民确实要求统一；也承认北爱尔兰多数人民不要求统一；因此，在没有得到他们同意的情况下对北爱尔兰的地位作任何改变，都是错误之举。

这样，作为对统一派所作的保证，《协议》再次确认了“同意”原则。这个原则已经在1973年的《北爱尔兰宪法法案》和1985年由撒切尔夫人和菲茨杰拉德达成的1985年《英爱协议》中得到确立。

《协议》接着以审慎和超然的态度表示：如果“爱尔兰岛人民”在未来根据两个部分的一致意见，选择建立统一的爱尔兰，那么英国政府和爱尔兰政府都有责任在各自议会推出相关的立法。

人们得到的印象是《协议》将依循自身的路径，自然而然地发挥作用。《协议》在宪政方面最早取得的一个成就，就是已经发生的例证：爱尔兰政府积极兑现它在1993年《唐宁街宣言》中提出的可能性，即从《爱尔兰宪法》中取消第二条和第三条。这两项条款确定了爱尔兰共和国对北爱尔兰的主权（尽管没有治权）。

作为对北爱尔兰的表面局势所作的直率的、民主的逻辑分析，所有这些都是可以接受的。事实确实如此，所有党派都从理论上接受了《协议》，只有佩斯利的民主统一党除外。但是，这样一份理性、文明和审慎的《协议》的实施环境却充满了过去干扰波的冲击，给双方都带来了麻烦。这些干扰波就是本书前面的章节中所谈到的“历史遗留问题”的产物。米切尔参议员具有参加爱尔兰政治谈判的丰富经验，曾称厄尔斯特问题是“一长串历史上相互攻击的清单”，说各方代表都提及几十年乃至几百年之前的事件，就好像它们最近刚刚发生似的。

到20世纪末，这些历史遗留问题仍然存在。一方面，那种坚定的民族主义信念和情感，因70年前爱尔兰共和军本身的分裂和内战的记忆而得到强化。另一方面，对于过去的记忆仍然存在：波塔当惨案、杜拉克里纷争，特别是圆顶礼帽以及20世纪初北爱统一派在英国政府的支持下挫败在爱尔兰全境实行“本地自治”的经历。不过，对于未来而言，忠诚派也许会对现代英国政府是否会继续作为他们的坚强后盾感到焦虑不安。

在思想方面，虽然各方在耶稣受难节期间达成了一致意见，但局势并不平静。双方都可以称自己为理想主义者，但两个理想的特质存在着十分重要的不同。作为十分顽强的英国公民，统一派生活在对理想的坚持之中。他们虽然在第一次世界大战前不得不接受了对厄尔斯特三分之一领土的调整，但由于有“同意”原则撑腰，他们感到自己的理想已十分稳固。

但是，北爱民族派的理想仍然与以往一样是一种历史和情感的志向。长期以来，那些走武装斗争道路的民族派，与70年前他们的先辈们一样，为了自己的事业拿起武器，更加感到作为爱国者的光荣。然而，《协议》却敦促他们放弃这种光荣，所能做的只不过是坚持自己的志向而已，当然这种志向在未来也许有发扬光大的可能。

简言之，在《协议》条款规定的四平八稳的路径背后，人们心中不可预料的历史力量依然存在。《协议》本身高超和睿智的成就绝不仅仅是困难重重的妥协，而是立即翻开新的一页，并在新的世纪更上一层楼。

在现实政治层面，《协议》设立了一个新的北爱尔兰立法会议，由108名成员组成，从18个选举英国议员的选区中每个选区选出6名。立法会议拥有的权力与实行英国直接统治时，北爱尔兰事务部拥有的立法权和行政权相同。行政机关由第一部长（First Minister）、副部长和10名各部部长组成，由立法会议基于跨选区的汉狄法选出，这种选举方法也适用于立法会议的选举。这种选举法规定获得多数的政党，不仅要在所有参加投票的选民中获得多数，而且要在参加投票的所有统一派选民和所有参加投票的民族派选民中获得多数。这种选举方法，尽管包括了公平措施，但给像大卫·特林布尔这样的统一派领导人制造了麻烦。因为特林布尔不仅需要在立法会议和参加投票的民族派那里获得多数，而且需要在包括反对《协议》的佩斯利领导的民主统一党在内的选民群中获得多数。

加拿大将军沙特兰（左）、参议员米切尔和芬兰总理霍尔克里（Holkeri）共同核查爱尔兰共和军的武器收缴堆放地。他们刚刚与托尼·布莱尔举行了会晤。

但会有（和平）吗？1990年5月22日，位于天主教区的瀑布路。当天，南爱和北爱都举行了公民投票，通过了《耶稣受难节协议》。

约翰·休谟（坐在中央者）先前与格里·亚当斯（右侧站立者）举行的谈判对和平进程变为现实起了很大的作用。在立法会议开会的首日，坐在一旁的还有谢默斯·马伦、马丁·麦吉尼斯（左侧站立者）和社会民主工党的马克·德坎（坐在右侧），1998年7月1日。

除了立法会议之外，《协议》还作为新的《英爱政府协议》(*British-Irish Government Agreement*) 的一部分，设立了3个新机构，以帮助促进所有的“爱尔兰岛人民”之间的紧密关系以及爱尔兰人民与英国人民的紧密关系。

第一个机构是南爱-北爱委员会。北爱统一派在复活节星期的谈判中表示很难接受这个机构，其原因不难找到。该委员会“在全爱尔兰和跨越边界的基础上”，将北爱尔兰政府与爱尔兰共和国政府的行政职权整合在一起行使，负责管辖的领域包括具有共同利益的农业、教育、交通、环境、社会保障和医疗。

第二个机构是英爱政府间会议。正如伊恩·佩斯利牧师注意到的那样，该会议将使英爱两国政府协同工作，“在具有共同利益的所有事务和各个层面上加强双边合作”。

第三个机构是英爱委员会。其组成不仅包括英爱两国政府代表，而且包括所有英国移交权力的地方政府的代表，如苏格兰、威尔士、海峡群岛和马恩岛。这样，无论将来会发生什么事情，统一派能够感到他们与联合王国至少维系着一种家庭成员的关系。

《协议》下文中的其他部分对一些实际问题作了规定。一个新设立的委员会的任务是为北爱尔兰寻找新的途径，以拥有一个“能够获得整个社会广泛支持”的警察部门。这个说法对皇家厄尔斯特警察提出了委婉的批评。该委员会的工作1998年形成了《彭定康报告》(*Patten Report*)。令许多统一派成员感到沮丧的是，《报告》将皇家厄尔斯特警察的名称改为北爱尔兰警察 (PSNI)，所佩戴的警徽将“完全不含有与英国或爱尔兰相关的”标志，而且警察系统的建筑物上将不再悬挂英国国旗。“作为头等要务”，所有警察都必须参加学习《1998年人权法案》(*Human Rights Act 1998*)、《欧洲人权公约》(*European Convention on Human Rights*) 和《世界人权宣言》(*Universal Declaration of Human

Rights)。

《协议》的另一个敏感方面是有关爱尔兰共和军和其他已经执行“完全和明确停火”的准军事组织在押犯的释放日期问题。考虑到这些犯人罪行的严重程度和“保护社区的需要”,《协议》规定将通过一个审核程序来确定有资格获释犯人的释放日期，并在2年之后释放那些认为服满刑期的犯人。

但是到此时为止,《协议》中最重要的一个问题从和平进程一开始就已存在，即解除武装问题——客观地讲，主要是爱尔兰共和军解除武装的问题。

爱尔兰共和军在70年代以来为时已久、时断时续的流血战争中，既没有胜利，也没有失败。正如雷诺兹向梅杰在1994年共和军停火时所作的解释一样，若要爱尔兰共和军能在解除武装方面予以配合，根据历史经验，最重要的就是让他们没有羞辱或失败的感觉。总的来说，英国政府明智地接受了这个意见。但是，在米切尔参议员于1995－1996年主持政治谈判期间，在加拿大约翰·德·沙特兰（John de Chastelain）将军主持成立的解除武装国际委员会（International Commission on Decommissioning）框架内，一直到《耶稣受难节协议》及以后的时期，解除武装问题一直贯穿始终、挥之不去。

然而，英国政府同样也没有赢得或丢掉这场战争。有关英国政府关于照顾爱尔兰共和军面子的说法不无道理。正如特林布尔的北爱尔兰共和党在《协议》签署3周年时出现的一场危机中强调的那样：假如最近接受民主原则的新芬党仍然与置身于《协议》之外的共和军结盟，那么该党珍视的民主原则会很难得到稳固的确立。爱尔兰共和军的确也不时地表示要解除武装，甚至设置收缴武器堆放地供沙特兰将军和人格高尚的芬兰前总理等人核查，但仍然保留了数目不详的武器以备使用。

解除武装的法律模式已经由梅杰时代的一项《议会法案》（*Act of Parliament*）予以确定，最终截止期定在2002年；布莱尔政府又在另一项《解除武装法案》（*Decommissioning Act*）中将截止期延后到2007年。武器可以交给独立委员会（如沙特兰主持的那个委员会）予以销毁，也可以由“非法持有者”自行销毁。“销毁”的定义包括“使之永久不得使用或获取”。但在当时，法律和现实相差甚远。

与人们期望的相反，《耶稣受难节协议》规定解除武装的条款内容很少，没有提及爱尔兰共和军或新芬党的名称。尽管爱尔兰共和军不是《协议》的签署者，但新芬党是签署者之一。所有签署各方根据《协议》承担下述义务：承诺完全解除所有准军事组织的武装，确认与沙特兰将军领导的解除武装的独立机构进行建设性合作的意愿，运用“他们所拥有的任何影响”完成解除武装工作。时限规定为《耶稣受难节协议》签署2年之内，并获得边界以南和以北的公民投票通过。

公民投票在1998年5月举行，《协议》获得了爱尔兰共和国90％以上和北爱尔兰71％的支持，其中北爱的支持率受到了民族派在总人口中所占比例较少的影响。

在6月举行的立法会议选举中，社会民主工党和新芬党都取得了不错的结果，特林布尔的厄尔斯特统一党虽然获得了更多的席位，但只是稍稍领先于佩斯利反对《协议》的民主统一党。

立法会议于1998年7月首次召开，厄尔斯特统一党领袖特林布尔当选第一部长，社会民主工党领袖谢默斯·马伦当选副部长，此时支持与反对《协议》的比例是4∶1。但是，解除武装问题使得行政机关的组建顿时陷入停顿。特林布尔与北爱统一党，拒绝在新芬党未能证明按照《协议》规定的义务运用其影响力完成解除武装之前，与新芬党共同组建一个分享权力的政府。特林布尔当时的口号是：“没有缴枪，就没有政府”，这也是他此后若干年里一直坚持的立场。

分享权力的微笑：新立法会议的首个部长级行政机关（1999年12月2日）。由中央顺时针方向依次为：社会民主工党的谢默斯·马伦、布里德·罗杰斯、马克·德坎；厄尔斯特统一党的肖恩·法伦（Sean Farren）、萨姆·福斯特（Sam Forster）、雷吉·恩佩爵士（Sir Red Empey）和迈克尔·麦金普希（Michael McGimpsey）；新芬党的拜布赫·德布伦（Bairbre de Brun）和马丁·麦吉尼斯；约翰·桑普尔（John Semple，行政委员会秘书）；厄尔斯特统一党的大卫·特林布尔。民主统一党的部长缺席，因为他们拒绝与新芬党在内阁会议上坐在一起。

在立法会议获得移交权力后不久，爱尔兰总理伯蒂·埃亨就跨过边界，受到第一部长大卫·特林布尔和他的副手谢默斯·马伦的迎接，他们在阿马郡召开南爱-北爱委员会会议。

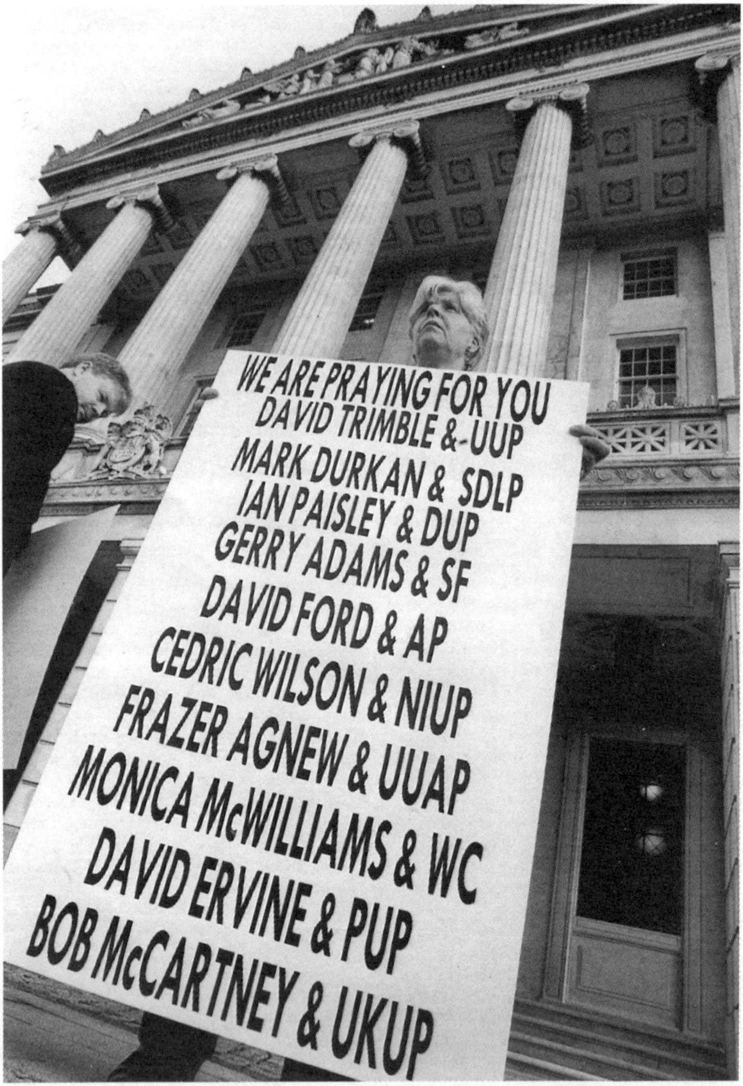

在2002年10月14日暂停移交权力之后，一位先生在斯托蒙特大厦向所有政党表示祝福。立法会议的构成如下：厄尔斯特统一党26席、社会民主工党24席、民主统一党22席、新芬党18席、联盟党6席、北爱尔兰统一党3席、联合统一会议党3席、北爱尔兰妇女同盟2席、进步统一党2席、联合王国统一党1席和标语牌上遗漏的独立统一党1席。

新芬党回答的要旨是：该党根据《协议》承担的义务是运用其影响力，而且已经做到了这一点。而持有武器的是《协议》的非签署方——爱尔兰共和军。许多统一派成员反对这个说法，称新芬党和共和军是同一个组织，此事世人皆知。

这个含糊不清的方面恰恰反映出新芬党的亚当斯（以及麦吉尼斯）与共和军的军事委员会之间的关系性质，也造成了解除武装方面的主要困难。现在，这个问题变得更加复杂起来，因为爱尔兰共和军现在很谨慎，不刺激内部产生激进异见组织——所谓的“真爱尔兰共和军”（Real IRA）。这些激进分子指责共和军在和平进程中与其他方面合作时，背叛了真正的共和主义传统。在 1999 年 7 月特林布尔和马伦分别当选立法会议的第一部长和副部长之后的一个月，真爱尔兰共和军在奥马引爆了威力巨大的炸弹，炸死了 29 人。

布莱尔和埃亨都努力打破因特林布尔的立场而陷入的僵局，将直接统治过渡为立法会议统治，但未能成功。直到 1999 年秋乔治·米切尔参议员受邀重返北爱尔兰，这个僵局才被打破。他再次主持长达好几个星期的多边谈判。谈判地点开始是在贝尔法斯特，后来转到伦敦摄政公园的美国大使官邸。在谈判中，特林布尔最终同意说服本党占 58%的多数党员，他现在应当与新芬党和其他政党一起就职，与其他 10 名部长一起组成跨党派行政机关，以从一些组织机构，特别是沙特兰的委员会那里交换有关爱尔兰共和军解除武装的证据。不久，特林布尔就收到了这些证据，表明爱尔兰共和军至少已经在考虑解除武装，并将与立法会议保持联系。

根据《耶稣受难节协议》设立的第一个行政机关于 1999 年 11 月 29 日组建完成。此时距《协议》的签署已有 19 个月时间。12 月 2 日，英国政府最终将立法权和其他必不可少的权力移交给北爱尔兰立法会议。

但是，除了沙特兰偶尔提交的报告之外，“解除武装”的鬼魅一直阴魂不散，直到变为现实。特林布尔从自己的政党那里一直承受着巨大的压力。

到 2000 年 1 月，特林布尔发出警告：如果得不到更好的消息，他不再能够与新芬党同在政府中共事。2 月 11 日，沙特兰的报告称目前没有收到爱尔兰共和军关于解除武装的新信息。接着，北爱尔兰事务大臣皮特·曼德尔森（他于 1999 年 10 月移交权力生效之前接替莫·莫勒姆担任此职），宣布暂停实施移交权力。此事让新芬党感到愤怒，但其目的是避免立法会议因特林布尔退出的威胁而倒台。

爱尔兰共和军宣布将“启动一个进程，在可证实的情况下完全使爱尔兰共和军的武器失去使用价值”，因此在近 3 个月之后移交权力的实施于 2000 年 5 月 30 日恢复。但是，与解除武装相关的棘手问题从来都不会如此容易解决。

到 2002 年 10 月 14 日的危机发生之前，英国政府还将先后两次暂停移交权力的实施之后，随着爱尔兰共和军在保持停火的同时加强军事活动——不仅继续进行惩罚性的殴打袭击，而且还在哥伦比亚训练游击队，在北爱立法会议所在地斯托蒙特搞间谍活动，厄尔斯特统一党和佩斯利的民主统一党都准备退出立法会议之际，北爱尔兰事务大臣约翰·里德（于 2001 年 1 月接任此职）再次宣布暂停移交权力的行使。许多人开始怀疑《耶稣受难节协议》能否存在下去。

显而易见的是，《协议》最初 4 年的历程表明：如果不能解决解除武装问题，《耶稣受难节协议》就很难存在下去。此时，虽然爱尔兰共和军已经自行宣布停火达 5 年之久，但面对英爱两国政府和其他各方有关完全放弃其军事组织性质的压力，它断然宣布切断与沙特兰领导的负责解除武装问题的独立机构的一切联系。

顷刻之间，《耶稣受难记协议》和北爱尔兰的前景变得黯淡下来。

虽然近来各地、各派别暴力事件出现了令人担忧的增加势头，但有一个普遍接受的信念还是带来了某种希望，即认为绝不能再倒退到过去的那种非政治的恐怖之中。有关过去3年由《耶稣受难记协议》设立的立法会议给北爱尔兰带来的实际成就，我们能够很容易地在《北爱尔兰立法会议议事录》中看到，而英国和其他地方的媒体却很少引用这方面的资料。

例如，北爱教育部长马丁·麦吉尼斯采取措施取消初中入学预试，还讨论了学生餐的新营养标准；大卫·特林布尔和马克·德坎（来自社会民主工党）决定在南爱-北爱委员会下次会议上讨论设立种族平等办事处（Racial Equality Unit）问题；地区发展部长皮特·罗宾逊（来自佩斯利的民族统一党）实施了A505号公路位于克莱根交叉路口以西1. 8公里路段的重新铺设路面工程；农业部长布里德·罗杰斯与农业和乡村发展委员会（伊恩·佩斯利任主席）一起应对口蹄疫危机，比英国政府更加出色，赢得了称赞等等。

北爱尔兰事务大臣约翰·里德第四次暂停北爱方面实施移交权力，但他称之为“一段喘息时间”，“一次汲取力量的机会”。一位来自安特里姆郡的爱尔兰人对北爱尔兰的长期前景作了更为实际的概括。当被问到《耶稣受难节协议》的未来时，他在稍作停顿后答道：

“哦，我要说的是……这很难确定，”他又停顿了一下说，“也许所需要的时间还要长得多。”

人们以前对爱尔兰历史就有这样的感觉。

但爱尔兰历史总是能置绝地而后生。

译后记

爱尔兰是欧洲西北角海上的蕞尔岛国，国土面积7万平方公里，人口400余万。但是，爱尔兰在历史和现实中所扮演的角色，其重要性和受关注度却远远超过了其他与其自然状况相当的国家。17世纪中期，克伦威尔征服、平定爱尔兰。英国实行严厉的刑惩法制度，剥夺爱尔兰人拥有的土地，在政治经济上实施全面的歧视性压迫政策，导致爱尔兰民众的普遍不满和抗争。尤其是从19世纪英国正式合并爱尔兰之后，爱尔兰人争取民族独立的运动此起彼伏、一浪高过一浪，激烈程度达到空前，终于在1922年成功地结束英国的统治，建立起爱尔兰自由邦，成为大英帝国范围内继美国之后又一个通过武装斗争赢得民族独立的国家。而且，与大英帝国的其他自治领不同，爱尔兰共和主义运动势头迅猛，从建国之初就在对英国君主宣誓效忠的问题上屡屡发难，始终不愿像其他英国自治领那样表示臣服，直到1949年断然斩断了与英国和英联邦的最后纽带，成为共和国。

当然，引起国际社会持续关注的是爱尔兰岛东北部的“北爱尔兰问题”。北爱尔兰是英国的一部分，但位于与英国隔海相望的爱尔兰岛上。北爱尔兰占人口约40%的天主教徒要求与爱尔兰共和国合并，实现爱尔兰岛的统一；而占人口多数的新教徒则坚决维护与英国的统一，反对并入爱尔兰共和国。在过往的历史中，相互之间的冲突和杀戮屡屡发生，结下世代深仇大恨。双方之间的矛盾的对立，既涉及民族问题，也涉及宗教问题，但实质上是围绕政治权力和经济利益的冲突和斗争。天主教的爱尔兰共和军与新教的准军事组织恣意诉诸恐怖手段，给英爱两国的社会安定和民众的生命安全都造成了严重的损害，与整个世界的和平发展主流格格不入。

然而，和平是北爱尔兰人民的热切期望。通过冲突双方和英爱两国政府的共同努力，以及美国等国际社会力量的支持和帮助，爱尔兰的和平进程终于在新世纪取得了新的成就。2006 年 11 月，英国首相布莱尔和爱尔兰总理埃亨在英国举行会晤，决定携手推动北爱尔兰的和平进程。2007 年 3 月北爱尔兰地方议会选举中，民主统一党和新芬党再度成为得票最多的两大政党，但都未取得绝对多数。英国政府发出最后通牒，如果两派不同意分享权力，地方自治权将无限期地收归中央政府。在英国和爱尔兰的政治压力和投资利诱下，民主统一党和新芬党最终作出了让步，同意共同组建地方政府。2007 年 5 月 8 日，北爱自治政府宣布成立。民族统一党领袖佩斯利担任政府首席部长，新芬党领导人麦吉尼斯担任第二部长。地方政府的 10 个部长席位中，民主统一党占 4 个，新芬党占 3 个，剩下的 3 个由其他 3 个地方政党占有。同时，爱尔兰共和军和新教准军事组织均承诺放弃暴力，为北爱和平奠定了较为坚实的基础。北爱问题的演化过程给人们带来的启示是：冲突化解需要各方以积极的态度求同存异、互谅互让，暴力手段往往不是解决问题的最佳途径。

但是，由于宗教矛盾、历史积怨根深蒂固，北爱和平还比较脆弱。北爱的社会生活仍未完全恢复常态，贝尔法斯特等地的新教居民和天主教居民仍然分区居住，彼此仍然保持戒备。真爱尔兰共和军等非法军事组织仍在活动，零星暴力事件尚未杜绝。2009 年 3 月初，两名驻防在北爱尔兰的英国士兵在军营门口遭到真爱尔兰共和军射杀身亡。北爱和平的前景仍然有待于时间的考验。而且，英国国内日益强烈的地区分离主义倾向势必对北爱尔兰的未来发展产生难以估量的影响。

与此同时，爱尔兰经济在新世纪出现了强劲的发展势头，“凯尔特之虎”大显神威。20 世纪 90 年代以后，爱尔兰的 GDP 以每年 7% 的速度飞快增长，一度曾经达到 9.2%。据统计，2003 年，爱尔兰人均 GDP 已高达欧盟平均水平的 136%。经济的巨变改变了爱尔兰人在欧盟中的形象，人们把这个变化称作“凯尔特虎奇迹”。这个曾经的“欧洲乞丐”，如今的富裕程度已经名列欧盟第二、世界第三。国际货币经济组织公布的数据显示，爱尔兰 2008 年人均 GDP 为 41 520欧元，超过了德国、法国和英国，成为欧盟仅次于卢森堡的最富裕国家，并且人均净资产在全球范围内超过了美国，成为仅次于日本人的第二富裕民族。爱尔兰不仅成为世界软件出口大国，而且是世界生物制药中心和国际金融服务中心之一。但全球经济危机爆发以来，爱尔兰经济受到巨大冲击。爱尔兰政府预期，2009 年爱尔兰的失业率将达 12%，政府赤字则可能达到欧盟允许范围的四倍。

爱尔兰以其独特的凯尔特文化傲立于世界民族之林。历史上爱尔兰人的对外大移民，将这种文化带到了世界各地。每年的圣帕特里克节庆活动在美澳等地普遍进行。圣帕特里克这位将基督教传播到爱尔兰岛的圣者，又将爱尔兰文化传播到爱尔兰移民及后裔居住的地方。目前，海外爱尔兰人的数目远远超过爱尔兰本国，仅美国一地，爱尔兰裔的人口就超过了两千万。爱尔兰人坚韧顽强、不屈不挠、富有血性，在历史上的民族融合和今天的全球化中保持了独特的文化特质和民族特性。英国在海外的移民型殖民地，除美国在 18 世纪后期通过武装斗争道路赢得独立之外，从 1867 年加拿大获得自治领地位起，均乐于维系与英国的关系，留在英帝国和后来的英联邦之内，尊英国君主为本国元首。但爱尔兰却在 1922 年获得自治领地位之后仍然竭力摆脱英国的影响，在“二战”中成为唯一置身于反法西斯战争之外的英语国家。如今，虽然爱尔兰在经济上依靠欧盟、加入了欧元区，但却不愿将国门的钥匙交给他国保管，并未签署作为欧洲一体化重要里程碑之一的《申根协定》。因此，国人前往欧洲旅游，单凭申根国家的入境签证还不能进入爱尔兰，需要另外申办爱尔兰签证。在这方面，爱尔兰的做法倒是与英国如出一辙。

本书作者罗伯特·基先生是英国一位擅长撰写历史类著作的记者和作家，曾在牛津大学马格达伦学院攻读历史，师从英国著名历史学家泰勒（A. J. P. Taylor）。“二战”时，他是皇家空军轰炸机飞行员，在德国空域执行任务时被击落被捕；后以狱中经历撰写《同伴非知己》（*A Crowd Is Not Company*，1947）一书，被《时代》周刊称为“有关战俘题材的最佳作品”；其后在《星期日泰晤士报》和英国广播公司等媒体任记者等职。主要历史著作还有：《1939 年：记忆之中的年头》（*1939: The Year We Left Behind*，1984）、《1945 年：为之战斗的世界》（*1945: The World We Fought For*，1985）《慕尼黑：惊心动魄的十一个小时》（*Munich: The Eleventh Hour*，1988）、《月桂与常青藤：查尔斯·帕内尔和爱尔兰民族主义》（*The Laurel and the Ivy: The Story of Charles Stewart Parnell and Irish Nationalism*，1993）、《绿色的旗帜：爱尔兰民族主义史》（*The Green Flag: A History of Irish Nationalism*，2000）。

本书的出版得到了中国出版集团东方出版中心的宝贵帮助，特表示感谢！

潘兴明

2009 年 8 月